세상 열기
통합사회로

저자 프로필

이미선 | 수택고등학교 일반사회교사

- 〈교과세특 추천도서 300〉 집필
- 경기도 평생학습포털 GSEEK 수업용 교재 〈콘텐츠 개발자의 세계〉 개발
- 구리남양주교육지원청 진로지원단(2022)
- 2022 개정 교육과정 〈일반사회〉 선도교원(2024)

이선희 | 오송고등학교 일반사회교사

- 충북교육청 진로진학 대입지원단(2024)
- 충북교육청 2022 개정 교육과정 컨설팅단(2024)
- 2022 개정 교육과정 〈통합사회〉 선도교원(2023)

한승배 | 양평 청운고등학교 진로전담교사

- 〈교과세특 탐구주제 바이블〉, 〈교과세특 탐구주제 기재예시 바이블〉, 〈학생부 바이블〉, 〈교과세특 추천도서 300〉, 〈교과세특 탐구활동 솔루션〉, 〈학과 바이블〉, 〈학과연계 독서탐구 바이블〉, 〈진로연계 독서활동 워크북(중학교/고등학교)〉 집필
- 〈10대를 위한 직업 백과〉, 〈직업 바이블〉, 〈미리 알려주는 미래 유망직업〉, 〈교사 어떻게 되었을까?〉, 〈의사 어떻게 되었을까?〉, 〈10대를 위한 유망 직업 사전〉, 〈유 노 직업퀴즈 활동북〉, 학습 만화 〈직업을 찾아라〉 집필
- 〈미디어 활용 진로탐색 워크북〉, 〈중학생용 진로포트폴리오〉, 〈일반고용 진로포트폴리오〉, 〈특성화고용 진로포트폴리오〉, 〈나만의 진로 가이드북〉, 〈성공적인 대입을 위한 면접바이블〉, 〈중학생을 위한 고교학점제 워크북〉, 〈특성화고 학생을 위한 진학바이블〉, 〈특성화고 학생을 위한 취업바이블〉 집필
- 2022 개정 교육과정 중학교 및 고등학교 〈진로와 직업〉 교과서 집필
- 2015 개정 교육과정 중학교 및 고등학교 〈진로와 직업〉, 자유학기제용 〈진로체험과 포트폴리오〉, 〈성공적인 직업생활〉, 중학교 및 고등학교 〈기술·가정〉 교과서 집필
- 2009 개정 교육과정 중학교 및 고등학교 〈진로와 직업〉, 중학교 〈정보〉 교과서 집필
- 〈꿈 찾는 청소년을 위한 직업카드〉, 〈청소년을 위한 학과카드〉, 〈드림온 스토리텔링 보드게임〉, 〈원하는 진로를 잡아라 보드게임〉 개발
- 네이버 카페 '꿈샘 진로수업 나눔방' 운영자 https://cafe.naver.com/jinro77

배정숙 | 보은고등학교 진로전담교사

- 〈행복한 진로 항해일지 드림서핑(고등학교)〉, 〈교과세특 추천도서 300〉 집필
- 2015 개정 교육과정 중학교 〈진로와 직업〉 인정도서 심의위원
- 충북교육청 〈미래형 교수학습 운영 자료집〉 집필
- 충북교육청 〈미래를 여는 진로교육 수업 나눔〉 집필
- 충북교육청 〈교과별 혼합수업 운영 사례집〉 집필

최정애 | 보은고등학교 물리교사

- 충북교육청 중등교육 현장지원단(2025)
- STEAM 클럽 운영 학교 담당 교원(2025)
- 충북교육청 진로진학 대입지원단(2024, 2025)
- 교육지원청 영재교육기관 과학영재교육 강사 활동(2024)
- 충북교육청 진학 전문가 양성 과정 이수(2023)
- 충북교육청 고교학점제 전문가 양성 마스터 과정 이수(2023)
- 충북교육청 블렌디드 러닝 모형 개발 지원단(물리교과)(2020)

공명호 | 보은고등학교 지구과학교사

- 2022 개정 교육과정 적용 고교 〈통합과학〉 과정 이수(2024)

차례

_머리말   6p
_이 책, 이렇게 사용하세요!   7p
_통합사회 과목 소개   10p
   과목의 성격 / 과목의 목표 / 내용 체계 / 성취 기준

통합사회 1

Ⅰ 인간, 사회, 환경을 바라보는 다양한 관점
1. 사회 현상을 분석하는 관점   23p
2. 통합적 관점   28p

Ⅱ 인간, 사회, 환경과 행복
1. 행복의 의미와 기준   34p
2. 행복의 조건   39p

Ⅲ 자연환경과 인간
1. 자연환경과 인간 생활   45p
2. 자연과 인간의 관계   50p
3. 환경 문제의 발생과 해결을 위한 노력   55p

Ⅳ 문화와 다양성
1. 다양한 문화권   61p
2. 문화의 변동   66p
3. 문화상대주의와 보편 윤리   71p
4. 다문화 사회와 문화적 다양성   76p

Ⅴ 생활공간과 사회
1. 산업화와 도시화   82p
2. 교통·통신 및 과학기술의 발달   87p
3. 우리 지역의 공간 변화   93p

통합사회 2

I 인권 보장과 헌법
1. 인권의 의미와 발전 — 101p
2. 헌법의 역할과 시민 참여 — 106p
3. 인권 문제 해결을 위한 노력 — 111p

II 사회정의와 불평등
1. 정의 — 117p
2. 정의관 — 122p
3. 사회 및 공간 불평등 — 127p

III 시장경제와 지속가능발전
1. 자본주의의 역사 — 133p
2. 합리적 선택과 경제 주체의 역할 — 138p
3. 자산 관리와 금융 생활 — 143p
4. 국제 무역과 지속가능발전 — 148p

IV 세계화와 평화
1. 세계화의 양상과 문제 — 154p
2. 평화를 위한 국제 사회의 노력 — 159p
3. 남북 분단 및 동아시아 역사 갈등과 세계 평화 — 164p

V 미래와 지속 가능한 삶
1. 인구 문제 — 170p
2. 자원의 분포와 실태 및 기후 변화 대응과 지속 가능한 발전 — 175p
3. 미래 사회와 세계시민으로서의 삶의 방향 — 180p

_관련 이슈 참고 자료 — 185p

머리말

"여러분, 고등학교 생활은 어떻게 시작하고 있나요?"

새로운 환경과 끝없이 펼쳐지는 가능성 속에서, 고등학교 1학년은 자신을 발견하고, 관심 분야를 탐구하며, 스스로 성장할 수 있는 멋진 출발점입니다. 여러분은 아마도 처음 접해보는 선택 과목과 탐구 활동, 그리고 깊이 있는 학습이 주는 즐거움을 만나게 될 것입니다.

《통합사회로 세상 열기》는 여러분이 자신만의 질문을 품고, 과목의 경계를 넘나들며 지식을 연결하고 사고를 확장할 수 있도록 돕는, 탐구의 출발점이 되는 책입니다.

단순히 교과서 속 지식을 배우는 것을 넘어, 과학과 사회라는 두 영역에서 흥미를 느끼는 주제들을 찾아보고 이를 연결하며 융합적으로 사고할 수 있도록 구성했습니다. 예를 들어 과학적 개념을 활용해 사회적 문제를 분석하거나, 사회 현상을 자연과학적 관점에서 탐구하는 과정을 통해 더 넓은 시야를 가질 수 있습니다. 또한 환경 문제를 다루며 물리와 화학의 개념을 연결하거나, 사회 현상을 이해하며 역사적 배경을 탐구하는 방식으로 배움의 폭을 넓힐 수도 있습니다.

이 과정에서 여러분은 '나만의 질문'을 찾고 그 해답을 탐구해 보는 다양한 도전과 기회를 만나게 될 것입니다. 각 장에는 지적 호기심을 높여줄 추천 도서, 일상 속에서 응용 가능한 탐구 활동, 그리고 관심사를 발전시킬 만한 다양한 자료가 담겨 있습니다.

고등학교 생활은 도전의 연속이지만, 지금 시작하는 탐구 경험 하나하나가 여러분을 더 큰 꿈으로 이끌어주는 밑거름이 될 것입니다. 이 책은 2022 개정 교육과정을 바탕으로, 여러분이 관심 있는 주제를 깊이 있게 탐구하며 창의적 사고력을 키우고, 수능시험과 학교생활기록부 준비에도 실질적인 도움을 얻을 수 있도록 구성되었습니다. 이를 통해 과학적 원리와 사회적 맥락을 융합적으로 사고하며 지식의 깊이를 더하고, 학업 역량을 탄탄히 다질 수 있습니다.

어떻게 활용할까요?

흥미를 끄는 주제부터 골라 읽거나, 차근차근 처음부터 탐구를 시작해도 좋습니다. 예컨대 관심 분야의 심화 학습과 함께 다른 과목을 연계해 탐구해 보세요. 중요한 건, 이 책을 통해 '공부가 나를 위한 시간이 될 수 있다'라는 것을 느끼고, 자신만의 깊이 있는 학습 방법을 발견하는 것입니다.

지금, 탐구의 첫 발걸음을 내디뎌 보세요.

이 책이 여러분의 고교 생활 첫해에 든든한 동반자가 되어, 스스로를 더 깊이 이해하고 세상을 읽어내며 꿈을 향해 나아가는 데 힘이 되기를 바랍니다.

저자 일동

이 책, 이렇게 사용하세요!

성취 기준
이번 단원에서 꼭 알아야 할 핵심 포인트!
공부 방향이 한눈에 보여요.

학습 마인드맵
복잡한 개념? 한눈에 정리!
머릿속 개념 지도를 만들어드려요.

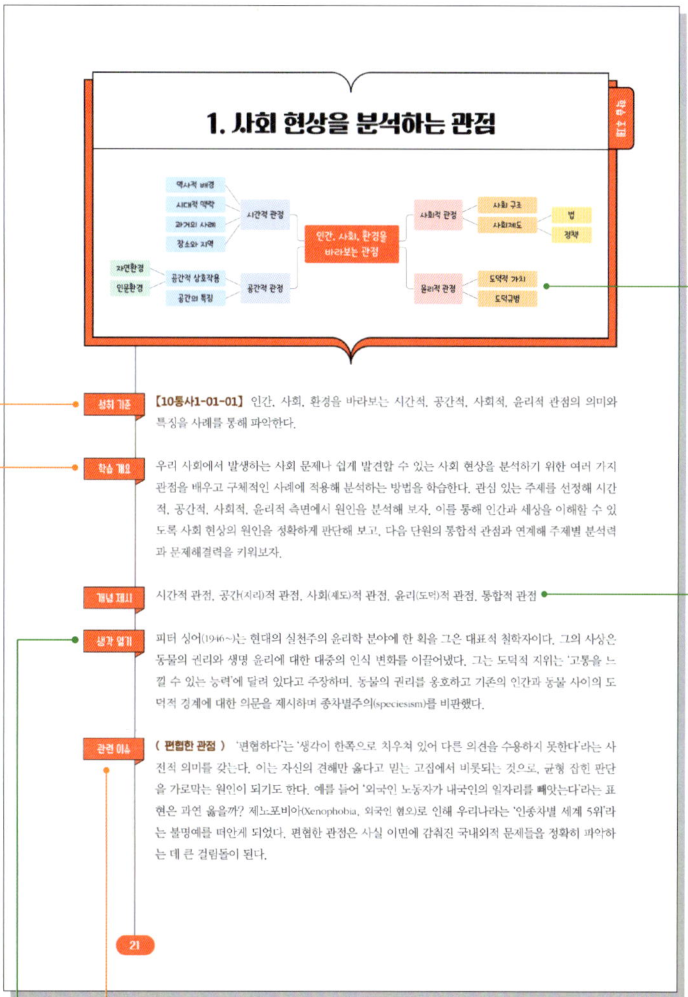

학습 개요
이 단원, 뭘 배우는지 궁금하죠?
핵심만 콕콕 짚어드립니다!

개념 제시
이건 꼭 알아야 해!
이번 단원의 핵심 개념만 모았어요.

생각 열기
그 인물 덕분에 지금 우리가 이렇게 살고 있다?
단원과 연결된 놀라운 이야기 시작!

관련 이슈
이게 왜 중요한지 알려줄게요!
지금 세상과 딱 맞닿은 이야기.

개념 이해
개념, 그냥 외우지 말고 진짜로 이해해요.
현실과 연결해 드릴게요.

탐구 주제
하나는 교과 개념을 제대로 파고드는 탐구,
다른 하나는 과학적 시선으로 다시 보는 융합 탐구!
같은 주제, 두 가지 시선으로 생각의 깊이를 키워봐요.

개념 응용
배운 걸 써먹는 순간!
진짜 문제에 내가 직접 답해보는 시간이에요.

추천 도서
이 책 꼭 읽어보기!
주제와 관련해 더 알고 싶은 친구들을
위한 지식 업그레이드 필독서.

학생부 교과세특 예시

이 활동, 학생부에 이렇게 담겨요!
나만의 강점이 되는 한 줄 완성.

추천 논문

학문적으로 한층 더 깊이 있게 탐색!
더 깊이 알고 싶은 친구들을 위해 추천해요.

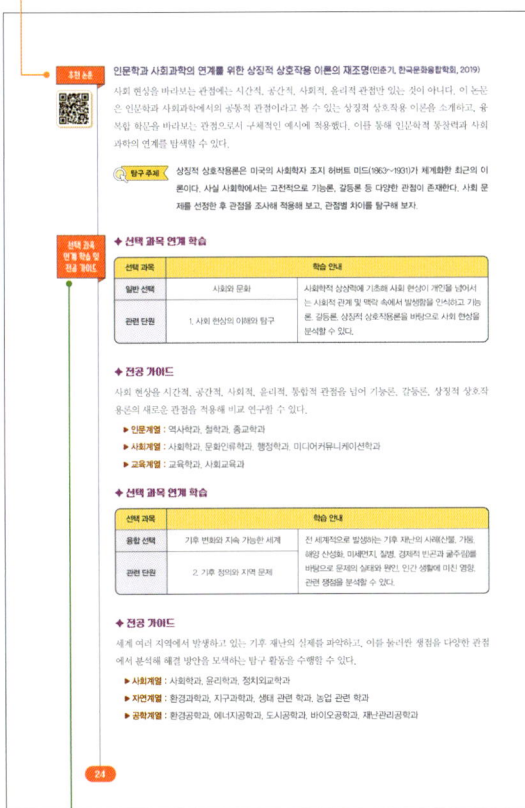

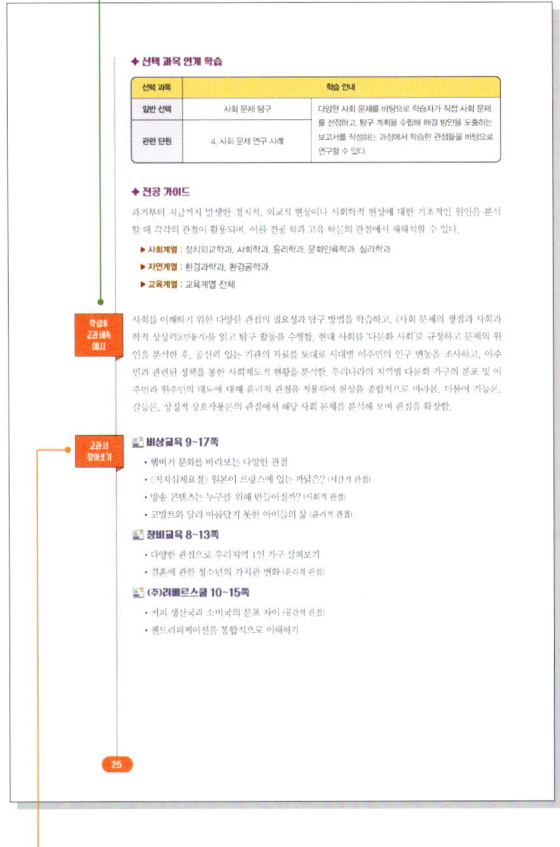

교과서 찾아보기

이 개념, 다른 교과서에도 있어요!
내가 배우는 내용이 어디에 또 나오는지 알려드릴게요.

선택 과목 연계 학습 & 전공 가이드

이 주제에 관심 있다면, 어떤 선택 과목을 들으면 좋을까요?
2·3학년 과목 선택할 때 도움 되는 가이드를 알려드려요.

통합사회1·통합사회2

교과군	공통 과목	평가 정보		수능
		성취도	상대평가	
사회		5단계	5등급	O

1 과목의 성격

고등학교 공통 과목인 〈통합사회〉는 인간, 사회, 국가, 지구 공동체 및 환경을 개별 학문의 경계를 넘어 시간적, 공간적, 사회적, 윤리적 관점을 통합하여 이해하고, 사회적 변화에 능동적으로 대응하며, 미래 사회에 필요한 기초 소양과 역량을 함양하기 위한 과목이다. 또한 교과의 핵심 아이디어를 중심으로 지식·이해, 과정·기능, 가치·태도의 내용 요소를 학습하고, 학습한 내용을 구체적인 삶의 맥락에 적용하여 사회 문제를 통합적 관점에서 파악하고 해결할 수 있는 실천 능력을 기르기 위한 과목이다.

〈통합사회〉는 중학교의 사회(지리·일반사회, 역사) 교과 및 도덕 교과, 그리고 고등학교 선택 과목 간의 중요한 연결고리에 해당하는 과목이다. 〈통합사회1〉의 '통합적 관점', '인간, 사회, 환경과 행복', '자연환경과 인간', '문화와 다양성', '생활공간과 사회' 영역에서는 행복, 자연환경, 문화, 생활공간을 둘러싼 다양한 문제를 통합적 관점에서 다룬다. 〈통합사회2〉의 '인권 보장과 헌법', '사회정의와 불평등', '시장경제와 지속가능발전', '세계화와 평화', '미래와 지속 가능한 삶' 영역에서는 인권, 정의, 시장, 세계화, 지속 가능한 미래를 둘러싼 문제를 통합적 관점에서 다룬다.

〈통합사회〉 수업에서는 토의와 토론, 논술, 프로젝트 학습, 현장 체험 학습 등 경험과 참여를 강조하는 다양한 교수·학습 및 평가 방법을 활용하여 통합적 관점이 구체적인 실천 방안과 행동으로 연결될 수 있도록 한다.

2 과목의 목표

〈통합사회〉는 시민으로서 개인이 지속 가능한 삶을 영위하기 위해 인간, 사회, 국가, 지구 공동체 및 환경의 문제를 통합적인 관점에서 이해하고, 사회적 변화에 능동적으로 대응하며, 미래 사회에 필요한 기초 소양과 역량을 함양하는 것을 목표로 한다.

▶ 시간적, 공간적, 사회적, 윤리적 관점을 기반으로 인간의 삶과 사회 현상을 통합적으로 사고하는 능력을 기른다.

▶ 인간의 삶과 행복, 이를 둘러싼 다양한 공간, 그리고 복합적인 사회 현상을 다양한 경험, 사실, 가치 등을 고려하여 비판적으로 탐구하고 성찰하는 능력을 기른다.

▶ 일상생활과 사회에서 발생하는 다양한 문제에 대한 합리적이고 창의적인 해결 방안을 모색하고, 이를 통해 지역, 국가 및 세계의 시민으로서 자신의 삶을 다각적으로 고려하면서 통합적 관점을 적용하여 설계하고 실천하는 능력을 기른다.

통합사회 I

1 내용 체계

핵심 아이디어		• 시간적, 공간적, 사회적, 윤리적 측면을 함께 고려하는 통합적 관점의 적용을 통해 인간, 사회, 환경의 특성 및 관련 문제를 잘 파악할 수 있다. • 질 높은 정주 환경의 조성, 경제적 안정, 민주주의의 실현, 윤리적 실천은 행복한 삶을 위한 중요한 조건이다. • 자연환경과 인간 생활의 유기적 관계를 고려하는 생태시민의 태도가 자연과 인간의 공존을 가능하게 한다. • 다양성 존중의 태도는 서로 다른 문화권과 다문화 사회의 특성을 이해하는 바탕이 된다. • 생활공간과 생활양식의 변화로 나타난 문제를 해결하려는 시민의 실천을 통해 지역사회의 변화를 이끌어낼 수 있다.
범주		내용 요소
지식·이해	통합적 관점	• 통합적 관점　• 시간적 관점 • 공간적 관점　• 사회적 관점　• 윤리적 관점
	인간, 사회, 환경과 행복	• 행복의 의미 • 행복의 조건
	자연환경과 인간	• 자연환경　• 자연관 • 환경 문제　• 생태시민
	문화와 다양성	• 문화권　• 문화 변동 • 문화상대주의와 보편 윤리　• 다문화 사회
	생활공간과 사회	• 산업화와 도시화　• 교통·통신과 과학기술의 발달 • 생활공간과 생활양식　• 지역 사회
과정·기능		• 탐구 주제를 나-지역-국가-세계의 관계 속에서 파악하기 • 탐구 주제의 역사적 배경 조사하기 • 주제와 관련된 다양한 가치를 통합적 관점에서 이해하고 가치 간의 관계 탐구하기 • 갈등 상황에서 가치를 선택하고 그 결과를 예측 및 평가하기 • 탐구 주제를 그림이나 지도, 도식 등을 활용하여 분석하고 표현하기 • 탐구 대상에 대한 현장 조사 수행하기 • 탐구 주제에 적합한 자료를 수집 및 분석하기 • 의견 및 주장을 자료 및 매체를 활용하여 효과적으로 전달하기 • 통합적 관점에서 해결 방안을 도출하고 타당성 평가하기 • 민주적 절차와 방법을 활용하여 합의 도출하기
가치·태도		• 시간적, 공간적, 사회적, 윤리적 차원의 다양한 쟁점에 관한 관심 • 갈등 해결을 위한 타인과의 소통과 협력 • 타인의 감정 이해 및 타인의 가치와 태도 존중 • 다양한 생활 방식과 문화에 대한 이해와 존중 • 민주적 절차를 존중하는 과정에서 사회적 소수자 배려 • 공동체 문제 해결을 위한 적극적 참여와 공동선의 실천 • 생태·평화적 관점에서 공존과 지속 가능한 발전을 지향하는 태도 • 지역적, 국가적, 세계적 수준의 다양한 쟁점에 관한 관심 • 지구촌 공동체의 문제 및 위기 해결 과정에 대한 적극적 참여

2 성취 기준

(1) 통합적 관점

[10통사1-01-01]	인간, 사회, 환경을 바라보는 시간적, 공간적, 사회적, 윤리적 관점의 의미와 특징을 사례를 통해 파악한다.
[10통사1-01-02]	인간, 사회, 환경의 탐구에 통합적 관점이 요청되는 이유를 도출하고 이를 탐구에 적용한다.

성취 기준 해설

- [10통사1-01-01]에서는 인간과 세상을 이해하기 위해 역사적 배경과 시대적 맥락에 초점을 두는 시간적 관점, 장소와 지역 및 공간적 상호작용에 중점을 두는 공간적 관점, 사회 구조 및 제도의 영향력에 초점을 두는 사회적 관점, 도덕적 가치와 규범을 고려하는 윤리적 관점 등을 다룬다.
- [10통사1-01-02]에서는 현대 사회의 불확실하고 복잡한 사회 현상에 대처하기 위해 시간적, 공간적, 사회적, 윤리적 측면을 함께 고려하는 통합적 관점의 중요성을 이해하고, 구체적인 사례를 중심으로 이를 탐구하게 한다.

(2) 인간, 사회, 환경과 행복

[10통사1-02-01]	시대와 지역에 따라 다르게 나타나는 행복의 기준을 사례를 통해 비교하여 평가하고, 삶의 목적으로서 행복의 의미를 성찰한다.
[10통사1-02-02]	행복한 삶을 실현하기 위한 조건으로 질 높은 정주 환경의 조성, 경제적 안정, 민주주의 발전 및 도덕적 실천의 필요성에 관해 탐구한다.

성취 기준 해설

- [10통사1-02-01]에서는 시대적 상황과 지역적 여건 등에 따른 행복의 기준을 탐구하고, 이를 비교·평가함으로써 행복의 진정한 의미를 성찰할 수 있도록 한다.
- [10통사1-02-02]에서는 인간다운 삶을 누릴 수 있는 정주 환경의 조성과 삶의 질을 유지하기 위한 경제적 안정, 시민의 참여가 활성화되는 민주주의의 실현, 도덕적으로 행위하고 성찰하는 삶 등 행복한 삶을 실현하기 위한 조건들을 균형 있게 다루도록 한다.

(3) 자연환경과 인간

[10통사1-03-01]	자연환경이 인간의 생활에 미치는 영향에 관한 과거와 현재의 사례를 조사하여 분석하고, 안전하고 쾌적한 환경에서 살아가는 것이 시민의 권리임을 주장한다.
[10통사1-03-02]	자연에 대한 인간의 다양한 관점을 사례를 통해 비교하고, 인간과 자연의 바람직한 관계를 제안한다.
[10통사1-03-03]	환경 문제 해결을 위한 정부, 시민사회, 기업 등의 다양한 노력을 조사하고, 생태시민으로서 실천 방안을 모색한다.

📑 성취 기준 해설

- **[10통사1-03-01]**에서는 기후와 지형 등 자연환경에 따른 생활양식의 차이를 다루고, 자연환경의 변화로 인해 인간의 삶이 달라진 사례를 조사하여 원인 및 영향을 파악한다. 이를 토대로 안전하고 쾌적한 환경에서 살아가는 것이 시민에게 보장된 권리임을 인식하고, 실생활에서 실천할 수 있도록 한다.
- **[10통사1-03-02]**에서는 인간중심주의와 생태중심주의를 중심으로 자연에 대한 인간의 관점을 다루되, 구체적인 사례를 통해 두 관점을 비교하도록 한다. 이를 토대로 생태계 위기를 초래한 인간 사회의 모습을 성찰하고, 인간과 자연의 공존을 위한 노력에 대해 살펴보도록 한다.
- **[10통사1-03-03]**에서는 국내외적으로 발생하는 환경 문제 해결을 위한 정부의 제도적 노력이나 시민단체들의 활동, 기업의 환경친화적 활동 등 다양한 실제 사례들을 조사하고, 생태전환적 사고를 바탕으로 다양한 환경 문제 해결에 연대하고 실천할 수 있는 생태시민의 자질을 함양하도록 한다.

(4) 문화와 다양성

[10통사1-04-01]	자연환경과 인문환경의 영향을 받아 형성된 다양한 문화권의 특징과 삶의 방식을 탐구한다.
[10통사1-04-02]	문화 변동의 다양한 양상을 이해하고, 현대 사회에서 전통문화가 지니는 의의를 탐색한다.
[10통사1-04-03]	문화적 차이에 대한 상대주의적 태도의 필요성을 이해하고, 보편 윤리의 차원에서 자문화와 타 문화를 평가한다.
[10통사1-04-04]	다문화 사회의 현황을 조사하고, 문화적 다양성을 존중하는 태도를 바탕으로 갈등 해결 방안을 모색한다.

📑 성취 기준 해설

- **[10통사1-04-01]**에서는 문화권의 형성에 영향을 주는 요인으로 자연환경은 기후와 지형에, 인문환경은 종교와 산업에 초점을 두어 다룬다. 그리고 자연환경과 인문환경의 영향을 받아 형성된 다양한 문화권의 특징과 삶의 방식은 비교 문화의 관점에서 고찰하도록 한다.
- **[10통사1-04-02]**에서는 문화 병존, 문화 융합, 문화 동화 등 문화 변동의 다양한 양상을 구체적인 사례를 통해 다루도록 하며, 현대 사회에서 전통문화에 대한 성찰을 토대로, 전통문화를 창조적으로 계승·발전시키기 위한 방안에 대해서도 언급한다.
- **[10통사1-04-03]**에서는 지역에 따라 문화적 차이가 나타나는 맥락을 파악하게 함으로써 문화 상대주의의 필요성을 인식할 수 있도록 한다. 또한 문화상대주의가 극단적으로 흐르지 않도록 보편 윤리 차원에서 자문화와 타 문화를 평가하도록 한다.
- **[10통사1-04-04]**에서는 현재 우리 사회에서 전개되고 있는 다문화 사회의 현황을 토대로 다문화 사회가 지니는 다양한 양상을 조명하도록 하며, 문화적 다양성 존중과 관련지어 갈등 해결 방안을 모색하도록 한다.

(5) 생활공간과 사회

[10통사1-05-01]	산업화, 도시화로 인해 나타난 생활공간과 생활양식의 변화 양상을 조사하고, 이에 따른 문제점의 해결 방안을 제안한다.
[10통사1-05-02]	교통·통신 및 과학기술의 발달과 함께 나타난 생활공간과 생활양식의 변화 양상을 조사하고, 이에 따른 문제점의 해결 방안을 제안한다.
[10통사1-05-03]	자신이 거주하는 지역을 사례로 공간 변화가 초래한 양상 및 문제점을 탐구하고, 공동체의 구성원으로서 지역 사회의 변화를 위한 방안을 모색하고 이를 실천한다.

성취 기준 해설

- [10통사1-05-01]에서는 산업화와 도시화로 인해 나타난 생활공간의 변화 양상으로는 거주 공간, 생태환경 등의 변화를 다루며, 생활양식의 변화 양상은 도시성의 확산, 직업의 분화, 개인주의 가치관의 확산 등에 초점을 둔다. 그리고 산업화와 도시화로 인한 문제 해결 방안은 지역적 및 국가적 차원에서 모색하도록 한다.

- [10통사1-05-02]에서는 교통·통신의 발달과 정보화 및 제4차 산업혁명을 통해 나타나는 생활공간의 확대, 생태환경의 변화, 생활양식의 변화를 중심으로 다룬다. 그리고 이러한 변화가 초래할 수 있는 지역 격차 및 정보 격차, 생태환경의 교란, 전염병의 확산, 노동 시장의 양극화 등 새로운 사회 문제들을 파악하고 이에 대한 해결 방안을 모색하도록 한다.

- [10통사1-05-03]에서는 자신이 거주하는 지역의 토지 이용, 산업 구조, 직업, 인구, 인간관계, 생태환경, 주민의 가치관 변화 등을 중심으로 공간 변화가 초래한 양상을 탐구하도록 한다. 이 과정에서 공동체의 구성원으로서 지역이 당면한 문제를 인식하고 지역의 지속가능성을 고려하여 해결 방안을 모색하고 이를 실천하도록 한다.

[출처] 2022 개정 고등학교 교육과정 별책7. 사회과 교육과정에서 발췌

통합사회 2

1 내용 체계

	핵심 아이디어	• 근대 시민혁명 이후 확립된 인권은 오늘날 사회제도적 장치의 마련과 시민의 노력으로 확장되고 있다. • 정의의 의미와 기준을 이해하고, 이에 대한 실천 방안을 모색함으로써 사회 불평등 문제 해결에 기여할 수 있다. • 경제 주체들은 효율성을 기준으로 경제활동에 참여하며, 이 과정에서 나타난 문제 해결을 위해 지속가능발전을 추구한다. • 국제 사회의 협력과 세계시민 의식의 함양을 통해 세계화의 과정에서 나타나는 여러 문제와 국제 분쟁을 평화적으로 해결할 수 있다. • 지속 가능한 발전의 추구를 통해 인류가 당면한 지구촌 문제 해결과 바람직한 미래 변화를 꾀할 수 있다.
범주		내용 요소
지식·이해	인권 보장과 헌법	• 시민혁명 • 인권 • 헌법 • 시민 참여
	사회정의와 불평등	• 정의의 실질적 기준 • 정의관 • 사회 불평등 • 공간 불평등
	시장경제와 지속가능발전	• 시장경제와 합리적 선택 • 경제 주체의 역할 • 국제 분업과 무역 • 금융 생활
	세계화와 평화	• 세계화 • 국제 분쟁 • 평화 • 세계시민
	미래와 지속 가능한 삶	• 인구 문제 • 자원 위기 • 미래 삶의 방향 • 지속가능발전
과정·기능		• 탐구 주제를 나-지역-국가-세계의 관계 속에서 파악하기 • 탐구 주제의 역사적 배경 조사하기 • 주제와 관련된 다양한 가치를 통합적 관점에서 이해하고 가치 간의 관계 탐구하기 • 갈등 상황에서 가치를 선택하고 그 결과를 예측 및 평가하기 • 탐구 주제를 그림이나 지도, 도식 등을 활용하여 분석하고 표현하기 • 탐구 대상에 대한 현장 조사 수행하기 • 탐구 주제에 적합한 자료를 수집 및 분석하기 • 의견 및 주장을 자료 및 매체를 활용하여 효과적으로 전달하기 • 통합적 관점에서 해결 방안을 도출하고 타당성 평가하기 • 민주적 절차와 방법을 활용하여 합의 도출하기
가치·태도		• 시간적, 공간적, 사회적, 윤리적 차원의 다양한 쟁점에 관한 관심 • 갈등 해결을 위한 타인과의 소통과 협력 • 타인의 감정 이해 및 타인의 가치와 태도 존중 • 다양한 생활 방식과 문화에 대한 이해와 존중 • 민주적 절차를 존중하는 과정에서 사회적 소수자 배려 • 공동체 문제 해결을 위한 적극적 참여와 공동선의 실천 • 생태·평화적 관점에서 공존과 지속 가능한 발전을 지향하는 태도 • 지역적, 국가적, 세계적 수준의 다양한 쟁점에 관한 관심 • 지구촌 공동체의 문제 및 위기 해결 과정에 대한 적극적 참여

2 성취 기준

(1) 인권 보장과 헌법

[10통사2-01-01]	근대 시민혁명 등을 통해 확립되어 온 인권의 의미와 변화 양상을 이해하고, 현대 사회에서 주거, 안전, 환경, 문화 등 다양한 영역으로 인권이 확장되고 있는 사례를 조사한다.
[10통사2-01-02]	인간 존엄성 실현과 인권 보장을 위한 헌법의 역할을 파악하고, 시민의 권익을 보호하기 위한 다양한 시민 참여의 방안을 탐구하고 이를 실천한다.
[10통사2-01-03]	사회적 소수자 차별, 청소년의 노동권 등 국내 인권 문제와 인권 지수를 통해 확인할 수 있는 세계 인권 문제의 양상을 조사하고, 이에 대한 해결 방안을 모색한다.

성취 기준 해설

- [10통사2-01-01]에서는 인권의 의미가 역사 속에서 확장되어 온 과정과 그 결과로 변화된 것이 무엇인지 탐색하도록 한다. 그리고 현대 사회에서 주거, 안전, 환경, 문화 등의 영역에서 나타난 인권 확장의 대표적 사례들을 다루도록 한다.
- [10통사2-01-02]에서는 인권과 헌법의 관계, 인권 보장을 위해 헌법에 규정된 제도적 장치 등을 다루도록 한다. 시민의 권익 보호를 위해 시민 불복종을 비롯한 시민 참여의 다양한 방안을 찾아보고, 일상생활 속에서 이를 실천할 수 있도록 한다.
- [10통사2-01-03]에서는 성별, 연령, 인종, 국적, 장애 등을 이유로 차별받는 사회 구성원 등을 사회적 소수자로 다룰 수 있으며, 청소년 노동권의 경우 청소년들이 노동을 하면서 작성하는 근로계약서 내용 등을 중심으로 관련 법규 및 침해 사례 등을 다룰 수 있다. 세계 인권 문제는 국제기구나 비정부 기구 등에서 발표하는 인권 지수를 활용하여 세계 각 지역에서 나타나는 인권 문제의 양상과 해결 방안을 다루도록 한다.

(2) 사회정의와 불평등

[10통사2-02-01]	정의의 의미와 정의가 요구되는 이유를 파악하고, 다양한 사례를 통해 정의의 실질적 기준을 탐구한다.
[10통사2-02-02]	개인과 공동체의 관계를 기준으로 다양한 정의관을 비교하고, 이를 구체적인 사례에 적용하여 설명한다.
[10통사2-02-03]	사회 및 공간 불평등 현상의 사례를 조사하고, 정의로운 사회를 만들기 위한 다양한 제도와 시민으로서의 실천 방안을 제안한다.

성취 기준 해설

- [10통사2-02-01]에서는 분배적 정의와 교정적 정의 등 정의의 다양한 의미를 분석하여, 우리 사회에 정의가 요청되는 이유를 파악한다. 특히 분배적 정의의 실질적 기준으로서 업적, 능력, 필요 등을 사회의 다양한 영역이나 분야의 사례에 적용함으로써 그 장단점을 다루도록 한다.
- [10통사2-02-02]에서는 자유주의적 정의관과 공동체주의적 정의관을 바탕으로 개인의 권리와

공동체에 대한 의무, 사익과 공익(공동선) 등의 문제를 다루되, 두 정의관에 기초하여 다양한 지역별 현안, 제도나 정책 등을 평가하도록 한다.
- [10통사2-02-03]에서는 사회 계층의 양극화, 공간 불평등, 사회적 약자에 대한 차별 등의 사례를 조사하여 원인을 분석하고, 이를 해결하기 위한 사회복지제도, 지역 격차 완화 정책, 적극적 평등 실현 조치 등과 같은 제도적 방안과 함께 개인이 시민으로서 실천할 수 있는 구체적인 방안을 다루도록 한다.

(3) 시장경제와 지속가능발전

[10통사2-03-01]	자본주의의 역사적 전개 과정과 그 특징을 조사하고, 시장과 정부의 관계를 중심으로 다양한 삶의 방식을 비교 평가한다.
[10통사2-03-02]	합리적 선택의 의미와 그 한계를 파악하고, 지속가능발전을 위해 요청되는 정부, 기업가, 노동자, 소비자의 바람직한 역할과 책임에 관해 탐구한다.
[10통사2-03-03]	금융 자산의 특징과 자산 관리의 원칙을 토대로 금융 생활을 설계하고, 경제적, 사회적 환경의 변화가 금융과 관련한 의사 결정에 미치는 영향을 탐구한다.
[10통사2-03-04]	자원, 노동, 자본의 지역 분포에 따른 국제 분업과 무역의 필요성을 이해하고, 지속가능발전에 기여하는 국제 무역의 방안을 탐색한다.

성취 기준 해설

- [10통사2-03-01]에서는 자본주의의 역사적 전개 과정과 그 특징을 역사적 사건이나 사상가들의 주장을 통해 다루도록 하되, 그 과정에서 나타난 시장과 정부의 관계를 중심으로 한 다양한 삶의 방식, 특히 시장경제 체제와 계획경제 체제가 인간의 삶에 어떠한 영향을 미쳤는지를 학생들이 비교 평가하도록 한다.
- [10통사2-03-02]에서는 합리적 선택의 의미와 합리적 선택의 한계로 인해 나타나는 시장 실패를 다루도록 하며, 지속가능발전을 위해 요청되는 경제 주체들의 역할과 책임과 관련해서는 정부의 역할, 기업가 정신, 기업의 사회적 책임, 노동자의 권익, 윤리적 소비 등에 대해서도 언급한다.
- [10통사2-03-03]에서는 금융 자산으로 예금, 채권, 주식 등을, 자산 관리의 원칙으로 수익성, 유동성, 안전성 등을 다루며, 이를 토대로 자신의 미래와 연관 지어 금융 생활을 설계하도록 한다. 그리고 개인의 금융 의사 결정 과정에서 국내외 정치, 경제 상황 등과 관련 있는 거시적 변화 요인들이 영향을 미친다는 점을 이해하도록 한다.
- [10통사2-03-04]에서는 자원, 노동, 자본 등의 지역적 분포의 차이 및 이에 따른 생산비의 차이로 국제 분업 및 무역이 발생하고 있음을 언급하도록 한다. 그리고 지속가능발전과 관련지어 오늘날 국제 무역의 흐름을 평가하고, 이를 토대로 국제 무역이 나아갈 방향을 다루도록 한다.

(4) 세계화와 평화

[10통사2-04-01]	세계화의 다양한 양상을 살펴보고, 세계화 시대의 문제점과 그에 대한 해결 방안을 제안한다.
[10통사2-04-02]	평화의 관점에서 국제 사회의 갈등과 협력의 사례를 조사하고, 세계 평화를 위한 행위 주체의 바람직한 역할을 탐색한다.
[10통사2-04-03]	남북 분단과 동아시아의 역사 갈등 상황을 분석하고, 이를 토대로 우리나라가 세계 평화에 기여할 수 있는 방안을 제안한다.

성취 기준 해설

- [10통사2-04-01]에서는 세계화와 지역화의 관계 파악, 세계도시의 형성과 다국적 기업의 등장에 따른 공간적·경제적 변화 등을 통해 세계화의 양상을 알아본다. 문화의 획일화와 소멸, 빈부 격차의 심화, 보편 윤리와 특수 윤리 간 갈등 등 세계화가 초래할 수 있는 문제점에 대한 해결 방안을 제안하도록 한다.
- [10통사2-04-02]에서는 소극적 평화와 적극적 평화의 개념을 통해 평화의 소중함을 다루고, 평화의 관점에서 지구촌 곳곳의 갈등과 협력 사례를 조사하여 국가, 국제기구, 비정부 기구 등 행위 주체의 역할을 파악하도록 한다. 그리고 평화를 지속하기 위해 지구 공동체 일원으로서 갖추어야 할 세계시민의 역할을 탐색하도록 한다.
- [10통사2-04-03]에서는 남북 분단의 배경과 평화 통일을 향한 노력, 동아시아의 역사 갈등 상황에 대한 분석과 그 해결 방안을 다룬다. 아울러 우리나라의 국제적 위상, 역사적 상황, 지정학적 위치 등을 고려하여 세계의 평화에 기여할 수 있는 방안을 제안하도록 한다.

(5) 미래와 지속 가능한 삶

[10통사2-05-01]	세계의 인구 분포와 구조 등에 대한 이해를 토대로 현재와 미래의 인구 문제 양상을 파악하고, 그 해결 방안을 제안한다.
[10통사2-05-02]	지구적 차원에서 에너지 자원의 분포와 소비 실태를 파악하고, 기후 변화에 대한 대응과 지속 가능한 발전을 위한 제도적 방안과 개인적 노력을 탐구한다.
[10통사2-05-03]	미래 사회의 모습을 다양한 측면에서 예측하고, 이를 바탕으로 세계시민으로서 자신의 미래 삶의 방향을 설정한다.

성취 기준 해설

- [10통사2-05-01]에서는 세계의 인구 분포와 구조, 인구 이동에 대한 자료를 분석하고, 저출생·고령화, 인구 과잉 등 지역별로 다양한 인구 문제가 나타나게 된 배경과 문제점을 파악하도록 한다. 그리고 우리 사회 또는 지역이 당면한 인구 문제를 고려하여 미래 세대의 지속 가능한 삶을 위한 다양한 해결 방안을 살펴보도록 한다.
- [10통사2-05-02]에서는 화석 에너지 자원 중심의 지구적 소비 실태를 비판적으로 이해하고 이에 대한 문제점 개선 방안을 탐색하도록 한다. 석유, 석탄, 천연가스 등의 자원 분포 및 소비 현황을 파악하고, 이로 인한 기후 변화에 적극적인 대응이 필요함을 인식하도록 한다. 특히 경제,

환경, 사회적 측면을 고려하여 지속 가능한 발전을 위한 제도적 방안과 개인적 노력을 다루도록 한다.

- **[10통사2-05-03]**에서는 정치적, 경제적 문제에 따른 국가 간 협력과 갈등, 과학기술의 발전에 따른 공간과 삶의 변화, 생태환경의 변화 등 다양한 측면에서 미래 사회의 변화 양상을 예측하도록 한다. 이를 바탕으로 자신이 지역, 국가, 지구촌과 상호 연결된 세계시민이라는 점과 관련지어 자신의 미래 삶의 방향을 설정할 수 있도록 한다.

[출처] 2022 개정 고등학교 교육과정 별책7. 사회과 교육과정에서 발췌

통합사회 1

I

인간, 사회, 환경을 바라보는 다양한 관점

1. 사회 현상을 분석하는 관점

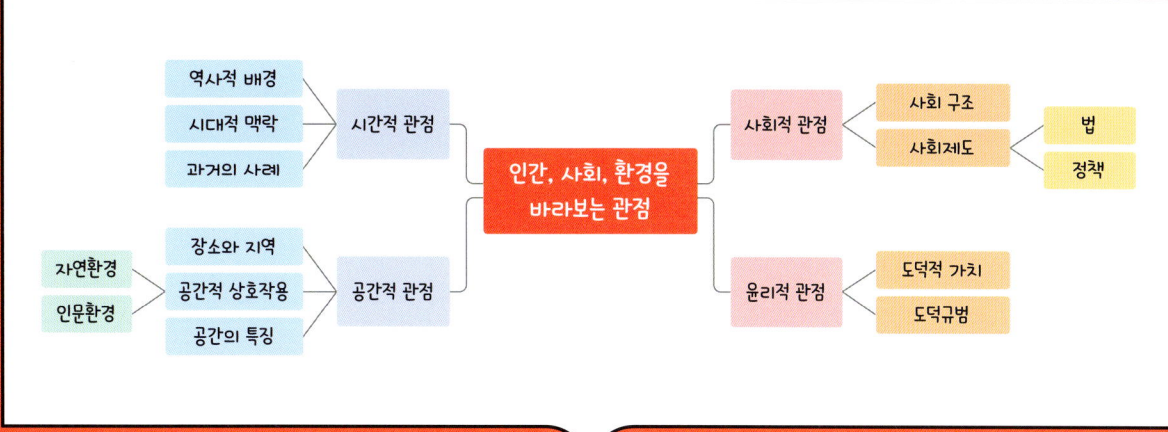

성취 기준

【10통사1-01-01】 인간, 사회, 환경을 바라보는 시간적, 공간적, 사회적, 윤리적 관점의 의미와 특징을 사례를 통해 파악한다.

학습 개요

우리 사회에서 발생하는 사회 문제나 쉽게 발견할 수 있는 사회 현상을 분석하기 위한 여러 가지 관점을 배우고 구체적인 사례에 적용해 분석하는 방법을 학습한다. 관심 있는 주제를 선정해 시간적, 공간적, 사회적, 윤리적 측면에서 원인을 분석해 보자. 이를 통해 인간과 세상을 이해할 수 있도록 사회 현상의 원인을 정확하게 판단해 보고, 다음 단원의 통합적 관점과 연계해 주제별 분석력과 문제해결력을 키워보자.

개념 제시

시간적 관점, 공간(지리)적 관점, 사회(제도)적 관점, 윤리(도덕)적 관점, 통합적 관점

생각 열기

피터 싱어(1946~)는 현대의 실천주의 윤리학 분야에 한 획을 그은 대표적 철학자이다. 그의 사상은 동물의 권리와 생명 윤리에 대한 대중의 인식 변화를 이끌어냈다. 그는 도덕적 지위는 '고통을 느낄 수 있는 능력'에 달려 있다고 주장하며, 동물의 권리를 옹호하고 기존의 인간과 동물 사이의 도덕적 경계에 대한 의문을 제시하며 종차별주의(speciesism)를 비판했다.

관련 이슈

(편협한 관점) '편협하다'는 '생각이 한쪽으로 치우쳐 있어 다른 의견을 수용하지 못한다'라는 사전적 의미를 갖는다. 이는 자신의 견해만 옳다고 믿는 고집에서 비롯되는 것으로, 균형 잡힌 판단을 가로막는 원인이 되기도 한다. 예를 들어 '외국인 노동자가 내국인의 일자리를 빼앗는다'라는 표현은 과연 옳을까? 제노포비아(Xenophobia, 외국인 혐오)로 인해 우리나라는 '인종차별 세계 5위'라는 불명예를 떠안게 되었다. 편협한 관점은 사실 이면에 감춰진 국내외적 문제들을 정확히 파악하는 데 큰 걸림돌이 된다.

개념 이해

(관점) 관점이란 세상을 바라보는 방식이나 시각을 의미한다. 이는 각자의 경험, 가치관, 문화적 배경 등에 따라 다르게 형성된다. 같은 사건을 보더라도 사람마다 느끼고 생각하는 방식이 다를 수 있는데, 이는 각자의 관점이 다르기 때문이다. 관점은 사고방식과 행동에 영향을 미치며, 새로운 관점을 받아들이는 것은 창의적 사고나 문제 해결에 중요한 역할을 할 수 있다. 다양한 관점을 이해하고 수용하는 열린 태도는 더 넓은 시각을 제공해 주며, 서로 다른 의견을 존중하는 능력을 키울 수 있게 한다.

(시간적 관점과 공간적 관점) 시간적 관점은 시대적 맥락에 초점을 두고 사회 현상을 분석하는 관점이다. 예를 들어 산업화 이후 약 200년 동안의 지구 평균온도의 변화로 지구온난화의 원인과 결과를 분석할 수 있다. 공간적 관점은 사건의 발생지와 그 영향의 범위를 공간의 상호작용에 맞춰 분석하는 관점으로, 선진국의 이산화탄소 배출이 전 지구적인 문제로 확산된 결과를 살펴볼 때 적용할 수 있다. 두 관점은 원인과 결과를 종합적으로 이해하는 데 필요하다.

(사회적 관점과 윤리적 관점) 사회적 관점은 사회 구조나 제도가 사회 현상에 미치는 영향을 분석하는 관점이다. 예를 들어 파리 기후 변화 협약은 지구온난화에 대응하기 위한 국제적 협약으로, 사회 문제에 대한 제도적 영향을 설명하는 데 사회적 관점을 적용할 수 있다. 윤리적 관점에서는 도덕규범과 가치를 바탕으로 현상을 해석하고 문제를 분석한다. 또한 도덕적 가치를 중심으로 문제를 해석하고 올바른 삶의 방식을 찾으며 사회 문제 해결의 중요성을 강조한다.

탐구 주제 1 이 단원에서는 사회 현상을 바라보는 관점으로서 시간적, 공간적, 사회적, 윤리적 관점을 학습했다. 이외에도 사회 현상을 분석할 수 있는 자신만의 관점에 대한 정의를 내려보고, '우리나라 저출생 현상'과 관련해 기존에 학습한 관점과 자신의 관점을 적용해 비교·분석해 보자.

탐구 주제 2 유행의 빠른 변화는 의류 산업에서 빠르게 디자인하고 제작·유통하는 '패스트 패션(fast fashion)'의 성장을 가져왔다. 그러나 한국의 의류 재활용 비중은 약 12% 정도이며, 헌 옷 수출량은 세계 5위로 상당히 높은 수준이다. 과거와 현재의 의류 산업 동향을 비교·조사해 보자.

개념 응용

자료 설명

인간이 버린 플라스틱 쓰레기를 먹이로 오인해 섭취하고 있는 바닷속 거북이의 모습이다.

탐구 주제

기후 위기는 단순히 기후 문제를 초래한 지역만이 아니라 전 세계적으로 영향을 미치는 심각한 사회 문제인 만큼 정확한 원인 판단이 요구된다. 시간적 관점, 공간적 관점, 사회적 관점, 윤리적 관점에서 기후 위기 문제를 분석해 보자.

사회문제의 쟁점과 사회과학적 상상력 (민웅기, 기문사, 2023)

사회 문제를 연구하기 위한 사회과학적 상상력과 우리 사회가 보편적으로 공유하는 사회 문제의 구체적인 사례를 중심으로 소개하고 분석한 책이다. 도시, 불평등, 지구촌 환경, 성(性)과 가족, 개인의 정체성 등 우리 사회 전반에 나타나고 있는 문제들을 심도 있게 다루며 각각의 주제를 사회 위기로 규정해 현상을 분석했다. 교과서 이외에 다채로운 사회 문제를 주제로 다루고 있어 탐구 주제 선정 시 참고할 만하다.

탐구 주제 1 사회과학적 상상력을 발휘해 우리 사회에서 보편적으로 발생하는 사회 문제를 분석해 보자. 시간적, 공간적, 사회적, 윤리적 관점을 적용해 해당 사회 문제를 분석하고, 이 문제가 왜 보편적으로 나타나는지 근거를 들어 해석해 보자. 또한 사회 문제가 나타나지 않는 지역의 특징을 찾아 비교해 보자.

탐구 주제 2 과학기술 접근성의 불평등을 주제로 탐구해 보자. 예를 들어 개발도상국의 경우 낮은 인터넷 접근성이 경제, 교육, 의료, 문화 등 다양한 분야의 불평등에 영향을 미치고 있다. 인터넷 접근성을 높여 불평등을 줄일 수 있는 방안을 제안하고 사회적으로 미칠 영향을 탐구해 보자.

국제분쟁, 무엇이 문제일까? (김미조, 동아엠앤비, 2021)

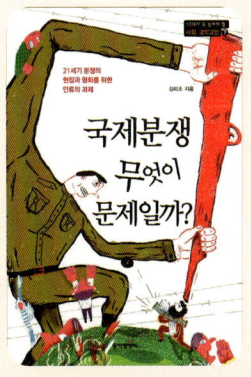

21세기, 다양한 갈등 요인으로 인해 여러 국가 간에 분쟁이 발생하고 있다. 국제적 분쟁은 단순히 현재에 국한된 문제가 아니며 역사적, 공간적 요인에 따라 과거부터 누적되어 온 갈등에서 비롯된 사례가 많다. 이 책은 오랜 기간 다양한 유형으로 갈등을 빚는 국제 분쟁의 사례를 소개하고 있다. 이를 바탕으로 현재까지 이어진 국제 분쟁과 새롭게 시작된 국제 분쟁을 객관적으로 분석하고 해결 방법을 제안할 수 있다.

탐구 주제 1 인도와 파키스탄은 1947년부터 현재까지 잦은 무력 충돌을 일으키며 대립과 긴장 관계에 놓여 있다. 두 국가의 오랜 분쟁에는 단순히 종교적 원인만 있는 것이 아니다. 앞서 학습한 관점을 적용해 두 국가 간 분쟁 발생의 복합적인 원인을 찾아보자.

탐구 주제 2 사회 문제는 항상 존재하며, 학자들은 이를 분석해 해결 방안을 도출하곤 한다. 과학의 실증주의, 기술결정론, 과학의 윤리적 관점 등을 구체적인 사회 문제를 설정하여 적용해 보고, 사회과학의 관점과 사회 문제를 분석하는 과학의 관점 자체의 차이점을 비교해 보자.

추천 논문 | **인문학과 사회과학의 연계를 위한 상징적 상호작용 이론의 재조명**(민춘기, 한국문화융합학회, 2019)

사회 현상을 바라보는 관점에는 시간적, 공간적, 사회적, 윤리적 관점만 있는 것이 아니다. 이 논문은 인문학과 사회과학에서의 공통적 관점이라고 볼 수 있는 상징적 상호작용 이론을 소개하고, 융복합 학문을 바라보는 관점으로서 구체적인 예시에 적용했다. 이를 통해 인문학적 통찰력과 사회과학의 연계를 탐색할 수 있다.

탐구 주제 상징적 상호작용론은 미국의 사회학자 조지 허버트 미드(1863~1931)가 체계화한 최근의 이론이다. 사실 사회학에서는 고전적으로 기능론, 갈등론 등 다양한 관점이 존재한다. 사회 문제를 선정한 후 관점을 조사해 적용해 보고, 관점별 차이를 탐구해 보자.

선택 과목 연계 학습 및 전공 가이드

◆ **선택 과목 연계 학습**

선택 과목		학습 안내
일반 선택	사회와 문화	사회학적 상상력에 기초해 사회 현상이 개인을 넘어서는 사회적 관계 및 맥락 속에서 발생함을 인식하고 기능론, 갈등론, 상징적 상호작용론을 바탕으로 사회 현상을 분석할 수 있다.
관련 단원	1. 사회 현상의 이해와 탐구	

◆ **전공 가이드**

사회 현상을 시간적, 공간적, 사회적, 윤리적, 통합적 관점을 넘어 기능론, 갈등론, 상징적 상호작용론의 새로운 관점을 적용해 비교 연구할 수 있다.

▶ **인문계열**: 문화인류학과, 역사학과, 철학과, 종교학과
▶ **사회계열**: 사회학과, 행정학과, 미디어커뮤니케이션학과
▶ **교육계열**: 교육학과, 사회교육과

◆ **선택 과목 연계 학습**

선택 과목		학습 안내
융합 선택	기후 변화와 지속 가능한 세계	전 세계적으로 발생하는 기후 재난의 사례(산불, 가뭄, 해양 산성화, 미세먼지, 질병, 경제적 빈곤과 굶주림)를 바탕으로 문제의 실태와 원인, 인간 생활에 미친 영향, 관련 쟁점을 분석할 수 있다.
관련 단원	2. 기후 정의와 지역 문제	

◆ **전공 가이드**

세계 여러 지역에서 발생하고 있는 기후 재난의 실제를 파악하고, 이를 둘러싼 쟁점을 다양한 관점에서 분석해 해결 방안을 모색하는 탐구 활동을 수행할 수 있다.

▶ **사회계열**: 사회학과, 윤리학과, 정치외교학과, 환경정책학과, 국제개발학과
▶ **자연계열**: 환경과학과, 지구과학과, 생태 관련 학과, 농업 관련 학과
▶ **공학계열**: 환경공학과, 에너지공학과, 도시공학과, 바이오공학과, 재난관리공학과, 지구시스템공학과

◆ 선택 과목 연계 학습

선택 과목		학습 안내
일반 선택	사회 문제 탐구	다양한 사회 문제를 바탕으로 학습자가 직접 사회 문제를 선정하고, 탐구 계획을 수립해 해결 방안을 도출하는 보고서를 작성하는 과정에서 학습한 관점들을 바탕으로 연구할 수 있다.
관련 단원	4. 사회 문제 연구 사례	

◆ 전공 가이드

과거부터 지금까지 발생한 정치적, 외교적 현상이나 사회학적 현상에 대한 기초적인 원인을 분석할 때 각각의 관점이 활용되며, 이를 전공 학과 고유 학문의 관점에서 재해석할 수 있다.

- ▶ **인문계열** : 윤리학과, 문화인류학과, 심리학과
- ▶ **사회계열** : 정치외교학과, 사회학과, 사회복지학과, 국제개발학과
- ▶ **자연계열** : 환경과학과, 환경공학과
- ▶ **교육계열** : 교육계열 전체

[학생부 교과세특 예시]

사회를 이해하기 위한 다양한 관점의 필요성과 탐구 방법을 학습하고, '사회 문제의 쟁점과 사회과학적 상상력(민웅기)'을 읽고 탐구 활동을 수행함. 현대 사회를 '다문화 사회'로 규정하고 문제의 원인을 분석한 후, 공신력 있는 기관의 자료를 토대로 시대별 이주민의 인구 변동을 조사하고, 이주민과 관련된 정책을 통한 사회제도적 현황을 분석함. 우리나라의 지역별 다문화 가구의 분포 및 이주민과 원주민의 태도에 대해 윤리적 관점을 적용하여 현상을 종합적으로 바라봄. 더불어 기능론, 갈등론, 상징적 상호작용론의 관점에서 해당 사회 문제를 분석해 보며 관점을 확장함.

[교과서 찾아보기]

📖 비상교육 9~17쪽
- 햄버거 문화를 바라보는 다양한 관점
- 〈직지심체요절〉 원본이 프랑스에 있는 까닭은? (시간적 관점)
- 방송 콘텐츠는 누구를 위해 만들어질까? (사회적 관점)
- 코발트와 달리 아름답지 못한 아이들의 삶 (윤리적 관점)

📖 창비교육 8~13쪽
- 다양한 관점으로 우리 지역 1인 가구 살펴보기
- 결혼에 관한 청소년의 가치관 변화 (윤리적 관점)

📖 (주)리베르스쿨 10~15쪽
- 커피 생산국과 소비국의 분포 차이 (공간적 관점)
- 젠트리피케이션을 통합적으로 이해하기

2. 통합적 관점

성취 기준 【10통사1-01-02】 인간, 사회, 환경의 탐구에 통합적 관점이 요청되는 이유를 도출하고 이를 탐구에 적용한다.

학습 개요 통합적 관점이란 여러 분야의 지식과 관점을 종합해 문제를 이해하고 해결하는 접근 방식을 말한다. 특정 분야에만 국한되는 것이 아니라, 사회적 문제를 포괄적으로 이해하고 창의적인 해결책을 모색하는 데 기본이 되는 관점이며, 오늘날 복잡한 문제를 해결하는 데 필수적인 사고방식으로 강조되고 있다. 통합적 관점을 활용해 사회 현상을 분석하는 과정에서 문제해결력, 창의적 사고 역량을 함양할 수 있다.

개념 제시 통합적 관점, 다학문적 접근, 간학문적 접근, 융합적 사고, 복합적 사고, 체계적 사고

생각 열기 통합적 접근을 주장한 대표적인 인물로 미국의 생물학자 에드워드 윌슨(1929~2021)이 있다. 그는 '통섭(consilience)'이라는 개념을 제안하며, 서로 다른 학문 간의 경계를 허물고 통합적인 관점에서 문제를 바라보아야 한다고 주장했다. 즉 공통의 원칙과 방법론을 통해 지식 체계를 구축해야 한다고 보았다. 특히 자연과학과 인문·사회과학을 결합해 문제를 분석해야 인간과 사회의 관계를 명확히 이해할 수 있다고 주장했다.

관련 이슈 (**미국의 마약과의 전쟁**) 80년대 미국 정부는 마약 문제를 단속과 형벌 위주의 정책으로 해결하고자 했다. 법적 관점에만 집중해 마약 사용자를 강력히 처벌하고 마약 관련 범죄자 수를 줄이려고 했지만 보란 듯이 실패했다. 사실 마약은 재활 치료, 예방 교육, 경제적 빈곤 등 다양한 원인으로부터 접근해야 하는 문제였음에도 단순히 처벌 위주로 해결하고자 한 데서 부작용이 나타난 것이다. 이처럼 단일 관점에서 사회 문제에 접근하면 예상치 못한 혼란과 부작용을 가져오기도 한다.

개념 이해

(다학문적 접근) 하나의 주제를 여러 학문 분야에서 살펴보는 관점을 의미한다. 각 학문이 독립적으로 동일한 주제를 분석하고 설명하는 접근법이다. 예를 들어 환경 문제를 다룰 때 생물학적, 경제적, 사회적 접근을 통해 각각 따로 주제를 탐구하는 방식이다. 다학문적 접근을 주장한 경제학자이자 컴퓨터과학자인 허버트 사이먼(1916~2001)은 여러 학문적 관점을 결합하는 접근 방식을 통해 더 깊은 통찰을 얻을 수 있다고 주장했다.

(간학문적 접근) 다학문적 접근과 달리, 두 개 이상의 학문 분야가 협력해 하나의 주제를 심층적으로 탐구하는 방법이다. 각 학문의 관점이 통합되고 상호작용을 하는 과정에서 새로운 해결 방안을 모색할 수 있다. 예를 들어 심리학과 사회학의 결합을 통해 개인의 문제 행동을 사회적 맥락에서 분석해 행동에 대한 보다 정확한 분석을 시도하는 방식이다.

(체계적 사고) 문제를 하나의 시스템으로 보고, 구성 요소 간의 상호작용을 고려해 전체를 이해하는 사고방식을 '체계적 사고'라고 한다. 이는 사회 문제를 개별 요소로만 분석하는 것이 아니라, 전체적인 구조와 관계를 파악해 접근하는 데 유용하다. 통합적 관점의 중요한 부분으로, 복잡한 원인에 의해 문제가 발생하는 현대 사회에서 과학적 요소와 인문학적 요소를 조망해 해결 방안을 도출하는 데 유리하다.

탐구 주제 1 기업의 ESG 경영은 단순히 이윤 창출을 목표로 하는 기업이 지속 가능한 성장을 추구하는 과정에서 등장했다. 이는 환경적 책임, 사회적 기여, 기업의 투명한 운영을 바탕으로 기업의 가치를 높이는 경영 방식이다. ESG 경영을 위한 세부 항목을 제안하고, 지역 기업을 평가해 보자.

탐구 주제 2 스마트 시티는 정보통신기술(ICT)을 활용해 도시 문제를 해결하는 계획도시이다. 단순히 기술 측면에서 해결될 수 없는 교통 시스템, 에너지, 안전, 생활의 질과 건강, 깨끗한 환경, 사회 참여 모두를 고려해야 한다. 통합적 관점에서 스마트 시티를 설계하고 도시 문제의 해결책을 마련해 보자.

개념 응용

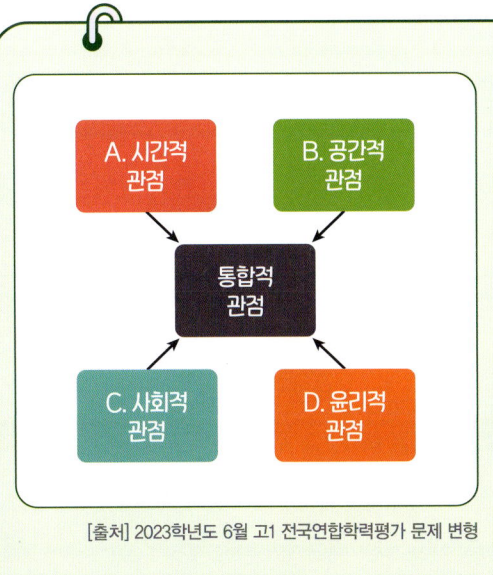

[출처] 2023학년도 6월 고1 전국연합학력평가 문제 변형

자료 설명

시간적, 공간적, 사회적, 윤리적 관점 등을 종합해 문제를 해결하는 통합적 관점을 도식화한 것이다.

탐구 주제

우리나라 지방 소도시의 인구가 수도권 집중화 등으로 점차 감소할 것으로 예상하는 보고서가 발표되었다. 2047년에는 전국 시·군·구의 68%가 소멸 고위험 단계에 진입할 것으로 보인다. 통합적 관점에서 이를 분석해 보자.

추천 도서

호모데우스: 미래의 역사(유발 하라리, 김명주 역, 김영사, 2017)

이 책에선 불확실한 미래에 대한 심도 있는 탐구를 통해, 기술 발전이 인간 사회와 존재에 미칠 영향, 그리고 그것이 우리가 삶을 살아가는 방식에 끼칠 변화를 진지하게 고민하고 있다. 기술이 인류에게 가져올 유토피아적 미래와 디스토피아적 결과를 동시에 고려하며, 우리가 진화의 다음 단계로 나아갈 준비가 되어 있는지에 대한 질문을 던진다. 역사, 과학, 철학, 기술, 사회 등 여러 분야를 연결하며 다양한 관점에서 문제를 바라보고, 기술 발전에 대한 예측을 넘어 윤리적 고민을 탐구할 수 있다.

탐구 주제 1 기술 발전이 인간 본성에 미치는 영향, 즉 인간성의 정의는 변할 수 있을까? 《호모 데우스: 미래의 역사》(유발 하라리)를 읽고 기술 발전이 인간에게 미치는 심리적, 도덕적, 사회적 영향을 판단해 보자. 또한 인공지능과 유전자 편집 기술 등 최근 발달한 과학기술이 인간 본성이나 행동에 미칠 영향을 탐구해 보자.

탐구 주제 2 CRISPR-Cas9 기술을 포함한 유전자 편집 기술에 대한 논의가 뜨겁다. 그러나 인간에게 적용하는 문제에 대해서는 의견이 분분하다. 유전자 편집 기술 발전의 역사에 대해 조사해 보고, 앞으로의 기술 발전 정도를 예측하고 인간의 건강과 진화에 미칠 영향을 분석해 의견을 제시해 보자.

우리는 기후 변화에도 적응할 것이다(매슈 E. 칸, 김홍옥 역, 에코리브르, 2021)

기후 변화의 현실적 위협에 대한 인식을 바탕으로, 기후 변화에 대응하는 인간의 적응력을 다룬 책이다. 단지 온실가스 배출을 줄이는 것만으로는 기후 변화에 충분히 대응할 수 없음을 강조하며, 적응 전략과 지속 가능한 개발을 통한 대응 방법을 탐구한다. 기술 혁신, 사회적 변화, 정책적 대응을 통해 기후 변화에 적응하는 다양한 사례를 소개하며, 인간이 기후 변화와 함께 살아갈 가능성을 제시함으로써 지속 가능한 미래를 위해 기후 적응의 중요성을 역설하고 해결책을 모색한다.

탐구 주제 1 기후 변화 문제는 다각적 접근이 필요한 주제이다. 기후 변화 대응과 관련하여 정치적(국제적) 측면과 경제적 측면(기후 불평등), 윤리적 측면(기후 위기 책임론), 문화적 측면에서 근거를 들어 분석해 보자. 이와 함께 기후 위기를 극복할 수 있는 구체적인 방안을 제안해 보자.

탐구 주제 2 기후 변화 완화를 위한 재생 가능 에너지와 탄소 포집 기술(CSS)은 과학적으로 얼마나 효과적일까? 해당 기술의 과학적 원리를 탐구하고 기술적, 경제적, 환경적 측면의 효과를 근거를 들어 제시해 보자. 더불어 탄소 포집 기술의 사회적 실효성과 보편화 가능성에 대해 종합적으로 분석해 보자.

추천 논문

4차 산업혁명 시대, 어떤 특성을 가진 지역의 일자리가 지속 가능할 것인가?
(구한민 외 3명, 대한지리학회, 2024)

4차 산업혁명으로 인한 급격한 기술 진보 속에서 지역 일자리의 지속가능성은 중요한 문제이다. 우리나라 지역을 대상으로 기술 진보에 따른 일자리 지속가능성의 변화에 영향을 미치는 지역의 산업적·인구학적 특성을 탐구해 보며, 4차 산업혁명에 따른 일자리의 미래와 우리의 대응 방안을 모색할 수 있다.

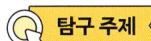 사회 현상(문제)을 바라보는 대표적인 관점으로 통합적 관점이 있다. 교과서에서는 시간적 관점, 공간적 관점, 사회적 관점, 윤리적 관점에서 종합적으로 바라보는 것을 '통합적 관점'이라 칭한다. 나만의 통합적 관점의 요소에 대한 정의를 내려보고, 사회 문제를 분석해 보자.

선택 과목 연계 학습 및 전공 가이드

◆ 선택 과목 연계 학습

선택 과목	학습 안내	
일반 선택	세계시민과 지리	세계 식량 자원의 생산 및 소비, 기업의 대규모 생산 및 유통 시장의 독점 현상 등을 통해 식량 문제의 심각성을 파악하고, 이를 바탕으로 안정적인 식량 생산과 공급을 위한 각국의 정책을 비교한다.
관련 단원	3. 네트워크 세계, 세계의 인구와 경제 공간	

◆ 전공 가이드

식량 자원이라는 국제적 주제를 통해 각국의 정책의 차이점을 비교해 보고, 왜 다른 정책이 만들어지게 됐는지 다방면으로 분석해 제시하는 탐구 활동을 수행할 수 있다.

- ▶ **인문계열** : 문화인류학과
- ▶ **사회계열** : 정치외교학과, 사회학과, 국제개발학과, 환경정책학과
- ▶ **자연계열** : 생물학과, 화학과, 지구과학과, 환경과학과, 지리학과
- ▶ **공학계열** : 농업공학과, 식품공학과, 환경공학과, 화학공학과, 스마트농업학과

◆ 선택 과목 연계 학습

선택 과목	학습 안내	
일반 선택	사회와 문화	우리나라 사회복지제도의 최근 변화 양상을 조사하고, 이를 바탕으로 현대 사회에서 나타나고 있는 사회 복지를 둘러싼 쟁점을 토론함으로써 사회 복지의 발전 방안을 모색한다.
관련 단원	4. 사회 불평등과 사회 복지	

◆ 전공 가이드

불평등은 경제 불평등, 디지털 불평등, 건강 불평등, 교육 불평등, 성 불평등 등 다양한 종류가 있으며, 전공 분야에 맞게 불평등을 분석하고 해결 방안을 도출할 수 있다.

- ▶ **인문계열** : 심리학과
- ▶ **사회계열** : 정치외교학과, 사회학과, 사회복지학과, 경제학과, 행정학과
- ▶ **자연계열** : 데이터사이언스학과, 통계학과

▶ **의약계열** : 보건학과, 보건정책학과

▶ **예체능계열** : 영화 관련 학과, 미술학과

◆ 선택 과목 연계 학습

선택 과목	학습 안내	
융합 선택	윤리 문제 탐구	사회에 만연한 사회적 차별과 증오 표현의 문제를 인격권 존중과 표현의 자유 보장이라는 관점에서 탐구하며, 사회적 차별 표현 문제를 바라보는 다양한 관점을 적용해 삶의 이면의 모습을 탐구한다.
관련 단원	2. 시민의 삶과 윤리적 탐구	

◆ 전공 가이드

사회적 차별 사례를 조사하고, 사회적 차별 표현의 문제를 공동체 구성원의 존엄성 보장이라는 가치관을 적용해 해결 방안을 도출할 수 있다.

▶ **인문계열** : 철학과, 종교학과, 문화인류학과, 심리학과

▶ **사회계열** : 사회학과, 미디어커뮤니케이션학과

▶ **의약계열** : 의예과(정신건강의학), 간호학과, 임상병리학과

학생부 교과세특 예시

'커피'를 주제로 시간적, 공간적, 사회적, 윤리적 관점에서 심도 있는 분석을 통해 통합적 사고능력을 발휘함. 커피의 역사적 변천과 산업화 과정을 탐구하며, 커피가 문화와 경제에 미친 영향을 분석하고, 주요 커피 생산국들의 지리적 특성과 경제적 환경을 비교하며, 커피의 생산과 소비가 글로벌 경제에 미친 영향을 조망함. 더불어 커피가 사회적 교류와 일상생활에서 가지는 역할과 커피 산업 내의 노동 환경을 조사하며 공정 무역의 중요성에 대해 탐구하고, 이를 해결하기 위한 방법을 제시함. 통합적 사고를 통해 탐구 과정에서 적극적인 학습 태도와 창의적 접근이 관찰됨.

교과서 찾아보기

📖 동아출판 16~23쪽
- 우리나라의 저출생 현상에 대한 통합적 탐구
- 공유 경제에 대한 통합적 탐구

📖 아침나라 12~17쪽
- 기후 변화 현상에 대한 통합적 탐구
- 노○○ 존 현상을 통합적으로 이해하기
- 쓰레기 매립지를 둘러싼 문제에 대한 통합적 관점

📖 천재교육 16~21쪽
- 감염병 확산에 따른 혐오와 차별 탐구하기
- 우리 삶, 지역사회 등 주변 사회 현상과 관련된 사례 분석하기

II

인간, 사회, 환경과 행복

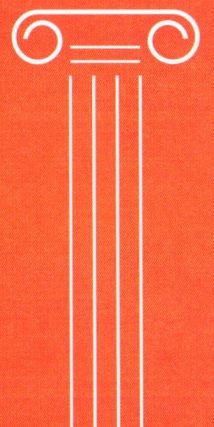
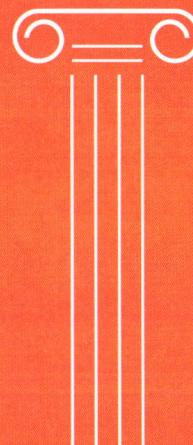

1. 행복의 의미와 기준

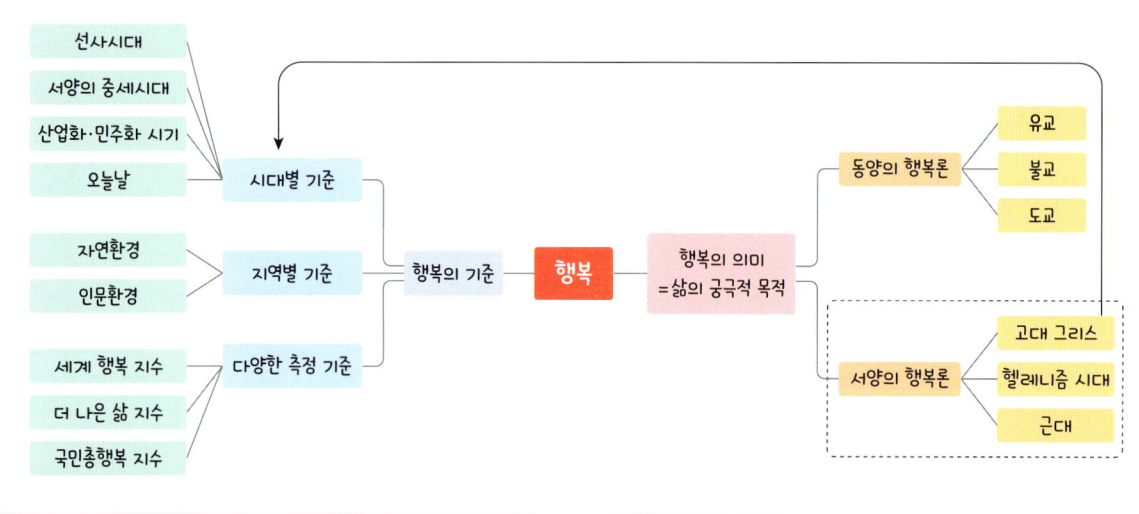

성취 기준	【10통사1-02-01】 시대와 지역에 따라 다르게 나타나는 행복의 기준을 사례를 통해 비교하여 평가하고, 삶의 목적으로서 행복의 의미를 성찰한다.
학습 개요	행복에 대한 다양한 관점을 바탕으로 삶의 궁극적인 목적으로서 행복의 의미를 이해하고 자신의 삶을 성찰하는 것을 목표로 한다. 이를 위해 행복의 기준이 시대적 상황과 지역적 여건에 따라 다르게 나타난다는 사실을 다양한 자료를 조사·분석하며 학습한다. 특히 서로 다른 동양과 서양의 행복론을 여러 사상가를 중심으로 탐구하며, 그 특징을 시대적 배경 및 지역적 영향과 연관시켜 이해할 수 있다.
개념 제시	행복, 행복의 기준, 행복론, 덕, 이성, 쾌락, 도덕 법칙, 기쁨, 만족감, 삶의 궁극적 목적
생각 열기	수필집 《무소유》의 작가로 널리 알려진 법정 스님(1932~2010)은 행복은 물질적 소유보다는 마음의 평온과 자유에서 비롯되는 것이라고 설파했다. 출가 후 무소유의 삶을 살았고, 생전에 30여 권의 책으로 번 수입 전액은 어려운 학생들을 위해 기부했다고 한다. 무소유와 자연의 조화를 추구하며 탐욕과 집착을 버리는 것이 행복의 핵심이라 여긴 법정 스님의 삶과 가르침은 오늘날 많은 사람에게 깊은 울림을 준다.
관련 이슈	(부모 세대보다 물질적으로 풍요롭지만 덜 행복한 Z세대) 〈2024 세계행복보고서〉에 따르면, 전 세계 Z세대가 느끼는 자신의 삶을 통제하고 있다는 느낌과 정신적 건강에 대한 만족도가 이전 세대보다 낮아지고 있다고 한다. 과학기술의 발전과 경제적 풍요에도 불구하고 젊은 세대의 삶에 대한 만족도가 낮아지는 이유는 무엇일까? 그러한 현상의 주요 원인으로 디지털 환경에서의 정보 과부하, 소셜 미디어의 부정적 영향, 경제적 불확실성, 그리고 비교 문화를 꼽아볼 수 있다.

개념 이해

(행복의 의미) 사람들은 각기 다른 삶의 목적을 추구하며 살아간다. 하지만 그 다양한 목적의 뿌리를 파고 들어가 보면, 결국 모두가 추구하는 궁극적인 목표는 '행복한 삶'이다. 여기서의 행복이란 단순히 물질적인 풍요나 순간적인 만족이 아니라, 자신의 가치관에 기반해 삶에서 느끼는 전반적인 만족감과 즐거움을 의미한다.

(행복의 기준) 행복의 기준은 사람, 시대, 지역에 따라 다르게 변해왔다. 선사시대에는 생존을 위한 먹거리와 주거지가 중요했고, 농경 사회에서는 농지와 노동력이 행복의 조건이었다. 산업화 이후에는 물질적 풍요와 개인 권리 보장이 강조되었으며, 오늘날에는 복지와 자아실현의 욕구가 중요해졌다. 또한 기후, 정치적 안정, 문화 등 해당 지역의 자연환경과 인문환경에 따라 행복의 기준이 달라질 수 있다.

(행복론) 예로부터 사상가들은 행복의 의미를 탐구해 왔다. 동양의 대표적인 사상가로는 인(仁)의 실천을 강조한 공자, 그리고 고통과 번뇌에서 벗어난 자유롭고 평화로운 마음 상태를 행복으로 본 부처 등이 있다. 서양의 대표적인 사상가로는 행복을 '덕에 따르는 활동'이라 한 아리스토텔레스와 '소극적 쾌락'을 행복으로 본 에피쿠로스, '자연의 질서에 따르는 삶'을 행복이라고 한 스토아학파의 에픽테토스 등이 있다.

탐구 주제 1 행복의 기준은 사람마다 다르고, 시대나 지역에 따라서도 다르게 변해왔다. 시대와 문화에 따라 사람들이 느끼는 행복의 기준이 어떻게 달라져 왔는지 조사해 비교하고, 현대 사회의 청소년이 생각하는 행복의 요소가 무엇인지 알아보기 위해 설문지를 만들어 자료를 수집하고 분석해 보자.

탐구 주제 2 고대 사상가들의 행복관은 예술에 큰 영향을 끼쳤다. 아리스토텔레스의 '덕에 따른 행복'의 개념이 인간의 존엄성과 이성의 가치를 강조한 르네상스 인문주의 미술에 반영된 것이 대표적인 예이다. 다양한 사례를 조사하고 분석해 사상가들의 행복관이 예술에 미친 영향을 탐구해 보자.

개념 응용

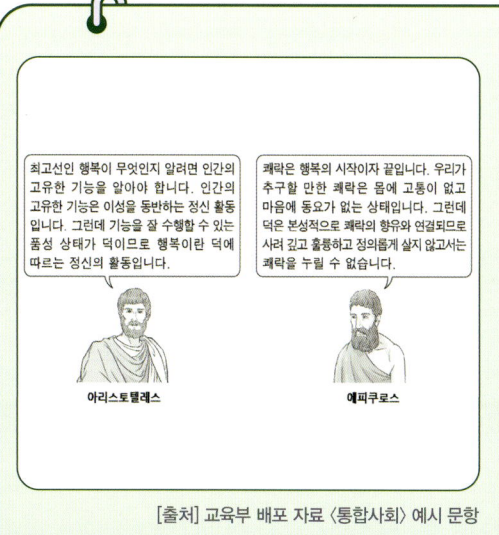

[출처] 교육부 배포 자료 〈통합사회〉 예시 문항

자료 설명

서양 사상가 아리스토텔레스와 에피쿠로스의 행복에 대한 대화이다.

탐구 주제

아리스토텔레스와 에피쿠로스는 행복에 대한 생각이 다르므로 행복을 위한 직업 선택의 기준도 서로 다를 것이다. 두 사상가가 말한 행복을 기준으로 현대 사회에서 직업을 선택할 때 중요하게 고려해야 할 요소들은 무엇이며, 무엇이 다른지 분석해 보자.

추천 도서

행복의 지도 (에릭 와이너, 김승욱 역, 어크로스, 2021)

〈뉴욕 타임스〉 기자였던 에릭 와이너는 불행한 나라의 뉴스만을 전하던 중, 세계에서 가장 행복한 나라들을 찾아가 그들의 행복 비결을 탐구하기로 결심한다. 그는 스위스, 아이슬란드, 부탄 등 10개국을 여행하며 돈, 가족, 영적 깊이 등 우리가 행복의 필수 조건이라 여기는 요소들을 살펴보고, 행복학 연구자부터 정치가까지 다양한 사람들과의 대화를 통해 행복의 본질을 탐구한다. 이를 바탕으로 그동안 인류가 정의해 온 행복의 다양한 모습을 유쾌하게 그려낸다.

탐구 주제 1   각국 정부는 국민의 행복을 증진하기 위해 다양한 정책과 프로그램을 실행하고 있다. 그 사례를 조사해 각 국가가 국민의 행복을 증진하기 위해 집중하는 분야는 무엇이며 그 이유는 무엇인지 분석하고, 국가마다 문화적·역사적 배경에 따라 정책이 어떻게 달라지는지 탐구해 보자.

탐구 주제 2   의사들은 우울감을 느끼는 사람에게 운동을 권한다. 신체 활동이 뇌의 화학 반응을 일으켜 개인의 주관적 행복감에 영향을 주기 때문이다. 신체 활동이 신체적 건강뿐 아니라 행복 호르몬(세로토닌, 도파민 등)에 미치는 영향을 조사하고 그러한 영향이 나타나는 이유를 탐구해 보자.

세상에서 가장 긴 행복 탐구 보고서 (로버트 월딩거 외 1명, 박선령 역, 비즈니스북스, 2023)

하버드 대학 성인 발달 연구 프로젝트의 네 번째 책임자인 로버트 월딩거와 마크 슐츠가 85년간의 연구 결과를 바탕으로 행복한 삶의 본질을 정리한 책이다. 그들은 연구 결과에 근거해, 건강하고 행복한 삶을 만드는 결정적 요인은 재산이나 명예가 아니라 인간관계와 사회적 유대감임을 강조한다. 오랜 연구 기간에 축적된 방대한 사례와 과학적 통찰을 바탕으로 행복한 삶을 살아가기 위해 우리에게 진정으로 중요한 것이 무엇인지 깊이 있게 알려준다.

탐구 주제 1   행복의 결정적 요인이 인간관계와 사회적 유대감이라는 연구 결과는 지금 우리에게도 해당하는 것일까? '대한민국 청소년의 인간관계와 행복의 상관관계'를 주제로 가설을 설정해 검증해 보자. 나아가 탐구 내용을 바탕으로 청소년의 행복을 증진하기 위한 방안을 모색해 보자.

탐구 주제 2   예술 활동은 개인의 행복에 중요한 역할을 한다. 특히 공동의 예술 작업은 사회적 관계를 강화해 정서적 안정을 바탕으로 행복을 증진하는 역할을 할 수 있다. 공동의 예술 작업을 통해 공동체 내의 관계가 변화하고, 그 과정에서 개인의 행복감이 어떻게 증진되는지 사례를 바탕으로 탐구해 보자.

추천 논문 | **행복과 국가: 행복의 다학제적 해석과 그것의 정책적 함의를 중심으로**(박승민, 국회입법조사처, 2018)

이 논문은 행복에 대한 다학제적 접근을 통해 행복 관련 정책을 제안하고자 한다. 행복과 관련한 주요 논의를 비판적으로 고찰하고, 철학적·심리학적·경제학적·정치학적·사회학적 관점을 통해 개인의 인식 차이와 차별적 지원의 필요성, 비경제적 요소의 성장, 좋은 거버넌스, 사회적 자본의 중요성을 강조한다.

탐구 주제 행복은 시대와 지역에 따라 다르게 정의되어 왔다. 현대 사회에서는 행복을 어떻게 정의할 수 있을까? 철학, 심리학, 경제학 등 여러 학문에서는 행복을 어떻게 설명하는지 분석하고, 현대 사회에서의 행복의 본질을 더 깊이 탐구해 보자.

선택 과목 연계 학습 및 전공 가이드

◆ 선택 과목 연계 학습

선택 과목		학습 안내
일반 선택	현대 사회와 윤리	윤리적 삶의 중요성과 인간관계, 환경, 사회정의와 행복의 상관관계를 주제로 행복한 삶을 위한 윤리적 가치, 선택, 그리고 실천의 필요성을 탐구할 수 있다.
관련 단원	1. 현대 생활과 윤리	

◆ 전공 가이드

윤리적 결정이 어떻게 우리의 삶과 사회에 긍정적인 영향을 미치는지를 배우고, 이를 바탕으로 더 행복하고 건강한 공동체와 생활환경을 만드는 방법을 탐구한다.

- ▶ **인문계열** : 철학과, 윤리학과, 심리학과
- ▶ **사회계열** : 사회학과, 사회복지학과
- ▶ **자연계열** : 생물학과, 생명공학과, 환경공학과, 환경과학과
- ▶ **교육계열** : 윤리교육과, 일반사회교육과, 역사교육과

◆ 선택 과목 연계 학습

선택 과목		학습 안내
진로 선택	윤리와 사상	동서양 사상가들의 철학을 바탕으로 행복의 본질과 시대나 문화별로 달라지는 행복의 기준에 대해 탐구한다. 이를 바탕으로 균형적 관점 및 융합적 사고능력을 기를 수 있다.
관련 단원	1. 동양 윤리 사상 2. 서양 윤리 사상	

◆ 전공 가이드

한국 및 동서양의 윤리 사상과 사회사상을 바탕으로 사회 및 개인의 윤리적 삶과 관련된 다양한 문제에 대한 실질적인 해결 방안을 탐구한다.

- ▶ **인문계열** : 철학과, 윤리학과, 사학과, 심리학과, 종교학과
- ▶ **사회계열** : 사회학과
- ▶ **자연계열** : 환경과학과, 생명과학과, 대기과학과
- ▶ **공학계열** : 생명공학과, 환경공학과
- ▶ **교육계열** : 윤리교육과, 일반사회교육과, 역사교육과

◆ 선택 과목 연계 학습

선택 과목	학습 안내	
융합 선택	사회 문제 탐구	행복에 영향을 미치는 다양한 사회적 요인을 분석하고, 환경오염, 고령화 등 여러 사회 문제와 행복의 상관관계를 탐구해 행복을 증진할 수 있는 사회적 해결 방안을 모색한다.
관련 단원	1. 사회 문제의 이해와 탐구	

◆ 전공 가이드

현대 사회에서 우리가 직면해 있는 다양한 사회 문제를 해결하기 위해 과학적 탐구를 바탕으로 그 원인을 파악하고 해결 방안을 마련하고자 노력할 수 있다.

▶ **사회계열** : 사회복지학과, 정책학과, 정치외교학과, 행정학과

▶ **자연계열** : 지구과학과, 환경과학과, 해양학과

▶ **공학계열** : 환경공학과, 에너지공학과, 건축학과, 산업공학과

학생부 교과세특 예시

시대와 문화에 따라 달라지는 행복의 기준을 조사하고, 현대 사회에서 청소년이 중요하게 생각하는 행복의 요소를 탐구함. 이를 바탕으로 행복한 삶에는 경제적 요소와 비경제적 요소가 상호 보완적으로 작용함을 설명하고, 두 요소의 조화를 강조하며 행복에 대한 깊이 있는 성찰을 담은 탐구 보고서를 제출함. '세상에서 가장 긴 행복 탐구 보고서(로버트 월딩거 외 1명)'를 읽고 '인간관계와 행복의 상관관계'를 주제로 인간관계가 행복에 미치는 영향을 탐구함. 그 과정에서 행복을 증진하기 위한 구체적인 방법을 제안하는 등 주도적 탐구 능력과 탁월한 문제 해결 능력을 보임.

교과서 찾아보기

📖 동아출판 30~37쪽
- '우리만 알고 싶은 행복 노래' 공유 플레이리스트 만들기
- 시를 분석하여 행복의 의미 탐구하기
- 행복에 관련된 직업 탐구하기

📖 미래엔 24~29쪽
- 노래 가사, 사진, 인터뷰 등을 통한 행복의 의미 찾기
- 행복에 관한 동서양 사상가의 다양한 입장 분석하기
- 행복한 삶을 살아가기 위해 필요한 노력을 정리하고 실천하기

📖 비상 28~35쪽
- 삶의 궁극적 목적과 실현 방안 생각해 보기
- 행복과 관련된 용어의 등장 배경을 조사하고, 미래에 등장할 용어 생각해 보기
- 고전과 예술 작품을 감상하며 다양한 행복의 기준 파악하기

📖 지학사 32~39쪽
- 시대적 상황에 따른 행복의 기준 탐구하기
- 행복 슬로건 만들기
- 행복에 관한 동서양 학자들의 관점 분석하기

2. 행복의 조건

학습 요지

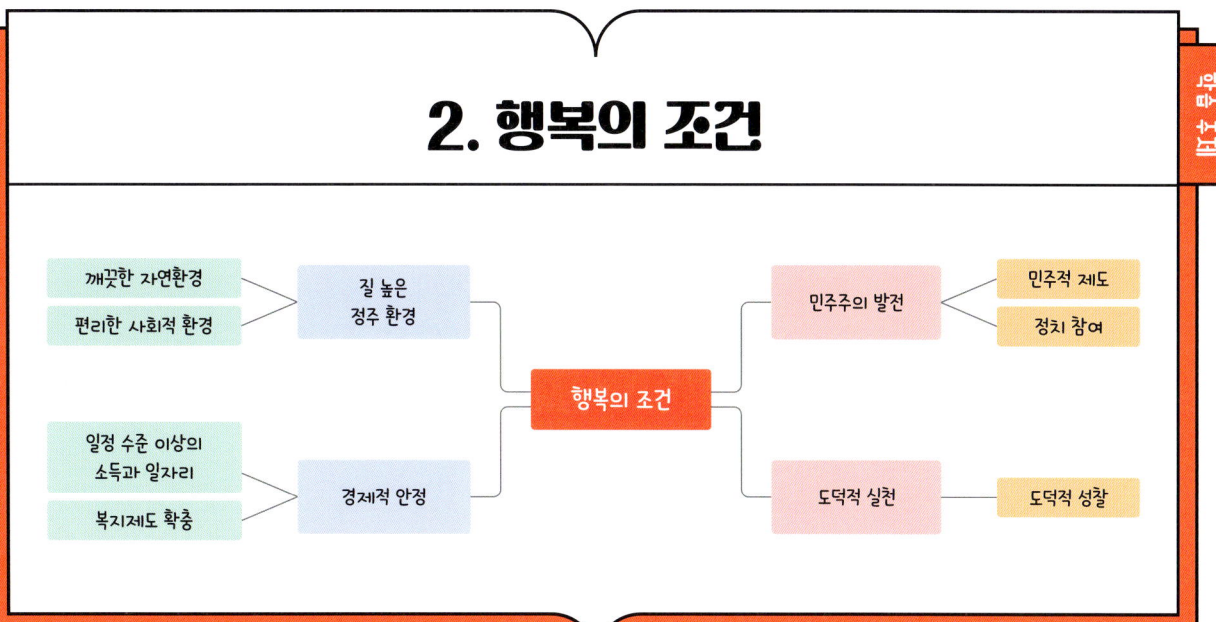

성취 기준 【10통사1-02-02】 행복한 삶을 실현하기 위한 조건으로 질 높은 정주 환경의 조성, 경제적 안정, 민주주의 발전 및 도덕적 실천의 필요성에 관해 탐구한다.

학습 개요 행복에 대한 정의나 기준은 사람이나 지역, 시대에 따라 다를 수 있다. 그러나 행복한 삶을 위해 필요하다고 공통적으로 말하는 것이 있다. 이 단원에서는 질 높은 정주 환경의 조성, 경제적 안정, 민주주의의 발전 및 도덕적 실천이 행복한 삶의 가장 기본적인 조건임을 이해하고자 한다. 이러한 조건들이 행복한 삶의 실현과 어떤 관계를 갖는지 학습하고, 나아가 행복한 삶의 실현 방안을 모색해 보고자 한다.

개념 제시 행복의 조건, 질 높은 정주 환경의 조성, 경제적 안정, 민주주의 발전, 도덕적 실천

생각 열기 공병우 박사(1907~1995)는 한국 최초의 안과 의사로, 시각장애인 복지를 위해 1960년 '맹인부흥원'을 설립하고 시각장애인들의 자립을 도왔다. 그는 사재로 점자 타자기와 한글 타자기를 개발해 장애인 복지와 한글 보급에 기여했다. 한글학자 이극로와의 만남 이후 평생 한글 사랑을 실천했고, 죽어서는 의과대학의 해부학 실습을 위해 자신의 시신을 기증했다. 자신의 재능을 타인을 위해 사용한 그의 삶은 사회뿐 아니라 자신도 행복하게 만들지 않았을까?

관련 이슈 (**경제적 안정과 행복**) 행복에서 경제적 안정은 중요한 조건이다. 지난 코로나19 팬데믹 기간에 발생한 실업과 소득 감소는 경제적 불안정을 초래했고, 이는 특히 소상공인과 저소득층에게 큰 타격을 주었다. 경제적 불안은 개인의 정신 건강에도 영향을 미쳐 우울증과 불안감을 증가시켰으며, 많은 이들이 삶의 만족도가 떨어지는 경험을 했다. 경제적 불확실성이 정서적 스트레스의 주요 원인으로 나타난 연구 결과를 보면, 경제적 안정은 행복을 유지하는 데 중요한 요소임을 알 수 있다.

개념 이해

(행복의 조건) 행복한 삶을 영위하기 위해서는 다양한 조건이 필요하다. 질 높은 정주 환경의 조성과 경제적인 안정, 민주주의 발전이 행복의 필수 조건이다. 이와 함께 도덕적 실천은 사람들 간의 신뢰를 증진해 공동체의 더 나은 삶을 가능하게 하고, 개인의 삶에 대한 성취감과 만족감을 높인다. 이러한 복합적인 조건이 조화를 이룰 때, 우리는 진정한 행복을 실현할 수 있다.

(질 높은 정주 환경 조성과 경제적 안정) 정주 환경이란 사람이 자리를 잡고 살아가는 환경이다. 행복한 삶을 위해서는 질 높은 정주 환경이 조성되어야 한다. 즉 안전하고 쾌적하게 생활할 수 있는 주거지와 교통, 교육, 의료 등 생활 인프라가 잘 갖추어져야 한다. 또한 기본적인 의식주는 물론 보건, 교육, 문화 등의 필요를 충족할 수 있도록 경제적 안정이 뒷받침되어야 행복할 수 있다. 이를 위해서는 생활에 필요한 재화나 서비스를 안정적이고 일정하게 누릴 수 있도록 일정 수준 이상의 소득과 안정적인 일자리가 보장되어야 한다.

(민주주의 발전과 도덕적 실천) 민주사회에서는 개인의 자유와 권리가 존중되고, 모두가 평등하게 법의 보호를 받으며, 공정한 절차에 따라 사회적 의사 결정이 이루어진다. 그렇기에 민주주의가 발전하면 인간의 존엄성이 보장되고, 시민의 참여를 바탕으로 공정한 사회를 형성할 수 있어 행복한 생활이 가능하다. 또한 도덕적 실천은 개인과 사회의 신뢰를 증진해 사회적 갈등을 줄이고, 더욱 공정한 환경을 조성해 많은 사람이 행복을 누릴 수 있게 한다. 더 나아가 개인의 삶에 대한 만족감과 성취감을 높인다.

탐구 주제 1 도덕적 실천은 개인의 삶에 긍정적인 정서를 불러일으키고, 공동체 내에서는 신뢰와 협력을 증진해 사회적 유대감을 강화한다. 선행 연구를 분석해 도덕적 실천이 개인의 정신적 안정과 만족감에 어떻게 기여하는지 확인하고, 학급에서 실천할 수 있는 도덕적 행동을 제시해 보자.

탐구 주제 2 의료 서비스가 사람들의 건강과 행복에 영향을 미치는 것은 분명하다. 의료 서비스의 질과 접근성이 우리의 삶과 행복에 미치는 영향을 실제 사례를 조사해 분석하고, 그 내용을 바탕으로 현대 사회에서 의료 서비스가 더욱 중요해지고 있는 이유에 관해 탐구해 보자.

개념 응용

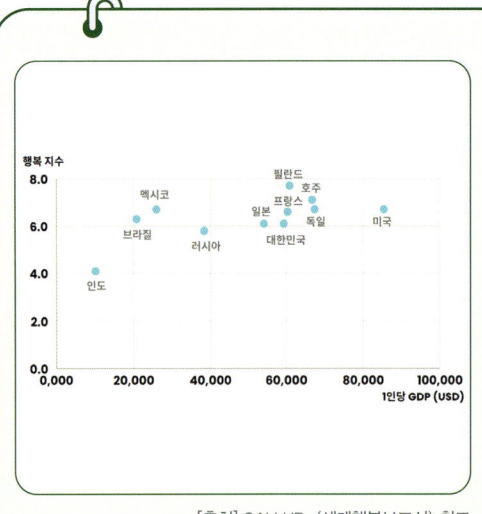

[출처] GALLUP, 〈세계행복보고서〉 참고

자료 설명

국가별 1인당 GDP와 행복 지수의 관계를 나타낸 그래프이다.

탐구 주제

국민의 평균적인 소득인 1인당 GDP와 행복 지수는 상호 연관성이 높아 보이지만, 멕시코처럼 상대적으로 낮은 1인당 GDP를 보이는 국가의 행복 지수가 높은 사례도 있다. 경제적 안정 이외에 행복에 영향을 주는 요인에는 무엇이 있는지 탐구해 보자.

추천 도서

지적 행복론 (리처드 이스털린, 안세민 역, 윌북, 2022)

'소득과 행복에 관한 역설'로 유명한 행복경제학자 리처드 이스털린(1926~2024)은 이 책을 통해 소득과 행복의 관계를 경제학적으로 설명하며 행복에 관한 다양한 질문에 답한다. 결혼, 자녀, 복지 정책, 환경오염 등 여러 요소가 행복에 미치는 영향을 학생들과의 문답 형식으로 풀어내어 경제학에 익숙하지 않은 청소년도 쉽게 읽을 수 있다. 저자는 데이터를 바탕으로 행복의 다양한 요소들을 분석해 물질적 욕망이 큰 현대 사회에서 더욱 알기 어려운 행복의 본질에 대해 구체적이고 현실적인 통찰을 제공한다.

탐구 주제 1 소득이 높아질수록 청소년의 행복감은 계속해서 증가할까? 증가한다면 그 한계는 없을까? 청소년의 용돈 수준과 행복감에 대한 설문조사를 진행해 그 관계가 어떠한지 분석해 보자. 나아가 소득 외에 청소년들이 생각하는 행복의 중요 요인으로는 무엇이 있는지 조사해 제시해 보자.

탐구 주제 2 환경적 요인은 행복에 어떤 영향을 줄까? 오염된 환경은 건강 문제를 야기하고, 이는 스트레스와 불안감을 증가시켜 우리의 삶의 질과 행복도를 낮출 수 있을 것이다. 통계 자료를 통해 환경오염의 부정적 영향을 분석하고, 이를 바탕으로 환경 보호가 행복에 중요한 이유를 탐구해 보자.

행복의 과학 (대니얼 카너먼 외 2명, 임종기 역, 아카넷, 2020)

'어떻게 잘 살 것인가?'라는 질문에 답하기 위해 저자는 행복을 주관적 안녕감과 감정적 경험으로 나누어 설명하며, 행복이 물질적 조건보다는 개인의 경험과 인지적 평가에 더 큰 영향을 받는다고 강조한다. 그는 행복을 측정하는 다양한 방법을 소개하며 소득, 사회적 유대감, 삶의 의미가 각각 행복에 미치는 영향을 세밀하게 분석한다. 이를 통해 개인뿐만 아니라 사회가 더 행복한 삶을 추구하는 데 필요한 것에 대한 깊이 있는 통찰을 제공한다.

탐구 주제 1 행복의 개념이 시대와 문화에 따라 어떻게 변화해 왔는지 확인하고, 이를 바탕으로 각 시대와 문화가 행복을 정의하는 방식이 사람들에게 어떤 영향을 미쳤는지 분석해 보자. 나아가 주관적 안녕감이 개인의 전반적인 행복과 성취감 등에 미치는 영향에 대해 탐구해 보자.

탐구 주제 2 전자 칠판, 디지털 교과서 등 학교에도 IT 기술이 깊숙이 들어오고 있다. 이러한 디지털 기기와 온라인 학습 플랫폼, AI 기술의 도입이 청소년의 학습 경험과 교육 만족도, 행복에 미치는 영향을 분석해 보자. 나아가 교육 분야에서 IT 기술의 사용이 확대되는 것에 대한 자신의 생각을 정리하고 토의해 보자.

추천 논문

이타적 행동이 행복에 영향을 미치는가? – 기부, 자원봉사, 헌혈 및 혈장 기부, 낯선 사람 도움의 영향력 분석(강철희 외 2명, 한국사회복지학회, 2022)

이 논문은 기부, 자원봉사 등 이타적 행동이 행복에 미치는 영향을 종합적으로 탐구한 결과이다. 연구 결과에 따르면 심리적 요인, 특히 자율성이 행복에 가장 큰 영향을 미쳤고, 이타적 행동의 영향력은 작지만 통계적으로 유의했다. 자원봉사와 현금 기부는 행복에 긍정적인 영향을 미쳤으며, 이타적 행동 간 결합 효과는 유의하지 않았음을 밝혔다.

탐구 주제 자원봉사 활동이 학생들의 심리적 안정, 자아존중감, 그리고 학교생활 만족도를 어떻게 향상시키는지 탐구해 보자. 이를 위해 자원봉사에 참여한 학생과 그렇지 않은 학생을 나누어 설문조사 및 심층 인터뷰, 행동 변화 분석을 진행하고 그 내용을 분석해 보자.

선택 과목 연계 학습 및 전공 가이드

◆ 선택 과목 연계 학습

선택 과목		학습 안내
일반 선택	사회와 문화	행복의 기준과 조건이 시대와 지역, 문화에 따라 어떻게 변하는지 탐구하는 방법을 배울 수 있으며, 다양한 사회적 요소가 행복에 미치는 영향을 분석할 수 있다.
관련 단원	1. 사회 현상의 이해와 탐구	

◆ 전공 가이드

행복의 기준이 사회적 요인과 문화적 맥락에 따라 어떻게 달라지는지 연구하며, 사회적 구조와 제도가 개인의 행복에 미치는 영향을 분석해 실천 방안을 제시한다.

- ▶ **인문계열**: 문화인류학과, 사학과
- ▶ **사회계열**: 사회복지학과, 정책학과, 정치외교학과, 행정학과
- ▶ **공학계열**: 정보통신공학과, 건축학과, 건축공학과
- ▶ **예체능계열**: 디자인과, 체육학과

◆ 선택 과목 연계 학습

선택 과목		학습 안내
일반 선택	도시의 미래 탐구	도시의 의미를 이해하고 살기 좋은 도시에 대한 다양한 관점을 비교한다. 나아가 살기 좋은 도시의 사례와 특징을 조사하며 행복한 삶을 위해 지향해야 할 도시의 모습을 탐구한다.
관련 단원	1. 삶의 공간, 도시	

◆ 전공 가이드

행복한 삶을 위한 질 높은 정주 환경의 요건을 알아보기 위해 전통적으로 인구가 많았던 지역의 특징을 분석하고, 이와 함께 살기 좋은 도시를 만들기 위한 방안을 모색한다.

- ▶ **사회계열**: 정치외교학과, 행정학과
- ▶ **공학계열**: 정보통신공학과, 건축학과, 건축공학과, 산업공학과
- ▶ **예체능계열**: 디자인과, 공간연출과, 산업디자인과, 환경디자인과

◆ 선택 과목 연계 학습

선택 과목	학습 안내	
융합 선택	기후 변화와 지속 가능한 세계	인간과 환경의 상호작용, 지속 가능한 발전이 행복에 미치는 영향을 탐구한다. 기후 변화로 인한 다양한 환경 문제의 해결을 통해 행복을 증진하는 방법을 탐구할 수 있다.
관련 단원	1. 인간과 기후 변화	

◆ 전공 가이드

건강과 복지, 행복을 위해 필요한 환경적·사회적 조건을 연구하는 기반이 되며, 신체적·정신적 건강과 복지 등이 행복에 미치는 영향을 연구할 수 있다.

▶ **사회계열** : 사회복지학과, 정책학과, 정치외교학과, 행정학과
▶ **자연계열** : 지구과학과, 환경과학과, 해양학과
▶ **의약계열** : 의예과, 보건학과, 간호학과

학생부 교과세특 예시

행복한 삶을 실현하기 위해 요구되는 조건을 사례를 바탕으로 탐구해 그 필요성을 정리해 발표함. 특히 의료 서비스의 질과 접근성이 우리의 삶과 행복에 미치는 영향을 실제 사례를 조사해 분석한 탐구 보고서를 제출함. 탐구 과정에서 조사 및 분석 능력이 돋보임. '지적 행복론(리처드 이스털린)'을 읽으며 소득과 행복의 관계가 막연히 생각했던 것과 다름을 확인하고, 행복의 본질에 대해 깊이 있게 성찰하는 시간을 가짐. 나아가 설문조사를 통해 청소년의 용돈 수준과 행복감의 관계를 분석하고, 소득 이외에 청소년들이 중요하게 생각하는 행복의 조건을 제시함.

교과서 찾아보기

📖 비상 28~47쪽
- 행복한 삶의 요건 탐구하기
- 청소년의 행복한 삶을 위한 정책 제안하기
- 행복한 사회를 위해 필요한 봉사활동을 계획하고 실천하기

📖 지학사 32~53쪽
- 행복한 삶의 요건 탐구하기
- 도덕적 삶과 행복의 관계 탐구 및 실천 방안 토의
- 행복 지수의 측정 및 행복 지수를 높이는 방안 탐구

📖 천재교과서 32~43쪽
- 전통 사회와 현대 사회의 이상적인 정주 환경 비교하기
- 국민의 정치 참여가 행복에 미치는 영향 생각해 보기
- 행복한 나라를 만들기 위한 조건 찾아보기

📖 아침나라 28~35쪽
- 행복한 삶에 경제적 안정이 필요한 이유 생각해 보기
- 다른 사람을 도와주었던 때를 떠올려보고, 그때의 기분 이야기하기
- 우리 반 행복 지수 향상 방안 만들어보기

III

자연환경과 인간

1. 자연환경과 인간 생활

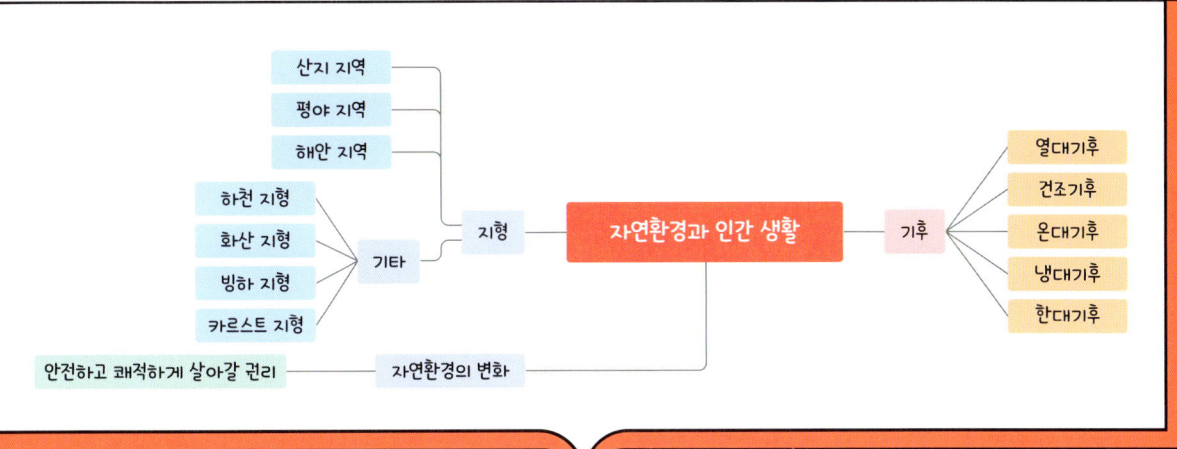

성취 기준
【10통사1-03-01】 자연환경이 인간의 생활에 미치는 영향에 관한 과거와 현재의 사례를 조사하여 분석하고, 안전하고 쾌적한 환경에서 살아가는 것이 시민의 권리임을 주장한다.

학습 개요
기후와 지형 등 자연환경에 따른 생활양식의 차이를 기후대별로 학습하고, 자연환경의 변화로 인해 인간의 삶이 달라진 사례를 조사해 원인 및 영향을 파악한다. 과거와 현재의 변화를 통해 안전하고 쾌적한 환경에서 살아가는 것이 시민에게 보장된 권리임을 인식하고, 변화된 환경을 개선할 수 있는 일상생활의 실천 방안을 모색함으로써 문제해결력과 정보분석력, 참여하는 시민으로서의 자질을 함양할 수 있다.

개념 제시
기후(열대, 건조, 온대, 냉대, 한대), 지형, 기후 변화, 안전하고 쾌적하게 살 권리

생각 열기
기후의 분류 체계를 주장한 사람은 독일의 기후학자 블라디미르 쾨펜(1846~1940)이다. 그는 1884년 온도와 강수량의 패턴에 따라 세계 기후를 열대기후, 건조기후, 온대기후, 냉대기후, 한대기후 등 다섯 가지로 분류했다. 이러한 기후 분류는 현대로 넘어오면서 다른 기후학자에 의해 수정되며 세분화되었지만, 쾨펜의 기후 분류는 다양한 분야에서 중요한 기준으로 활용되고 있다.

관련 이슈
(기후플레이션(Climateflation)) '기후플레이션'이란 기후 변화가 경제에 영향을 미쳐 물가를 상승시키는 현상을 말한다. 국립수산과학원의 〈2024 수산 분야 기후 변화 영향〉 보고서에 따르면, 56년간 지구 표층 수온이 0.7도 오르는 사이 한국은 평균 1.44도 상승했다고 발표했다. 우리나라 해역 중 동해의 수온 상승 폭은 서해의 1.5배나 됐다. 그 영향으로 국민 생선인 명태는 씨가 마르고 오징어의 어획량은 급감하고 있다. 이처럼 기후 변화는 우리가 안전하고 쾌적하게 살아갈 권리를 위협하고 있다.

개념 이해

(기후와 날씨) 기후와 날씨는 모두 대기 상태를 나타내지만, 시간 범위와 관찰 대상에 차이가 있다. 날씨는 단기간의 대기 상태라면, 기후는 장기간의 대기 상태로 보통 30년 이상 평균적으로 나타나는 날씨를 의미한다. 예를 들어 서울의 날씨는 "특정한 날에 비가 오고 기온이 20℃이다."라고 표현할 수 있고, 기후로 나타낼 때는 "온대기후에 속하며 사계절이 나타난다."라고 표현할 수 있다.

(지형의 분류) 쾨펜의 다섯 가지 기후 분류와 달리, 지형의 분류(산지 지역, 평야 지역, 해안 지역)는 특정한 한 사람에 의해 이루어진 것이 아니다. 이는 지리학과 지형학에서 지구상의 지형을 설명하기 위해 오래전부터 발달한 체계이다. 지형의 분류는 자연환경의 특성에 따른 것으로, 산지와 평야는 고도와 경사도에 따라, 해안은 바다와의 인접성에 따라 구분한다. 이러한 지형적 특성은 기후와 마찬가지로 인간의 생활양식에 많은 영향을 끼친다.

(안전하고 쾌적하게 살아갈 권리) 안전하고 쾌적하게 살아갈 권리는 모든 사람이 각종 위험으로부터 보호받고 건강하게 생활할 수 있는 환경에서 살아갈 권리를 의미한다. 이는 우리나라의 헌법이나 국제 인권법에서 보장하는 기본적인 권리로서 사회적, 물리적, 환경적 요인을 모두 포함한다. 기후와 지형 등 자연환경의 급격한 변화는 인간 생활에 커다란 위협이 되고 있다. 자연환경의 변화 과정에서 안전하고 쾌적하게 살아갈 권리를 보장받지 못한다면, 이는 인간의 존엄성과 가치를 위협하는 중대한 문제가 될 수 있다.

탐구 주제 1 대부분의 〈통합사회〉 교과서는 쾨펜의 분류에 따라 기후를 다섯 가지로 구분한다. 쾨펜 이외의 기후 분류 학자들의 기준을 조사해 보고, 자신의 기준을 세워 새롭게 기후대를 분류해 보자. 각 기후대가 가진 특징을 설명하고 기존 분류와의 차이점에 대해 설명해 보자.

탐구 주제 2 〈통합사회〉에서는 지형을 크게 세 가지로 구분한다. 하지만 〈지구과학〉에서는 고도에 따라, 혹은 지질적 특성이나 지형 형성 과정에 따라 분류할 수 있다. 〈지구과학〉의 지형 분류 방법을 조사해 보고, 〈통합사회〉에서 분류하는 지형을 〈지구과학〉의 분류법에 따라 재분류해 보자.

개념 응용

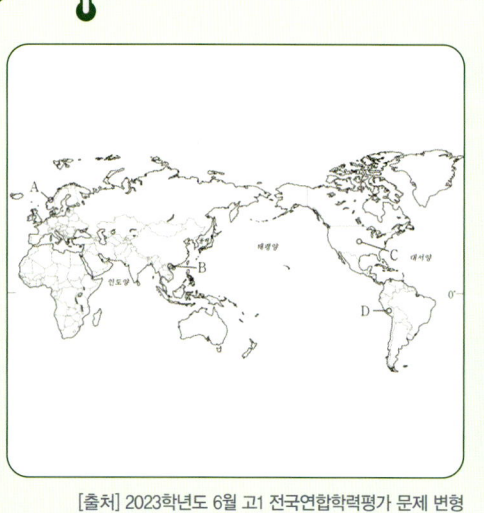

[출처] 2023학년도 6월 고1 전국연합학력평가 문제 변형

자료 설명

평야 지대, 고산 지대 등 대표적 지형의 국가를 세계지도에서 표시한 것이다.

탐구 주제

앞서 학습한 지형과 기후로 대표되는 국가를 세계지도에서 찾아 표시한 후 사진으로 정리해 보자. 대표 국가로 선정한 이유를 제시하고 자연환경의 특징과 그에 따른 문화를 조사하고, 이러한 자연환경이 인간 생활에 미친 영향을 탐구해 보자.

추천 도서

그림에 담긴 지리 이야기 (임은진·어우러지리교사모임, 푸른길, 2022)

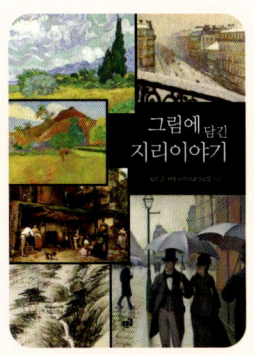

이 책은 미술작품을 통해 자연, 사람, 도시 등 자연환경과 인문환경을 재해석하며, 창작 당시의 역사적·문화적 배경과 사회적 사건 등을 반영해 미술작품에 대한 새로운 시각을 제공한다. 단순히 풍경을 보여주는 것이 아니라, 지역적 특성을 바탕으로 작품의 배경이 되는 삶의 터전과 환경을 이야기로 담아 지리적 아름다움을 표현한다. 또한 구체적 풍경은 예술과 지리학의 융합을 통해 해당 지역의 지리적 특징뿐만 아니라 전통문화와 생활양식까지 시각적으로 압축해 보여준다.

탐구 주제 1 우리나라와 다른 기후의 생활 모습을 그린 문학작품(헤밍웨이의 《노인과 바다》, 카렌 블릭센의 《아웃 오브 아프리카》 등)을 읽고, 각 기후에서 발견할 수 있는 독특한 생활양식을 찾아보자. 이러한 생활양식이 발전할 수 있는 기후와 지형 등의 자연적 조건을 찾아보고, 우리나라와 비교해 탐구해 보자.

탐구 주제 2 에너지 기술은 기후와 지형에 따라 다양하게 발전한다. 특히 친환경 에너지는 자연환경의 영향을 많이 받는 산업으로, 지역별로 특화되어 있다. 열대·건조·온대·냉대·한대기후와 평야·해안·고산 지형 등 학습한 자연환경에 맞춰 발전할 수 있는 에너지 기술과 조건을 탐구해 보자.

가이아 (제임스 러브록, 홍욱희 역, 갈라파고스, 2023)

지구를 살아 있는 유기체로 바라보는 '가이아' 이론은 지구에 대한 새로운 시각을 제시했다. 저자는 지구상의 생명체들은 상호작용하며 대기, 바다, 육지 등이 자가 조정 시스템을 만든다고 주장한다. 이 책은 과학적 사실을 바탕으로 자연에 대한 우리의 태도와 환경을 보호해야 하는 이유에 대한 통찰을 제공하며, 지구의 일부분으로서의 인간이라는 관점을 제기한다. 가이아 이론은 등장 당시 혁명적 개념으로 받아들여졌으며, 오늘날에도 과학의 각 분야에 영향을 미치고 있다.

탐구 주제 1 고대 문명 국가들은 자연과 다양한 방식으로 상호작용했다. 그 상호작용은 자원의 활용을 통해 번영으로 이어지기도 했지만, 때로는 환경 파괴로 인해 쇠퇴하거나 붕괴한 국가도 있다. 고대 문명이 자원을 활용하는 방식에 따라 자연환경에 어떤 영향을 미쳤고 어떤 결과로 이어졌는지 탐구해 보자.

탐구 주제 2 지구의 자가 조정 시스템은 대기, 해양, 육지 간의 상호작용을 통해 탄소 순환을 조절함으로써 대기 중 이산화탄소 농도를 일정하게 유지하려는 경향을 보인다. 대기-해양-육지의 상호작용을 통한 탄소 순환에 대해 조사하고, 인간의 인위적 탄소 배출의 영향을 탐구해 보자.

추천 논문 | **천연기념물 지형의 지리학적 분석**(권동희, 한국사진지리학회, 2010)

2010년 천연기념물로 지정된 지형을 지리학적 관점에서 분류하면 해안 지형, 카르스트 지형, 화산 지형 등으로 구분할 수 있다. 지형이 천연기념물로 지정되던 초반에는 우리나라에서 희소성이 높은 지형 위주로 지정되었지만, 현재는 순수한 지질학적·지형학적 가치에 따라 더 많은 종류의 천연기념물이 지정되고 있다.

> **탐구 주제** 우리나라 지형 천연기념물은 자연환경에 따라 각 시·도별로 구분되어 나타나는 경향이 있다. 자신이 사는 지역의 지형 천연기념물을 조사해 보고, 지형이 만들어진 원리와 그로 인해 나타난 인간 생활의 독특한 특징에 대해 발표해 보자.

선택 과목 연계 학습 및 전공 가이드

◆ 선택 과목 연계 학습

선택 과목	학습 안내	
일반 선택	세계시민과 지리	기후와 지형이 인간 생활에 밀접하게 연관된다는 점을 이해하고, 인간이 상호작용하면서 적응하거나 극복해야 하는 자연환경의 의미를 통해 인간 삶에 영향을 미치는 양상을 탐색한다.
관련 단원	2. 모자이크 세계, 세계의 다양한 자연환경과 문화	

◆ 전공 가이드

기후와 지형 및 인간 생활의 관계를 다각적으로 탐구하며 변화에 대응하고 적응하는 방안을 탐구하고, 지속 가능한 이용 방안을 토론할 수 있다.

- ▶ **사회계열**: 환경정책학과, 사회학과, 경제학과, 행정학과, 공공정책학과
- ▶ **자연계열**: 환경생물학과, 산림과학과, 해양학과, 지리학과, 기상학과
- ▶ **공학계열**: 환경공학과, 도시공학과, 에너지공학과, 토목공학과, 건축공학과

◆ 선택 과목 연계 학습

선택 과목	학습 안내	
진로 선택	도시의 미래 탐구	도시의 환경 문제와 재난은 자연적 요인과 사회적 요인이 복합적으로 작용해 발생하고 있음을 사례를 통해 파악하고, 이를 공간 정의의 관점에서 분석해 해결 방안을 모색할 수 있다.
관련 단원	4. 도시 문제와 공간 정의	

◆ 전공 가이드

환경 문제와 재난의 종류 및 원인을 공간 정의를 함께 고려하며, 도시의 자연환경과 불평등 등 사회 시스템에 대해 복합적으로 이해할 수 있다.

- ▶ **사회계열**: 사회복지학과, 사회학과, 행정학과, 지리학과, 도시행정학과
- ▶ **공학계열**: 환경공학과, 토목공학과, 도시공학과, 기계공학과
- ▶ **예체능계열**: 환경디자인학과

✦ 선택 과목 연계 학습

선택 과목	학습 안내	
융합 선택	기후 변화와 지속 가능한 세계	지속 가능한 세계는 개인의 삶의 방식과 깊이 연계되어 있다는 것을 지리적 상상력을 통해 인식하고, 자연환경과 인문환경을 가진 지역에서의 실천 사례를 생태시민 덕목과 연계해 탐구한다.
관련 단원	4. 공존의 세계와 생태시민	

✦ 전공 가이드

지속가능발전목표(SDGs)를 이루기 위한 사례를 조사하며 사회, 경제, 환경의 측면에 통합적으로 접근하고, 자기 삶과 관련지어 어떠한 가치를 보장받을 수 있는지 탐색한다.

▶ **사회계열** : 사회학과, 경제학과, 행정학과
▶ **자연계열** : 생태학과, 지구과학과, 농업생명과학과, 환경학과, 환경과학과
▶ **공학계열** : 환경공학과, 에너지공학과, 산업공학과, 화학공학과, 토목공학과

학생부 교과세특 예시

극한 환경에서 살아가는 인간에 대한 호기심을 바탕으로 인간이 어떻게 환경에 적응해 가는지 탐구하며, 환경과 인간의 관계를 심도 있게 이해함. 극지방, 사막, 정글 등 극한 상황에서의 생존 방식을 분석하고 자연적 어려움을 극복한 인간이 사용한 기술과 생활 방식을 중심으로 탐구함. 더불어 극한 환경에서의 생명 유지를 위한 과학적 원리와 이를 활용한 기술들을 탐구해 보며, 실험적으로 시뮬레이션해 봄으로써 앎에서 머무르는 것이 아니라 실제적 학습까지 이어짐. 자연에 적응하는 인간과 그 한계를 깊이 있게 깨닫고 미래 환경 문제에 대한 교훈을 시사함.

교과서 찾아보기

📖 **지학사 56~65쪽**
- 영화로 보는 재해에 대한 이야기
- 안전한 여행 준비하기

📖 **미래엔 42~53쪽**
- 극한 환경에서 살아남기
- 자연환경 변화에 따른 우리 생활의 변화

📖 **아침나라 40~51쪽**
- 기후와 지형이 생활양식에 미치는 영향 찾아보기
- 메콩강 댐 건설에 따른 주민 생활의 변화 조사하기
- 자연재해에 대응하는 역량 키우기

2. 자연과 인간의 관계

학습 주제

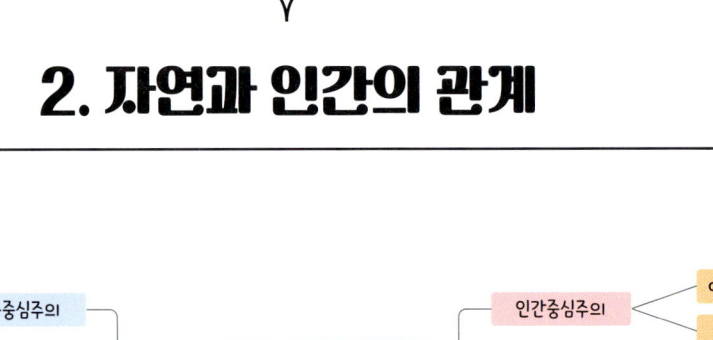

| 성취 기준 | 【10통사1-03-02】 자연에 대한 인간의 다양한 관점을 사례를 통해 비교하고, 인간과 자연의 바람직한 관계를 제안한다. |

학습 개요 자연에 대한 인간의 관점은 인간중심주의와 생태중심주의로 구분된다. 이를 바탕으로 구체적인 사례를 조사해 비교해 보고, 생태계 위기를 초래한 인간 사회의 모습을 성찰함으로써 생태계의 위기를 해결하기 위한 태도를 함양하는 데 목적을 둔다. 두 관점은 자연에 대한 인간의 역할과 책임을 어떻게 정의하느냐에 따라 상이한 관점으로, 윤리학에서 중요한 논점이 되므로 이에 대한 자기 생각을 정립함으로써 논리성을 함양할 수 있다.

개념 제시 인간중심주의, 생태중심주의, 도구적 가치, 내재적 가치, 생태 공동체 의식

생각 열기 인간중심주의를 주창한 프랑스 철학자 데카르트(1596~1650)는 인간을 이성적 사고를 할 수 있는 독특한 존재(다른 존재와 구별 짓는 핵심적인 특성)로 정의하고, 인간은 자연을 이해하고 지배할 권리를 가진 존재임을 주장했다. 이는 인간과 자연을 구별하고 자연을 기계적 원리로 해석하는 방식으로, 데카르트는 자연의 도구적 사용과 자연 지배에 대한 철학적 기반을 제공하며 근대적 자연관에 영향을 주었다.

관련 이슈 (숨결 노래) 2024년 하반기, 백남준아트센터에서는 〈숨결 노래〉를 주제로 한 전시가 열렸다. 네 작가의 작품은 그 어우러짐의 소리가 하모니를 이루지는 못할지라도, 혹은 각기 다른 불규칙한 리듬일지라도 각자의 소리로 충분히 어우러지고 함께함을 담아냈다. 전시 참여 작가들은 인간중심주의로 인해 피폐화된 생태와 자연을 돌아보고 주변 사물들과의 연대를 표현함으로써, 수행하는 예술가로서의 정체성을 보여주었다. 또한 이 작품들을 통해 미술관은 동시대에 살아 있는 이야기들을 함께 나누고 예술로 소통하는 장임을 일깨워 준다.

개념 이해

(인간중심주의와 생태중심주의) 인간중심주의란 인간을 세계의 중심에 두고, 인간의 필요와 가치가 다른 어떤 생명체나 자연보다 우선한다고 보는 철학적 입장이다. 대표적인 철학자로 토마스 아퀴나스와 르네 데카르트가 있으며, 이들은 인간을 자연을 지배하고 이용할 수 있는 권리를 가진 존재로 보았다. 생태중심주의는 모든 생명체와 자연은 고유한 가치를 지닌다고 주장하는 관점으로, 인간뿐만 아니라 다른 생명체와 생태계의 권리도 존중해야 한다고 보았다. 대표적인 생태중심주의 철학자로는 알도 레오폴드 등이 있다.

(이분법적 세계관) 이분법적 세계관이란 세계를 두 개의 상반된 요소로 나누어 해석하는 관점이다. 선과 악, 주체와 객체, 자연과 인간 등 대립적 쌍이 명확한 구분 요소에 의해 독립적임을 강조하며, 자연과 인간의 관계에서는 자연을 도구적 자원으로 보는 계기가 되었다. 이 관점은 세계는 단순히 대립된 둘로 나뉘어 있지 않고 복잡하다는 점을 간과하고 단편적으로 접근한다는 문제점이 있다. 또한 인간과 다른 존재들 간의 관계를 분리주의적 관점에 따라 분열시킬 수 있다는 한계가 있다.

(전일론적 관점) 전일론적 관점은 사물이나 사건이 독립적이지 않고 상호 관계와 상호작용을 통해 존재한다고 본다. 즉 개별 요소를 따로 분석하기보다는 각각의 요소가 어떻게 연결되어 하나의 전체 시스템을 형성하는지를 이해하는 관점이다. 생태계나 사회는 하나의 유기적 시스템이므로 복잡한 상호작용을 통해 현상이 나타난다고 강조하며, 구성 요소들의 어떠한 상호작용으로 생태계가 유지되는지에 초점을 맞춰 현상을 바라봄으로써 각 생명체의 공생 관계를 강조한다.

탐구 주제 1 냉전 시대에 세계는 자본주의와 공산주의로 나뉘는 대립 구조를 가지고 있었다. 이러한 이분법적 세계관이 국제 관계에 어떠한 영향을 미쳤는지 알아보고, 냉전 시대의 산물이 현재 세계 정치, 경제, 문화 등에 어떠한 영향을 미치고 있는지 조사하고 위험성을 탐구해 보자.

탐구 주제 2 기억은 뇌의 여러 부위의 협력으로 이루어지는 기능이다. 특정 사건을 떠올릴 때 해마, 전두엽, 측두엽이 서로 어떻게 신호를 주고받는지 분석해 보고, 전일론적 관점에서 기억이 단순한 데이터가 아니라 뇌 전체의 협력으로 재구성된다는 점을 바탕으로 뇌 네트워크의 작용 방법을 탐구해 보자.

개념 응용

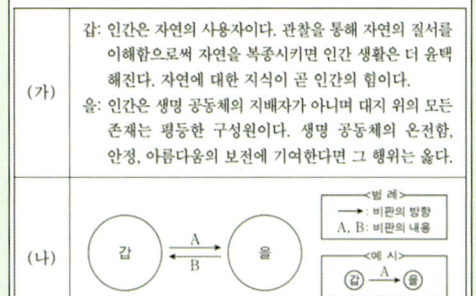

[출처] 2024학년도 10월 고1 〈통합사회〉 전국연합학력평가 문항

자료 설명

인간중심주의와 생태중심주의에 대한 주장과 해석, 관점별 비판점을 제시하고 있다.

탐구 주제

폴 테일러, 피터 싱어, 알도 레오폴드의 윤리적 시각에서 미래 세대를 위해 환경을 보호해야 할 윤리적 의무에 대해 탐구해 보자. 더불어 기후 변화와 자원 고갈 문제로 인한 친환경 기술 개발이 미래 세대를 위한 책임 있는 행동인지 생각해 보자.

추천 도서

야망계급론(엘리자베스 커리드핼킷, 유강은 역, 오월의봄, 2024)

저자는 물질적 소비보다 정신적 소비로 자신의 지위를 구별 짓고자 하는 '야망계급'의 소비와 지위 형성을 다루는 흥미로운 연구를 진행했다. 이 책에서는 현대 사회에 새롭게 출현한 '야망계급'이 사회적·환경적 책임을 중시하면서도 특권을 과시하는 독특한 방식으로 자신들의 차별성을 드러낸다고 보며, 과거 마르크스의 이분법적 계급론으로는 설명할 수 없는 사회계급을 다루고 있다.

탐구 주제 1 이분법적 세계관은 단순히 자연과 인간의 관계를 분석하는 경우에만 다뤄지는 관점이 아니다. 우리 사회에 이분법적 세계관이 등장한 분야(정치, 경제, 문화, 계층, 사회, 성별 등)를 선정해 이러한 세계관으로 인한 사회적 이슈를 조사한 뒤, 문제점을 분석하고 해결 방안을 도출해 보자.

탐구 주제 2 19세기에 찰스 다윈이 진화론을 주장하면서, 진화론과 창조론 간의 논쟁이 촉발되었다. 이 논쟁은 이분법적 사고로 인해 발생한 갈등이었으나, 생물학적 연구의 전환점이 되고 종교와 과학의 관계를 재조명하는 계기가 되었다. 이 논쟁의 과학적 의의와 논쟁 이후의 변화를 탐구해 보자.

침묵의 봄(레이첼 카슨, 김은령 역, 에코리브르, 2024)

일부 사람들은 "환경 문제는 부풀려져 있다."라거나 "기후 위기는 거짓이다."라고 말한다. 하지만 사막에 폭우가 쏟아지거나 빙하가 빠르게 녹아내리는 등 전 세계가 기상 이변을 겪고 있다. 우리나라도 예외가 아니다. 지구는 점점 더워지고 있고, 봄과 가을은 점점 짧아지고 있다. 이러한 기후 위기 속에 우리가 너무 편리만을 추구하는 것은 아닌지, 과학기술을 맹신하고 있는 것은 아닌지 생각해 볼 필요가 있다. 이 책은 '지구는 잠시 빌려 쓰는 것일 뿐, 미래 세대의 것'이라는 관점에서 미래 세대의 권리를 논한다.

탐구 주제 1 《침묵의 봄》의 출간은 환경 운동과 환경 문학에 영향을 미치게 된다. 사회과학적 관점에서의 환경 운동과 문학적 관점에서의 환경 문학에는 무엇이 있는지 조사해 보고, 인간중심주의와 생태중심주의의 조화 가능성을 철학적(상호 의존성, 지속가능성, 윤리적 책임성 등)으로 탐구해 보자.

탐구 주제 2 20세기 중반에 널리 사용된 강력한 합성 살충제인 DDT가 환경과 생물에 미친 생화학적 영향과 환경 내 축적 메커니즘을 조사해 보자. 또한 살충제를 대체할 수 있는 친환경 농업 방식으로서 생물학적 방제, 유기농업의 가능성과 함께 미래 농업의 방향성을 탐구해 보자.

추천 논문

포스트휴먼담론의 르네상스 "인간중심주의"에 대한 비판 재고(손주경, 한국프랑스고전문학회, 2023)

르네상스 휴머니즘은 고정되지 않은 '중심'에 인간을 위치시켰고, 인간에게는 스스로를 만들어갈 수 있는 무한한 역량이 있음을 강조했다. 한계와 결함을 지니고 있으면서도 자신을 더욱 완성된 존재로 만들고자 했던 '만드는 인간'에 더 많은 가치가 부여된 것이다. 따라서 르네상스 휴머니즘을 비판하는 포스트휴먼담론은 재고될 필요가 있다.

 **탐구 주제** 인간중심주의는 서양 미술사의 발전 과정에서 두드러지게 나타난다. 각 시대의 예술적 흐름을 통해 인간중심주의가 어떻게 표현되어 왔는지 탐구하며 그 흐름을 분석해 보자. 또한 인간중심주의가 해체 및 재구성되는 현대 미술의 흐름을 조사해 보자.

선택 과목 연계 학습 및 전공 가이드

◆ 선택 과목 연계 학습

선택 과목	학습 안내	
일반 선택	현대 사회와 윤리	오늘날 생태 문제를 해결하기 위한 인간중심주의, 동물중심주의, 생명중심주의, 생태중심주의의 입장을 비교·분석하고, 인간과 자연의 조화로운 관계를 유교, 불교, 도가, 개체주의 등의 관점에서 학습한다.
관련 단원	1. 생명 윤리와 생태 윤리	

◆ 전공 가이드

자연을 바라보는 동서양의 관점을 비교·설명하고, 오늘날 환경 문제의 심각성을 사례를 통해 조사해 보고 윤리적인 해결 방안을 제시할 수 있다.

- ▶ **사회계열**: 환경사회학과, 사회학과, 정치외교학과
- ▶ **의약계열**: 공공보건학과, 수의예과, 약학과
- ▶ **교육계열**: 윤리교육과, 환경교육과, 초등교육과

◆ 선택 과목 연계 학습

선택 과목	학습 안내	
진로 선택	윤리와 사상	노자의 유무상생, 무위자연 사상과 장자의 소요유, 제물론의 의의를 이해하고, 동양의 윤리 사상에 대한 균형적 관점과 융합적 사고능력을 통해 서로 다른 것의 어울림을 통한 진정한 의미를 학습한다.
관련 단원	1. 동양 윤리 사상	

◆ 전공 가이드

인간과 자연의 관계를 바라보는 관점으로는 서양의 인간중심주의와 생태중심주의, 동양의 노자와 장자의 이론 등이 있다. 이를 토대로 인간과 자연의 관계를 바라보는 동서양의 관점을 비교하는 활동을 수행할 수 있다.

- ▶ **인문계열**: 문화인류학과, 심리학과(동양심리학), 철학과, 동양철학과, 동양학과, 한문학과
- ▶ **사회계열**: 사회학과
- ▶ **자연계열**: 생태학과, 환경과학과, 융합과학과

◆ 선택 과목 연계 학습

선택 과목	학습 안내	
융합 선택	기후 변화와 지속 가능한 세계	지구상의 모든 존재는 서로 연결되어 있음을 파악하는 관계적 사고에 기반해 발현되는 생태시민의 정의, 책임, 배려 등과 같은 덕목을 이해하고, 생태시민으로서의 덕목이 확장되어야 함을 학습한다.
관련 단원	4. 공존의 세계와 생태시민	

◆ 전공 가이드

지속가능발전목표(SDGs) 이행의 지역 사례와 지속 가능한 생활양식을 다룬 다큐멘터리, 광고, 영화, 문학 및 예술 작품 등을 조사하고, 전공에 맞춰 제작할 수 있다.

- ▶ **인문계열** : 윤리학과, 철학과, 종교학과
- ▶ **자연계열** : 환경생태학과, 생물학과, 지구환경학과
- ▶ **교육계열** : 환경교육과, 윤리교육과, 초등교육과

학생부 교과세특 예시

'침묵의 봄(레이첼 카슨)'을 읽고 인간중심주의와 생태중심주의의 대립과 조화 가능성에 대해 심도 있게 탐구함. 인간중심주의 관점에서 인류의 편의를 위한 농약 사용으로 환경 파괴에까지 이르게 된 과정을 분석하고, 생태중심주의 관점에서 생태계 균형 회복의 필요성을 언급해 두 관점을 통합하는 접근을 통한 해결 방안을 제안함. 더불어 환경 문제를 단순히 과학적 문제로 바라보는 시각에서 벗어나, 인간의 행동 변화와 정책적 노력의 필요성을 인식하고 이를 전달하는 커뮤니케이션의 방향성에 대해 언급하며 학문 간 융합적 사고와 문제해결력을 보여줌.

교과서 찾아보기

📖 창비교육 56~61쪽
- 목화로 본 인간과 자연의 관계
- 적정 기술을 통한 자연과 하나 되기
- 갈라파고스 제도를 지키자

📖 지학사 69~73쪽
- 자연의 권리를 인정하는 헌법
- 자연을 바라보는 다양한 관점

📖 동아출판 64~69쪽
- 열대 우림에 대한 관점 토론하기
- 인간과 자연의 조화로운 공존을 위한 노력(남극)

3. 환경 문제의 발생과 해결을 위한 노력

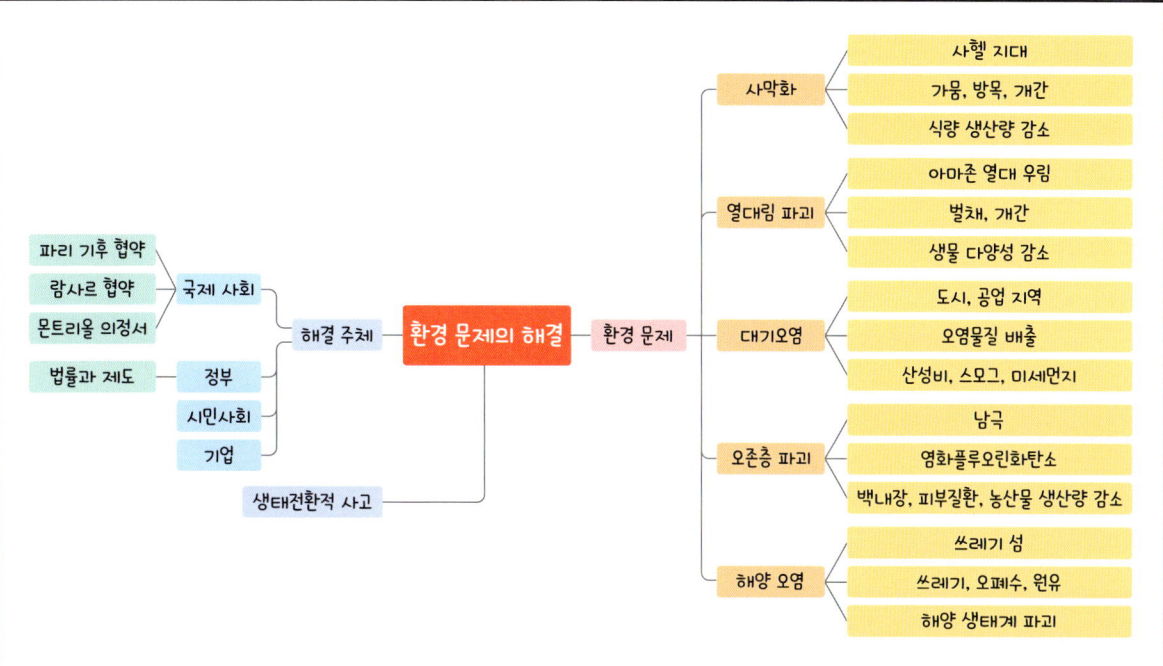

성취 기준 【10통사1-03-03】 환경 문제 해결을 위한 정부, 시민사회, 기업 등의 다양한 노력을 조사하고, 생태시민으로서 실천 방안을 모색한다.

학습 개요 사막화, 열대림 파괴, 대기오염, 오존층 파괴, 해양오염 등 전 지구적으로 발생하는 환경 문제의 원인과 심각성을 학습하고, 환경 문제 해결을 위한 국제 사회의 협약, 정부의 제도적 노력, 시민단체의 활동, 기업의 친환경 활동 노력 등 다양한 주체의 실제 사례를 조사한다. 생태전환적 사고를 바탕으로 다양한 환경 문제 해결을 위해 연대하고 실천할 수 있는 생태시민으로서의 자질을 함양한다.

개념 제시 사막화, 열대림 파괴, 대기오염, 오존층 파괴, 해양오염, 국제기구, 생태전환적 사고

생각 열기 오존층 파괴를 처음으로 발견한 사람은 미국 화학자 프랭크 셔우드 롤런드(1927~2012)와 마리오 몰리나(1943~2020), 네덜란드 대기화학자 라울 크뤼천(1933~2021)이다. 이들은 1974년 오존층 파괴가 염화불화탄소(CFCs)에 의해 발생한다는 사실을 발견했다. 이 연구는 세계적인 경각심을 불러일으켰고, '몬트리올 의정서' 등 국제 협약을 통해 염화불화탄소를 제한하는 데 기여하며 1995년 노벨 화학상을 공동으로 수상했다.

관련 이슈 (해양 산성화) 전 세계 해수의 평균 수소이온농도(pH)는 산업혁명 이전 8.2에서 현재 8.08로 하락했다. 국제 공동연구 팀은 2100년에는 이 수치가 7.6까지도 떨어질 수 있다고 예상하며, 그 이유로 바다에 녹는 이산화탄소가 더 많아지고 있다고 지적했다. 해양 산성화가 심각했던 2억 5000

만 년 전 고생대 페름기 말기의 지구의 모습을 살펴보면 미래를 예상해 볼 수 있다. 대규모 화산 활동은 대기 중 이산화탄소 농도를 급격히 증가시켰고 이는 해양 산성화로 이어져, 해양 생물종의 약 96%가 사라지는 대멸종이 일어났다.

개념 이해

(열대림 파괴) 열대림은 이산화탄소를 흡수하고 산소를 생성하는 지구의 '탄소 저장고'라고 불린다. 전 세계적으로 발생하는 이산화탄소의 약 25%를 흡수해 기후 변화를 완화한다. 또한 세계 생물종의 50% 이상이 열대림에 서식하며 상호 의존적 생태계를 형성하고, 생태계 균형을 유지하는 데 중요한 역할을 한다. 그러나 이러한 열대림이 무분별한 벌채와 개간으로 심각하게 파괴되고 있다. 이에 따라 국제 사회에서는 파리 기후 협약 등을 통해 산림 보존 목표를 수립해 달성하고자 노력하고 있다.

(친환경 정책 자금) 우리나라 환경부에서 발간한 〈2024년 정부 지원 환경 사업 종합 안내서〉에서는 환경 보호와 지속 가능한 발전을 촉진하기 위한 정부의 친환경 정책 자금 지원 프로그램을 소개하고 있다. 미래 환경 산업 육성과 관련된 자금 지원, 친환경 설비 투자 자금 지원 등이 있다. 이를 통해 우리는 정부가 환경 문제 해결 주체의 역할을 수행하고 있음을 알 수 있다.

(생태전환적 사고) '생태전환적 사고'란 인간과 자연의 상호작용을 근본적으로 제고하고, 지속가능성과 조화를 이루는 새로운 사고방식을 의미한다. 현재의 소비 중심적이고 환경 파괴적인 패러다임에서 벗어나, 인간의 삶과 생태계가 공존할 수 있는 방향으로 사고 체계를 전환하는 것을 포함한다. 단순히 환경 보호를 넘어, 기후 변화와 같은 전 지구적 문제를 해결하는 데 필수적인 접근 방식이다.

탐구 주제 1 태평양의 거대 쓰레기 지대는 해양 쓰레기의 집합체로, 일명 '쓰레기 섬'이라고 불린다. 2022년에 국적을 식별할 수 있는 6,000여 개의 쓰레기 조각을 분석한 결과, 한국이 일본과 중국에 이어 세 번째로 높은 비율을 차지했다. 이 문제와 관련해 각 주체별 해결 방안을 탐구해 보자.

탐구 주제 2 사막화의 과학적 원인으로는 토양 염류화나 산성화 등이 있다. 다양한 염류 농도의 물을 토양에 주입해 식물의 생장률이나 토양의 변화를 주기적으로 관찰하며 산성화 및 염류화를 재현해 보자. 더불어 사막화를 방지하기 위한 토양 복원 방법에 대해 모둠 활동을 통해 탐구해 보자.

개념 응용

(가) (으)로 사라질지도 모르는 여행지

이탈리아 항구 도시 베네치아가 (가) (으)로 인한 해수면 상승으로 홍수 위험에 자주 노출되고 있다. 이 같은 현상이 지속된다면 베네치아는 앞으로 100년 안에 물에 잠겨 사라질지도 모른다.

오스트레일리아 대보초 해안의 산호초가 백화 현상으로 사라지고 있다. 백화 현상이란 산호초가 하얗게 죽어가는 것을 말하는데, (가) (으)로 인한 수온 상승이 주된 요인으로 꼽힌다.

[출처] 2023학년도 11월 고1 〈통합사회〉 전국연합학력평가 문항

자료 설명

'지구온난화'를 주제로 이탈리아 베네치아와 오스트레일리아 해안의 현황을 보여주고 있다.

탐구 주제

한국농업기술진흥원은 음식 탄소발자국 프로그램을 개발했다. 오늘 급식의 탄소발자국을 계산해 보자. 탄소발자국 계산기(전기, 가스 등)를 통해 우리 집의 탄소 배출량 정도를 판단해 보고, 탄소중립 실천 방안을 모색해 보자.

추천 도서

우리는 플라스틱 없이 살기로 했다 (산드라 크라우트바슐, 류동수 역, 양철북, 2016)

우리는 화학물질의 바다에 살고 있지만, 일상적으로 쓰는 수많은 플라스틱과 비닐의 성분이 무엇인지, 이 물질이 환경에 미치는 영향은 어떠한지 잘 알지 못한다. 그저 '어쩔 수 없으니 그냥 쓰자'라는 무책임한 생각과 행동을 반복하곤 한다. '플라스틱 없이 한 달 살기'에 도전한 가족의 플라스틱 없는 생활의 시행착오를 통해 왜 플라스틱이 문제가 되는지 깨닫고, 우리 삶과 환경의 관계를 새롭게 바라보는 시각을 갖게 해준다. 이 책을 통해 플라스틱 없이 사는 생활의 실천 방안도 모색할 수 있다.

탐구 주제 1 2020년 환경부 통계에 따르면, 우리나라 플라스틱 재활용률은 약 70%로, OECD 국가 중 2위라고 한다. 반면 국제 환경 단체 '그린피스'의 발표에 따르면 우리나라 재활용률은 고작 20%에 그친다. 이러한 재활용률 수치의 격차와 관련해 우리나라의 플라스틱 재활용 과정, 통계의 해석, 실제 문제점을 중심으로 탐구해 보자.

탐구 주제 2 생분해성 플라스틱과 일반 플라스틱의 분해 속도를 실험해 보며 플라스틱 환경 영향 및 재활용 문제를 탐구해 보자. 더불어 우리나라 친환경 봉투의 종류를 조사해 보고, 분리배출 방법이 다른 이유와 이를 해결할 수 있는 천연 소재 기반의 플라스틱 대체재를 탐구하고 제작해 보자.

나는 풍요로웠고, 지구는 달라졌다 (호프 자런, 김은령 역, 김영사, 2020)

이 책은 더 빨리, 더 많이 소비하는 생활 습관이 만들어낸 환경 문제를 다루고 있다. 또한 더 편리한 삶, 더 많은 사람들이 누리는 안락한 삶에 대해서도 이야기한다. 환경과 편리한 삶, 상충되어 보이는 이 둘을 포기하지 않으면서 우리는 과연 지구를 지켜낼 수 있을까? 저자는 자신이 살아오는 동안 달라진 지구와 인간의 삶이 동식물에 미친 영향, 우리가 편리함을 추구하는 과정에서 생겨난 쓰레기 증가량을 언급하며 생태전환적 사고의 필요성을 강조한다.

탐구 주제 1 기업의 사회적 책임(CSR)이란 기업의 이해 당사자들이 기업에 기대하는 사회적 의무를 충족하기 위한 활동으로, 환경적 관심이 대표적이다. CSR을 중시하는 사회 분위기 속에 ESG 경영이 화두가 되고 있다. 자신만의 ESG 지표(산업적 특성, 사회적 문제, 환경적 요구 사항 등)를 구상해 지역 기업의 현황을 분석해 보자.

탐구 주제 2 일부 과학자들은 과학기술로 환경 문제를 해결할 수 있다고 주장한다. 인공 광합성 등 첨단 기술이 환경 문제 해결에 기여할 수 있다는 주장의 예를 소개하고, 이러한 기술의 실현 가능성과 미래 활용 가능성을 탐구하는 활동을 수행해 보자.

추천 논문

국내 영화관의 효율적인 쓰레기 분리수거 촉진을 위한 사인 디자인 체계 연구
(백진경 외 2명, 디자인융복합학회, 2015)

이 논문은 국내 대표 영화관 3사의 고객 쓰레기 분리배출 실태를 평가하고 문제점을 도출해 이를 보완 및 해결할 수 있는 방안을 모색했다. 최대 문제점으로 선정된 쓰레기 분류 항목으로는 음식물 쓰레기가 꼽혔으며, 이에 초점을 맞춰 안내 사인을 통한 해결 방안을 모색하고 개선안 디자인을 제시했다.

 **탐구 주제** 2017년 노벨 경제학상 수상자는 행동경제학 도서 《넛지》의 공동 저자인 리처드 탈러였다. 혹자는 행동경제학에 근거해 우리 주변에 나타나는 환경 문제를 바꿀 수 있다고 주장한다. 쓰레기 배출 문제를 주제로 '넛지(Nudge)'를 활용해 창의적인 해결 방법을 모색해 보자.

선택 과목 연계 학습 및 전공 가이드

◆ 선택 과목 연계 학습

선택 과목	학습 안내
일반 선택	세계시민과 지리	세계 주요 환경 문제(지역별, 지구적 환경 문제)의 유형과 개별 국가의 상이한 손익으로 인한 환경 문제 대응을 설명하고, 생태전환적 삶에 비추어 현재의 생활 방식을 비판적으로 점검한다.
관련 단원	1. 지속 가능한 세계, 세계의 환경 문제와 평화	

◆ 전공 가이드

인류의 지속 가능한 삶을 위해 고민해야 할 환경 문제 이면의 문제점을 해소하기 위한 국제적 노력을 조사하고, 생태전환적 삶에 비추어 자신의 생활을 성찰할 수 있다.

- ▶ **사회계열** : 환경정책학과, 국제관계학과, 경제학과, 사회학과, 미디어학과
- ▶ **자연계열** : 생물학과(생태학), 지구환경과학과, 산림자원학과
- ▶ **공학계열** : 환경공학과
- ▶ **예체능계열** : 환경디자인학과, 시각디자인학과

◆ 선택 과목 연계 학습

선택 과목	학습 안내
진로 선택	한국지리 탐구	우리나라 및 지역에서 주로 발생하는 자연재해의 유형과 특징을 조사하고 대책을 수립한다. 자연 현상과 자연재해를 구분하고 인간의 대응 측면에서의 취약성을 이해하며, 재해별 대응 방안을 평가한다.
관련 단원	4. 환경과 지속가능성 탐구	

◆ 전공 가이드

자연재해의 유형과 특징을 바탕으로 재난 예측 모델링 및 데이터 분석을 할 수 있으며, 재난 대비형 도시 계획, 취약 계층 지원, 경제 복구 등의 활동을 수행할 수 있다.

- ▶ **사회계열** : 경제학과, 경영학과, 행정학과, 사회복지학과
- ▶ **자연계열** : 기상학과, 지구과학과
- ▶ **공학계열** : 환경공학과, 도시공학과, 건축학과

◆ 선택 과목 연계 학습

선택 과목	학습 안내	
융합 선택	기후 변화와 지속 가능한 세계	기후 변화는 자연적인 요인뿐만 아니라 인간의 다양한 활동 및 산업과도 관련이 있다. 특히 탄소 배출 문제에 중점을 두고 탄소중립 사회를 위한 사회적 과제를 해결하는 데 초점을 맞춰 탐구할 수 있다.
관련 단원	1. 인간과 기후 변화	

◆ 전공 가이드

기후 변화로 나타난 문제를 지구적 차원에서 살펴보고, 관련 사례를 선정해 문제의 심각성을 파악하며 각 산업체별로 탄소중립을 위한 해결 방안을 모색한다.

▶ **사회계열** : 행정학과, 사회학과, 사회복지학과
▶ **자연계열** : 환경생태학과, 생물학과, 지구환경과학과
▶ **의약계열** : 약학과, 간호학과, 치의예과, 한의예과, 보건학과

학생부 교과세특 예시

우리나라와 국제 시민단체의 재활용률 통계 차이에 주목해 자료를 조사하고, '플라스틱 재활용'의 정의와 재활용률 계산 시 포함되는 항목(재활용 가능 폐기물 vs 실제 재활용된 물질의 양)에 차이가 있음을 체계적으로 조사함. 또한 재활용의 실질적 효과를 이해하기 위해 지역 자원순환센터를 방문해 플라스틱의 수거 및 처리 과정을 직접 참관하고, 현장 관계자와의 인터뷰를 통해 국내 재활용 시스템의 한계를 분석함. 국제적으로 통일된 재활용 기준의 필요성을 강조하며, 활동 후 재활용률 향상을 위한 '재활용 적합 분리배출 가이드'를 제작하고, 학교 캠페인을 진행하는 확장 활동을 수행함.

교과서 찾아보기

📖 **비상교육 70~79쪽**
- 지구온난화의 역설, 기상 이변의 원인 중 하나로 지목받는 극 소용돌이
- 플라스틱 문제를 해결하려는 기업과 시민단체의 노력
- 생태 교육 프로그램 계획하기

📖 **미래엔 60~65쪽**
- 그린슈머와 '용기내' 챌린지

📖 **천재교과서 64~73쪽**
- 환경을 살리는 생태시민 활동

IV

문화와 다양성

1. 다양한 문화권

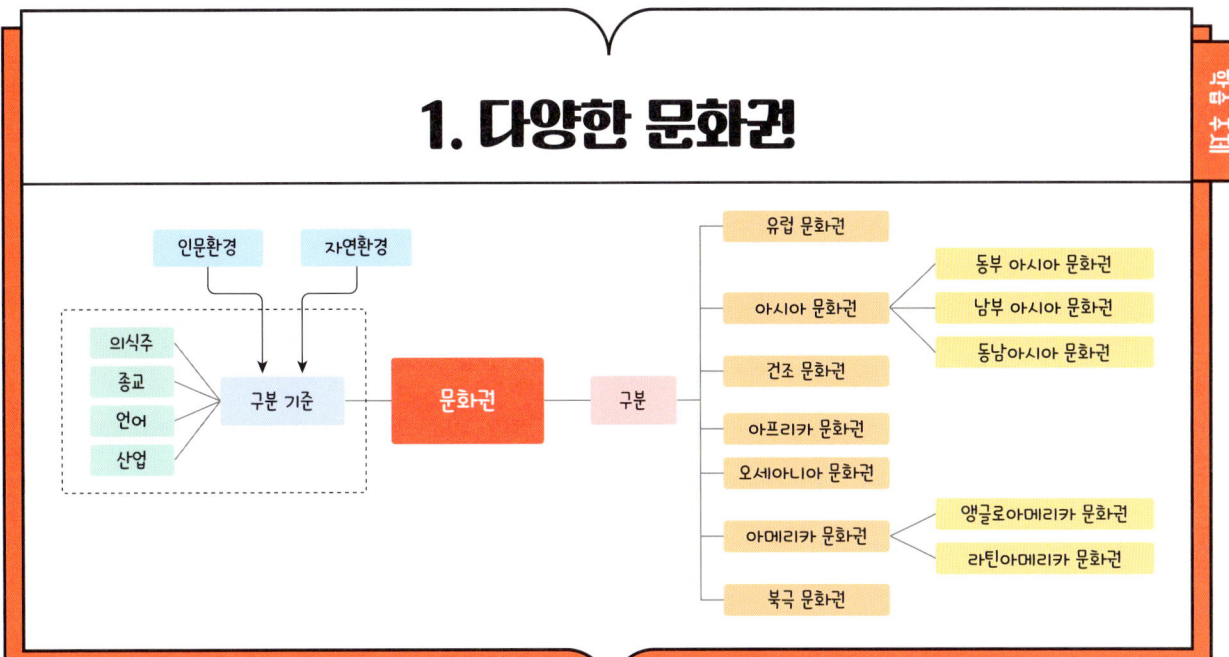

성취 기준 【10통사1-04-01】 자연환경과 인문환경의 영향을 받아 형성된 다양한 문화권의 특징과 삶의 방식을 탐구한다.

학습 개요 인류는 자연환경 및 인문환경의 영향을 받아 다양한 문화를 형성하면서 발전해 왔다. 그 결과, 환경이 유사한 지역이나 거리상 가까운 지역에서는 비슷한 문화를 발견할 수 있는데, 이렇게 독특한 생활양식을 공유하는 공간적 범위를 '문화권'이라고 한다. 이 단원에서는 세계의 문화권이 어떻게 구분되는지 살펴보고, 각 문화권을 구분하는 주요 요소와 특징을 탐구하며 다양한 삶의 방식을 이해하고자 한다.

개념 제시 동양 문화권, 유럽 문화권, 건조 문화권, 아프리카 문화권, 아메리카 문화권, 북극 문화권

생각 열기 마빈 해리스(1927~2001)는 문화유물론을 주장한 미국의 인류학자이다. 그는 사람들이 살아가는 환경이 그들의 문화를 결정한다고 보았다. 예를 들어 인도에서 소를 숭배하게 된 건 종교 때문이 아니라, 농경 사회에서 소를 보호하기 위함이라고 설명한다. 하지만 문화유물론은 인간의 사상이나 신념 등 정신적 요소를 간과한다는 비판도 받는다. 사람들의 생각과 가치관은 단순히 환경이나 경제적 측면으로만 설명하긴 힘들기 때문이다.

관련 이슈 (**지구온난화와 북극 문화권**) 북극 문화권에 속하는 이누이트족은 수천 년간 자연환경에 의존해 사냥과 어로를 중심으로 살아왔다. 그러나 가속화되고 있는 지구온난화의 영향으로 북극의 빙하가 빠르게 녹으면서 이들의 전통적인 생계 방식이 위협받고 있다. 지구온난화로 얼음이 녹으면서 사냥감이 줄어들어 식량 확보가 어려워졌고, 그로 인한 건강 문제까지 발생하고 있다. 특히 전통적 생활 방식의 상실은 젊은 세대에게 정체성의 혼란을 일으켜 자살률 증가와 같은 심각한 사회 문제로 이어지고 있다.

개념 이해

(문화권) 문화권은 한 사회의 구성원들이 환경과 상호작용하면서 형성한 독특한 생활양식을 공유하는 공간 범위를 말한다. 기후와 지형 같은 자연환경은 주민들의 생활 방식과 산업에 영향을 미치며, 종교와 산업의 발달 정도와 같은 인문환경도 문화권을 형성하는 주요 요인이다. 세계 문화권은 의식주, 종교, 언어, 산업 등 여러 문화 요소를 복합적으로 고려해 구분하는데, 일반적으로 동양 문화권, 유럽 문화권, 건조 문화권, 아프리카 문화권, 아메리카 문화권, 북극 문화권, 오세아니아 문화권으로 구분한다.

(자연환경의 영향을 많이 받은 건조 문화권) 건조 문화권은 자연환경에 영향을 많이 받아 형성된 문화권이다. 주로 사막과 초원으로 이루어진 지역으로, 강수량이 적어 농작물을 재배하기 어렵다. 그래서 주로 유목 생활이나 오아시스 농업을 하지만, 최근에는 기술의 발달로 관개농업도 늘어나고 있다. 뜨겁고 건조한 기후로 인해 주민들은 몸을 보호하기 위해 헐렁한 옷을 입으며, 주거 형태는 유목 생활에 용이한 이동식 가옥이 주를 이룬다.

(인문환경의 영향을 많이 받은 유럽 문화권) 유럽 문화권은 인문환경에 영향을 많이 받아 형성된 문화권이다. 이 지역은 역사적으로 산업혁명과 기독교의 영향으로 형성되었으며, 산업 발달이 도시화를 촉진했고 근대적인 생활 방식을 정착시켰다. 기독교는 성당과 교회 같은 독특한 종교 경관을 만들어냈고, 주로 개신교와 가톨릭이 중심을 이룬다. 또한 언어와 정치제도 역시 유럽 각국의 사회적·문화적 생활양식에 큰 영향을 미쳤다.

탐구 주제 1 문화권에 따라 가족 구조가 다르게 나타나기도 한다. 동양 문화권과 유럽 문화권의 전통적인 가족 구조를 조사해 비교하고, 유교적 가족관과 기독교적 가족관의 차이를 정리해 보자. 현대화된 사회에서 각 문화권의 전통적 가치관이 어떻게 유지되거나 변화하고 있는지 탐구해 보자.

탐구 주제 2 건조 문화권의 오아시스 농업과 북극 문화권의 동결 지반 위의 건축 기술은 극한 환경에서 인류의 생존을 가능하게 했다. 두 문화권의 환경 적응 기술을 비교·분석하고, 이를 현대 도시의 기후 변화 대응 기술이나 지속 가능한 건축 및 농업 방식에 적용할 수 있는 방안을 탐구해 보자.

개념 응용

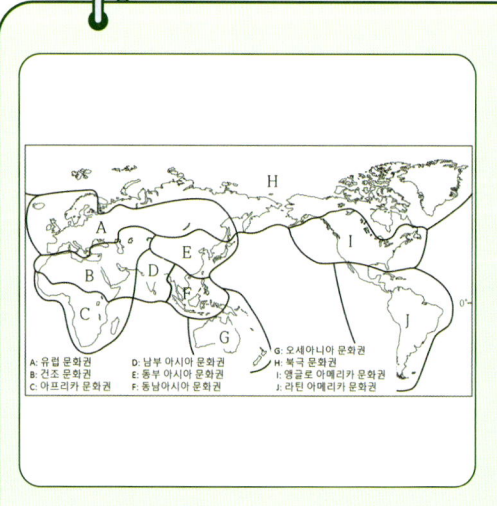

자료 설명

복합적인 문화 요소에 따라 구분한 10개의 문화권을 지도로 나타낸 자료이다.

탐구 주제

아프리카의 사막 지역에서는 태양광 발전 기술을 활용해 전력을 생산하고, 물 정화 기술로 물 부족 문제를 해결한다. 이렇게 자연환경의 영향으로 형성된 문화권에서 특정한 자연 자원을 활용해 지속 가능한 발전을 도모하는 공학적 솔루션 사례를 탐구해 보자.

추천 도서

유럽을 알아야 세상이 보인다 (안계환, nobook, 2022)

200년 전부터 세계로 영향력을 펼쳐나가며 유럽의 문화를 전 세계에 퍼뜨린 유럽인의 경쟁력은 무엇일까? 이 책은 유럽의 문화와 역사를 이해하기 위한 것으로, 그리스 신화, 헬라·로마 문화, 그리고 그리스도교의 연관성을 설명한다. 저자는 직접 찍은 사진과 강의에 사용하는 도표, 이야기하듯 편안한 문체를 통해 유럽인의 삶에 깊이 스며든 신화와 종교, 철학의 영향을 설명하고 있다. 나아가 그들이 유럽 사회와 예술에 미친 영향과 현재 유럽의 모습을 이해하는 데 많은 도움을 준다.

탐구 주제 1 문화권마다 전통적으로 전해져 오는 의복 양식이 서로 다르다. 문화권별로 내려오는 전통 의복 양식을 조사해 비교하고, 각 문화권의 종교, 역사 등 인문환경이나 기후와 지형, 식생과 동물의 품종 같은 자연환경의 특색이 전통 의복의 소재나 디자인 등에 미친 영향을 분석해 보자.

탐구 주제 2 유럽의 거리에는 오래된 성당이나 교회 같은 종교 건축물이 많이 남아 있다. 유럽을 대표하는 건축물의 역사적 배경과 문화적·사회적 의미를 조사해 정리해 보자. 나아가 시대별 주요 건축 양식을 비교해 각 건축물이 당시 지역 사회에 미친 문화적 영향에 대해 탐구해 보자.

한류가 뭐길래 (심두보, 어나더북스, 2024)

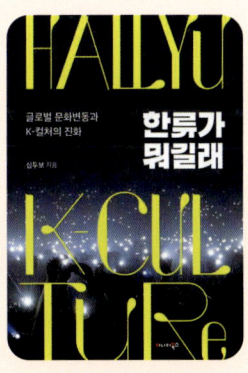

이 책은 한류 현상을 한국 대중문화의 이동·유통과 외국 팬덤의 수용이라는 두 층위에서 분석하며, 한류가 특정 상품의 수출을 넘어선 문화적 유행과 소비임을 강조한다. 저자는 한류가 '국뽕'을 자극하는 '세계 정복'과는 거리가 멀며, 타 문화와의 관계성과 혼종성, 글로벌 대중문화로서의 융합과 진화 과정에서 이해되어야 한다고 주장한다. 이 책을 통해 한류의 역사와 그 변화를 이해할 수 있으며, 이를 바탕으로 타 문화에 대한 존중과 포용성을 기르는 동시에 한류의 발전 방향을 고찰할 수 있다.

탐구 주제 1 최근 웹툰이나 드라마 속에서 한국의 전통 설화나 놀이가 등장하는 경우를 종종 볼 수 있다. 한국 전통 설화나 놀이가 웹툰, 드라마 등의 현대 매체에서 어떻게 재해석되어 대중에게 전달되는지 조사하고, 전통 이야기의 현대적 재창조가 대중문화에 미치는 영향을 탐구해 보자.

탐구 주제 2 BTS, 블랙핑크 같은 케이팝 스타들이 뮤직비디오나 무대에서 한복을 입거나 전통 악기를 사용해 음악을 만들어 눈길을 끌고 있다. 이렇게 케이팝에 녹아 있는 전통문화 요소를 조사하고, 그것이 현대적 감각으로 재해석된 과정과 한국 문화의 이미지에 미치는 영향을 탐구해 보자.

추천 논문

유교와 동아시아 문화공동체(형려국, 한국공자학회, 2010)

이 논문은 동아시아 문화공동체의 형성에서 유교 문화의 역할을 설명한다. 동아시아의 한·중·일 삼국은 지리적 영향으로 오랜 교류를 통해 독특한 문화 전통을 발전시켜 왔음을 밝힌다. 나아가 동아시아 유교 문화공동체는 유교 윤리를 바탕으로 가족의 가치, 공동체 정신, 사회 질서를 중요하게 생각한다는 공통점이 있다고 주장한다.

> **탐구 주제** 유교에서는 교육을 통해 인격을 수양하고 도덕적 가치를 배우는 것을 중요시한다. 그러한 유교적 전통이 현대 우리나라의 교육 시스템에 미치는 영향은 어떠할까? 선행 연구 분석과 인터뷰 등을 통해 그 영향을 파악하고, 자신의 생각을 정리해 보자.

선택 과목 연계 학습 및 전공 가이드

◆ 선택 과목 연계 학습

선택 과목		학습 안내
일반 선택	세계시민과 지리	기후나 지형이 인간 생활과 밀접하게 연관된다는 점을 이해하고, 세계 주요 종교의 특징 및 종교 경관의 의미와 각 종교가 인간 생활에 미치는 영향을 탐구할 수 있다.
관련 단원	2. 모자이크 세계, 세계의 다양한 자연환경과 문화	

◆ 전공 가이드

자연환경 및 인문환경이 인간 생활에 미치는 영향을 분석해 세계 문화권의 형성 및 발전 과정을 조사하고, 각 문화권의 특징과 생활 방식, 국제 관계를 탐구한다.

- ▶ **인문계열** : 국제지역학과, 문화인류학과, 문화콘텐츠학과, 종교학과
- ▶ **사회계열** : 관광경영학과, 국제관계학과, 문화관광과
- ▶ **자연계열** : 지리학과, 천문기상학과, 해양생명과학과, 환경시스템과
- ▶ **공학계열** : 건축공학과, 도시건설과, 디지털콘텐츠학과

◆ 선택 과목 연계 학습

선택 과목		학습 안내
일반 선택	동아시아 역사 기행	역사 탐구의 방식으로서 역사 기행의 의미를 이해하고, 동아시아 유목 세계, 농경 세계, 해양 세계의 특징을 생업, 음식, 주거 등 생활 문화를 중심으로 탐구할 수 있다.
관련 단원	1. 동아시아로 떠나는 역사 기행	

◆ 전공 가이드

동아시아 지역의 역사적 사건과 지리적 변화가 사회에 미친 영향을 이해하고, 동아시아 문화권에서 나타나는 전통문화를 현대적으로 재창조하는 방안을 탐구한다.

- ▶ **인문계열** : 사학과, 문헌정보학과, 문화재과
- ▶ **자연계열** : 농공학과, 생명공학과, 식량자원학과, 의류의상학과, 지리학과
- ▶ **공학계열** : 도시건설과, 건축공학과, 건설정보과
- ▶ **예체능계열** : 미술학과, 공업디자인학과, 산업디자인학과

◆ 선택 과목 연계 학습

선택 과목		학습 안내
진로 선택	국제 관계의 이해	국가 간 경제 발전의 차이와 부의 편중 문제의 원인을 분석하고, 국가 간 불균형 발전이 초래한 문제를 해결하기 위한 개인, 국가, 국제기구 등의 노력을 탐구할 수 있다.
관련 단원	2. 균형 발전과 상생	

◆ 전공 가이드

국가 간 협력과 갈등을 연구해 글로벌 문제 해결을 위한 정책 분석과 국제 협력 방안을 탐구하고, 다각적인 접근을 통해 국제 사회의 지속가능성을 모색한다.

- ▶ **인문계열** : 국제지역학과, 언어학과, 역사학과, 철학과
- ▶ **사회계열** : 국제관계학과, 정치외교학과, 국제개발학과, 사회학과, 보건행정학과
- ▶ **자연계열** : 지구환경과학과, 환경과학과, 생태학과, 해양학과
- ▶ **의약계열** : 글로벌보건학과, 국제의료개발학과

학생부 교과세특 예시

문화권의 의미와 다양한 구분 기준을 학습하고, 동부 아시아 문화권의 특징을 그 지역의 인문환경 및 자연환경과 연결하여 발표함. 그 과정에서 논리적인 분석력과 의사소통 능력이 돋보임. 학습한 내용을 자신의 진로와 연관시켜 전통 의복 양식을 문화권별로 조사하여 비교하고, 각 문화권의 기후나 지형 같은 자연환경이 의복의 소재나 디자인 등에 미친 영향을 분석하는 탐구 보고서를 제출함. '총 균 쇠(재레드 다이아몬드)'를 읽고 문명의 발전이 총, 균, 쇠의 사용이 유리했던 지리적 요인과 연관되어 있음을 이해하고, 농업의 발달이 사회 구조와 계층 형성에 미친 영향을 사례를 바탕으로 분석한 보고서를 제출함.

교과서 찾아보기

📖 동아출판 84~93쪽
- 유럽과 동양의 주요 건축 재료가 다른 이유 탐구하기
- 농업의 형태가 문화권에 끼치는 영향 학습하기
- 세계 문화권의 특징 비교하기

📖 비상 80~91쪽
- 세계의 음식 문화권과 언어 문화권 지도 비교하기
- 종교에 따른 경관과 생활 모습 조사하기
- 문화권 비교 보고서 작성하기

📖 지학사 88~97쪽
- 자연환경이 문화 형성에 미친 영향 탐구하기
- 종교에 따른 삶의 방식 비교해 보기
- 산업에 영향을 받은 지역의 문화 조사하기

📖 ㈜리베르스쿨 74~82쪽
- 건축 공간을 바탕으로 동서양의 문화 차이 비교하기
- 각 지역의 음식 문화에 영향을 준 요인 조사하기
- 문화권의 특징을 반영한 상품 판매 전략 수립하기

2. 문화의 변동

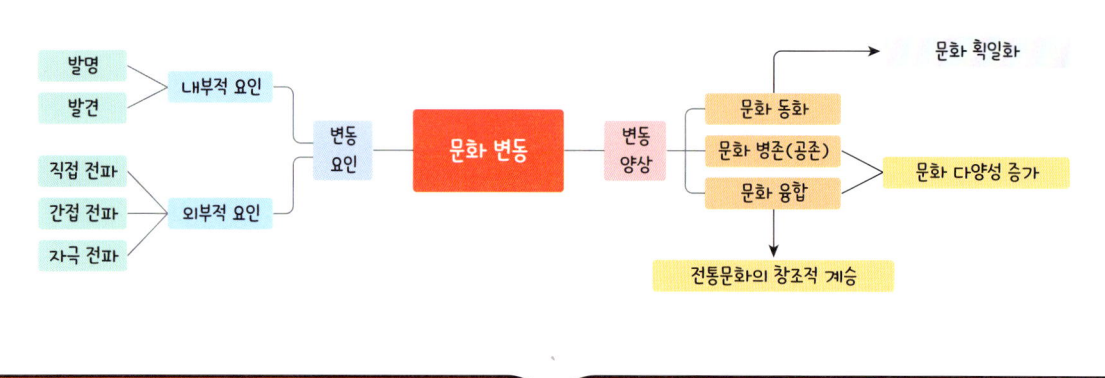

성취 기준 【10통사1-04-02】 문화 변동의 다양한 양상을 이해하고, 현대 사회에서 전통문화가 지니는 의의를 탐색한다.

학습 개요 사람들이 환경에 적응하며 형성해 온 문화는 새로운 문화 요소의 등장으로 사라지거나 결합하며 변화한다. 이 단원에서는 문화를 변동시키는 여러 요인과 문화 병존, 문화 융합, 문화 동화 등 문화 변동의 다양한 양상을 구체적인 사례를 통해 이해하고자 한다. 나아가 현대 사회에서 전통문화가 갖는 중요성을 살펴보고, 전통문화를 창조적으로 계승·발전시키기 위한 방안에 대해 고민해 보는 시간을 갖고자 한다.

개념 제시 문화 변동, 발명, 발견, 문화 전파, 문화 병존, 문화 융합, 문화 동화, 전통문화의 창조적 계승

생각 열기 송승환(1957~)은 한국 전통의 사물놀이를 바탕으로 공연 '난타'를 기획한 인물이다. 그는 미국의 'Tubes'와 영국의 'Stomp'에서 얻은 아이디어를 접목해 사물놀이를 현대적으로 계승했다. 요리 도구 등을 악기로 사용하는 비언어적 퍼포먼스인 '난타'는 언어 장벽을 넘어 누구나 쉽게 이해하고 즐길 수 있어 현재 전 세계 50개국 이상에서 공연되었고, 누적 관객 1,450만 명을 돌파하며 한국 공연 예술을 세계화하는 데 이바지했다.

관련 이슈 (**패스트 콘텐츠의 확산과 대중문화의 위기**) '패스트 콘텐츠'란 짧은 시간 안에 빠르게 소비되며 많은 사람들에게 전달되는 콘텐츠를 뜻한다. 다양한 미디어 플랫폼과 함께 등장한 패스트 콘텐츠는 짧은 시간 안에 효율적인 정보 전달이 가능하고, 누구나 쉽게 접근할 수 있다는 장점이 있다. 반면 집중력 저하와 도파민 중독을 일으킬 수 있으며, 저작권 침해 문제와 미디어의 질 저하를 초래할 수 있다. 이러한 패스트 콘텐츠의 확산으로 대중문화의 질 관리와 저작권 보호 방안이 시급한 상황이다.

개념 이해

(문화 변동) 문화는 고정된 것이 아니라 끊임없이 새롭게 재구성되는데, 이러한 과정을 '문화 변동'이라고 한다. 문화 변동은 새로운 문화 요소의 등장이나 다른 문화와의 접촉으로 일어난다. 한 사회 내에서 이전에 없었던 기술을 개발하거나 사물 등을 발명하고, 기존에 몰랐던 원리나 사물 등을 발견해 새로운 문화 요소가 등장하면 그 영향으로 문화 변동이 나타난다. 최근에는 급속한 세계화로 다른 사회와의 접촉이 늘어났고, 그 과정에서 문화 요소가 전해지는 문화 전파에 의해 문화가 변동하는 경우가 늘어나고 있다.

(문화 변동의 양상) 서로 다른 문화가 접촉하면서 나타나는 문화 변동의 양상은 문화 동화, 문화 병존, 문화 융합의 세 가지 형태로 나타난다. '문화 동화'는 기존의 문화 요소가 새로운 문화 요소로 완전히 대체되어 사라지는 것을 의미하며, '문화 병존(공존)'은 기존의 문화 요소와 새로운 문화 요소가 각각의 모습을 잃지 않고 함께 존재하는 현상을 말한다. 마지막으로 '문화 융합'이란 기존의 문화 요소와 새로운 문화 요소가 만나 전혀 다른 형태의 문화가 만들어지는 것을 의미한다.

(전통문화의 창조적 계승과 발전) 환경과 시대가 변화하는 과정에서도 과거부터 오늘날까지 이어져 내려온 전통문화는 사회 구성원에게 고유의 정체성과 유대감을 느끼게 하며 대외적으로는 문화적 자긍심을 갖게 한다. 그러나 세계화 과정에서 나타나는 문화 획일화 현상으로 고유의 전통문화가 소멸하기도 한다. 이러한 문제를 해결하기 위해서는 다른 문화를 수용할 때 능동적 자세를 지녀야 하며, 우리의 전통문화에 대한 지속적인 관심을 바탕으로 전통문화를 시대적 변화에 맞게 재창조하려는 노력이 필요할 것이다.

탐구 주제 1 새로운 기술, 사물, 지식의 등장은 그 사회의 생활 방식, 가치관, 규범 등에 큰 영향을 미친다. 15세기 구텐베르크의 금속 활자 인쇄술 발명이 그 대표적인 예이다. 책의 대량생산이 가능해져 지식이 확산되고 사회의 정치적·문화적 측면에 많은 영향을 끼쳤는데, 그 구체적 내용을 탐구해 보자.

탐구 주제 2 현대 사회의 변화 속에서도 고유의 가치를 잃지 않고 전해져 내려오던 전통문화가 최근 현대적으로 재해석되어 많은 인기를 끄는 경우를 종종 볼 수 있다. 특히 전통문화가 현대 사회에 새롭게 등장한 디지털 플랫폼과 결합해 재창조되기도 하는데, 그러한 사례를 조사해 그 효과를 분석해 보자.

개념 응용

자료 설명
문화 접변의 결과로 나타나는 문화 변동의 양상을 그림으로 나타냈다.

탐구 주제
K-pop, K-드라마 등 전 세계적으로 한국의 다양한 문화가 인기를 끄는 가운데 특히 한식에 관한 관심이 높아지고 있다. 다양한 한식의 세계화 사례를 조사하고, 각 나라에서 한식의 영향으로 나타나고 있는 문화 변동의 양상을 구체적인 사례를 바탕으로 탐구해 보자.

추천 도서

발명과 발견의 과학사(최성우, 지노, 2024)

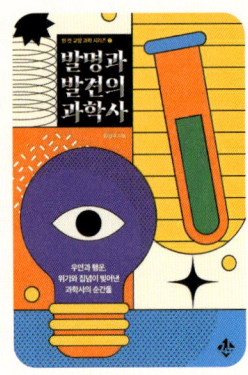

이 책은 고대 그리스부터 21세기까지 역사 속의 과학적 발명과 발견을 다룬다. 저자는 과학기술이 과거에만 머무는 것이 아니라 오늘날 우리 생활 속에 여전히 살아 있는 실체이며 미래에도 영향을 미친다고 강조한다. 책에 등장하는 생체 모방 기술, 청진기와 중력파 발견 등 다양한 사례를 통해 우리 생활에 영향을 미치는 과학의 가치를 흥미롭게 이해할 수 있다. 과학적 발명과 발견으로 인한 문화 변동의 사례를 탐구하며 현재와 미래의 문제 해결에 도움을 줄 통찰력을 얻을 수 있을 것이다.

탐구 주제 1 산업혁명은 전 세계에 영향을 미쳐 각국의 정치, 경제, 사회·문화의 측면뿐만 아니라 국가 간 관계까지 많은 것을 변화시켰다. 이러한 산업혁명을 이끈 기술이 무엇이며, 그 기술은 어디서 어떻게 시작되었고, 국제 사회에 어떤 영향을 미쳤는지 탐구해 보자.

탐구 주제 2 페니실린과 같은 항생제의 발견은 인류의 평균수명을 크게 늘리고, 감염병으로 인한 사망률을 급격히 줄였다. 그 과정에서 사람들의 건강에 대한 인식이 높아지고, 개인위생과 공공 보건에 대한 관심도 크게 증가했다. 이러한 의료 기술의 발전이 인간의 삶의 질에 미친 영향을 탐구해 보자.

더 이상 평안은 없다(치누아 아체베, 이소영 역, 민음사, 2009)

이 책은 나이지리아 청년 '오비 오콩코'의 타락을 통해 전통적인 아프리카 문화가 서구식 현대 문물의 유입으로 소멸되어 가는 과정을 상징적으로 보여준다. 특히 나이지리아 전통 사회의 가치가 서구식 가치관과 기독교로 대체되면서 주인공 오비가 겪는 혼란과 좌절은 전통문화가 점차 사라지고 있음을 나타낸다. 저자는 이러한 변화 속에서 아프리카 고유의 언어와 문화의 풍요로움을 강조하며, 새로운 서구 문명이 그 자리를 대신해 버린 사회의 비극적 모습을 부각시킨다.

탐구 주제 1 세계화의 흐름 속에서 한 국가에 새롭게 유입된 가치와 기존의 가치가 충돌해 갈등이 발생하는 경우를 자주 볼 수 있다. 우리나라 역시 전통적인 가치관을 지키려는 세대와 서구 문화와 현대적 가치에 매료된 세대의 충돌이 있었는데, 구체적인 사례를 중심으로 그 영향을 탐구해 보자.

탐구 주제 2 전 세계적으로 소수의 언어 소멸이 가속화되고 있으며, 우리나라의 제주어(제주 방언) 역시 소멸 위기의 언어에 해당한다. 세계적으로 소멸 위기에 처한 언어의 현황이 어떠한지, 그로 인한 영향과 함께 살펴보고 언어의 소멸 방지를 위해 국제 사회가 할 수 있는 노력에는 무엇이 있는지 탐구해 보자.

추천 논문

웹툰이 한국 청소년 문화에 미치는 영향 (박성혜 외 1명, 한국청소년활동학회, 2024)

이 논문은 디지털 시대에 새롭게 등장한 웹툰이 청소년의 정체성 형성, 사회적 상호작용, 창의적 표현에 미치는 영향을 중점적으로 분석했다. 연구 결과, 웹툰은 청소년의 자아 탐색과 자기표현에 중요한 수단으로 작용하며, 글로벌 청소년 문화에서 한국 문화에 대한 공감대 형성과 문화적 교류에 기여하는 것으로 나타났다.

 **탐구 주제** 청소년들은 디지털 환경에서 어떻게 창의적으로 표현하고 상호작용하고 있을까? 설문조사와 인터뷰 등을 통해 웹툰, 소셜 미디어, 유튜브, 온라인 게임, 메타버스 등 청소년이 즐기는 다양한 디지털 플랫폼이 창의적 표현에 어떤 영향을 미치는지 탐구해 보자.

선택 과목 연계 학습 및 전공 가이드

◆ 선택 과목 연계 학습

선택 과목	학습 안내	
일반 선택	사회와 문화	문화 변동의 다양한 요인과 양상, 문화 변동 과정에서 발생하는 문제점을 이해하고, 문화의 세계화로 인한 문제에 관해 탐구하며 전통문화를 재창조하는 방안을 고민한다.
관련 단원	3. 일상 문화와 사회 변동	

◆ 전공 가이드

상호 접촉 과정에서 영향을 주고받으며 변화해 온 여러 사회의 문화 변동 과정을 이해하고, 이를 바탕으로 전통문화의 계승과 새로운 문화를 창조하는 방안을 탐구한다.

- ▶ **인문계열** : 국제지역학과, 문화인류학과, 언어과학과, 문화재과, 문화콘텐츠학과
- ▶ **사회계열** : 경영학과, 국제관계학과, 문화관광과, 디지털미디어과, 방송영상과
- ▶ **공학계열** : 건축학과, 게임콘텐츠과, 미디어출판과, 멀티미디어과, 로봇공학과
- ▶ **예체능계열** : 공연예술과, 공예학과, 국악학과, 디자인학과, 영상제작과, 예술학과

◆ 선택 과목 연계 학습

선택 과목	학습 안내	
진로 선택	도시의 미래 탐구	도시의 체계와 공간 구조에 대한 이해를 바탕으로 도시의 성장과 변화를 이끄는 힘을 파악하고, 이러한 힘이 도시와 생활 모습의 변화에 미친 영향을 여러 도시의 사례를 통해 학습한다.
관련 단원	2. 변화하는 도시	

◆ 전공 가이드

도시의 생성, 발전, 소멸의 과정에서 만들어지거나 유입된 새로운 문화 요소의 영향을 분석하고, 보다 나은 삶의 터전으로서의 도시를 만들기 위한 방안을 탐구한다.

- ▶ **인문계열** : 사학과, 문화재과, 국제문화정보학과, 문화인류학과, 문화콘텐츠학과
- ▶ **자연계열** : 지리학과, 환경공학과, 환경시스템과, 환경공업과
- ▶ **공학계열** : 건축공학과, 건축설비과, 교통공학과, 도시건설과
- ▶ **예체능계열** : 공업디자인학과, 산업디자인학과, 패션디자인과, 컴퓨터디자인과

◆ 선택 과목 연계 학습

선택 과목	학습 안내	
진로 선택	역사로 탐구하는 현대 세계	기술 혁신으로 인한 세계 경제 및 인구 규모의 확대가 인류의 생활 방식에 미친 영향을 확인하고, 대중 소비 사회로 인한 생태환경의 문제에 대해 사례를 중심으로 탐구할 수 있다.
관련 단원	3. 성장의 풍요와 생태환경	

◆ 전공 가이드

농업혁명과 산업혁명을 거치며 변화해 온 사람들의 생활양식을 역사적 사실을 바탕으로 분석하고, 다가올 미래에 겪게 될 여러 지구적인 문제의 해결 방안을 탐구한다.

▶ **인문계열** : 국제문화정보학과, 문화인류학과, 사학과, 언어과학과

▶ **사회계열** : 경제학과, 국제학과, 사회학과, 문화관광, 디지털미디어과

▶ **자연계열** : 농공학과, 바이오생명정보과, 생명공학과, 식량자원학과

학생부 교과세특 예시

문화를 변동시키는 요인과 문화 접변의 양상을 학습하여 사례와 함께 정리하고, 모둠원과 함께 발명에 의한 문화 변동의 사례로 15세기 구텐베르크의 금속 활자 인쇄술의 발명을 조사하여 인쇄술의 발명이 책의 대량생산과 지식의 확산으로 이어져 당시 사회에 미친 영향을 탐구하여 발표함. 그 과정에서 자료 조사 능력과 모둠원의 협동을 도모하는 리더십이 돋보임. '더 이상 평안은 없다(치누아 아체베)'를 읽고, 유입된 문화가 기존의 문화를 사라지게 하는 문화 동화가 나타나면 개인적으로 정체성의 혼란을 겪고 사회적으로 가치관의 갈등을 유발할 수 있음을 알게 되었다는 소감문을 제출함.

교과서 찾아보기

📖 미래엔 80~87쪽
- 문화 병존의 사례 찾아보기
- 문화 변동 카드 만들기
- 전통문화를 활용한 문화 상품 기획하기

📖 비상 92~99쪽
- 문화 변동 과정에서 비단길의 역할 탐구하기
- 전통 음식을 현대적으로 재해석하여 소개하기
- 음식에서 찾을 수 있는 문화 변동의 요인과 양상 분석하기

📖 아침나라 82~89쪽
- 사례를 통해 문화 변동 요인 탐색하기
- 문화 변동의 양상별 사례 조사하기
- 전통문화의 창조적 발전을 위한 기획서 작성하기

📖 창비 84~91쪽
- 체로키족의 문자와 같이 자극 전파로 만들어진 문화 요소의 사례 조사하기
- 강제적 문화 접변과 자발적 문화 접변의 사례 조사하기
- 전통문화의 창조적 계승 방안 탐구하기

3. 문화상대주의와 보편 윤리

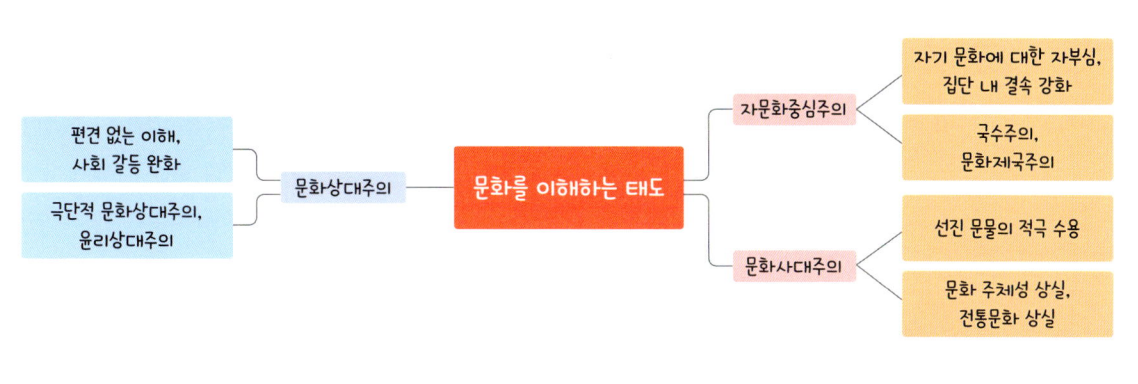

성취 기준 　【10통사1-04-03】 문화적 차이에 대한 상대주의적 태도의 필요성을 이해하고, 보편 윤리의 차원에서 자문화와 타 문화를 평가한다.

학습 개요 　지역, 국가, 환경에 따라 문화적 차이가 나타나는 맥락을 이해하고, 문화에는 우열이 없다는 문화상대주의의 필요성을 인식한다. 또한 문화상대주의가 극단적으로 흐르지 않도록 보편 윤리의 차원에서 여러 사례를 통해 자문화와 타 문화를 평가한다. 바람직하지 않은 문화 이해 태도의 문제점과 이를 해결하기 위해 함양해야 할 태도 등을 통해 문화를 이해하는 바람직한 태도에 대해 학습하며 각 관점을 평가할 수 있다.

개념 제시 　자문화중심주의, 문화사대주의, 문화상대주의, 극단적 문화상대주의, 보편 윤리

생각 열기 　독일의 철학자 헤겔(1770~1831)은 "역사는 단순한 사건의 연속이 아니라 인류 정신의 발전 과정(인간 정신의 자기실현 과정)"이라고 설명한다. 그는 역사의 단계성에 대해 동양 문명(역사의 초기 단계, 개인의 자유 없이 집단적 의무가 강조되는 사회) – 그리스·로마 문명(개인의 자유와 공동체의 조화가 존재하나 불완전한 상태) – 서구 문명(자유의 합리성이 완전히 실현된 단계)으로 규정했다.

관련 이슈 　(**파리 올림픽, 운동선수 히잡 착용 금지한 프랑스**) 　2024년 파리 올림픽 개막 이틀 전, 프랑스가 히잡 논란에 휩싸였다. 2023년 9월 프랑스 정부는 종교적·정치적 이유로 자국 선수는 히잡을 쓰고 경기에서 뛸 수 없다는 방침을 내세웠다. 하지만 무슬림계 선수들이 반발에 나서자, 프랑스 올림픽위원회 위원장은 "프랑스 올림픽 팀은 세속주의를 준수할 의무가 있다."라면서도 "해결책을 찾을 용의가 있다."라고 밝혔다. 이에 국제앰네스티는 2024년 IOC에 서한을 보내 "히잡 착용 금지는 올림픽 헌장에 위배된다."라고 비판했다.

개념 이해

(국수주의) 국수주의란 자기 민족이나 국가의 문화를 다른 민족이나 국가의 문화보다 우월하다고 여기고 이를 지나치게 강조하는 사상을 말한다. 국수주의는 일반적으로 자국 중심의 배타적 태도를 동반하며, 타 문화를 이해하거나 수용하려는 자세가 부족한 데서 비롯된다. 대표적 사례로 독일의 나치즘, 이탈리아의 파시즘을 들 수 있으며, 이러한 태도나 관점에서 다른 문화를 평가하려는 자문화중심주의의 문제점으로 꼽힌다.

(보편적 가치) 인류의 문화적·종교적·사회적 차이를 초월해 모든 사람에게 공통적으로 적용될 수 있다고 여겨지는 도덕적·윤리적·사회적 원칙이나 기준을 '보편적 가치'라고 한다. 이러한 가치는 특정 집단이나 시대에 국한되지 않고, 인간의 본성과 존엄성을 기반으로 모든 사회에서 존중받아야 하는 가치로 간주된다. 대표적인 예로 인간의 존엄성, 자유, 평등, 생명권 등을 들 수 있다. 국제적인 윤리 문제(전쟁, 인종차별, 성차별 등)에 대응할 때 보편적 가치가 기준점으로 활용되기도 한다.

(윤리상대주의) 도덕적 판단과 윤리는 절대적이거나 보편적인 기준에 따라 정의될 수 없으며, 개인, 문화, 사회에 따라 상대적으로 달라진다고 보는 관점이다. 윤리상대주의에 따르면, 어떤 행위가 도덕적으로 옳거나 그르다는 판단은 특정 맥락과 기준에 따라 달라진다. 모든 도덕적 판단은 사회적·문화적 배경에 의존한다고 보기 때문에, 윤리절대주의와 대비되는 개념이다. 이 관점은 도덕적 다양성을 이해하는 데 유용하지만, 지나친 태도는 도덕적 판단이나 행동의 정당성을 논의하는 데 장애가 될 수 있다.

탐구 주제 1 기후 정의는 '기후 변화 대응에 대한 책임을 어떻게 정의할 것인가?'와 관련해 선진국과 개발도상국이 충돌하는 핵심 쟁점이다. 보편 윤리의 관점에서 기후 정의의 실현을 위해서는 어떤 기준(예: 탄소 배출량, 경제력, 역사적 책임, 문화적 차이 등)이 가장 부합하는지 판단하고 근거를 제시해 보자.

탐구 주제 2 각 문화권마다 죽음의 기준(뇌사)에 대한 정의가 다르다. 이는 윤리적, 문화적 배경의 영향을 받은 것으로, 지금까지 사회적 논란이 되고 있는 문제이다. 이를 주제로 조사해 보고, 생명을 문화적으로 다르게 해석할 수 있다면 보편적인 생명의 기준을 세울 수 있는지 판단해 근거를 제시해 보자.

개념 응용

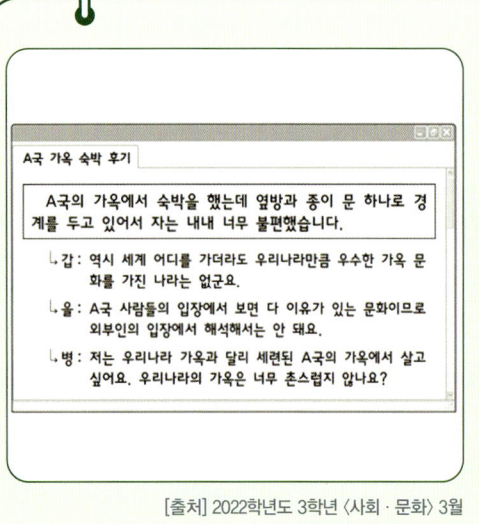

[출처] 2022학년도 3학년 〈사회·문화〉 3월 전국연합학력평가 문제

자료 설명
문화를 이해하는 관점 세 가지를 적용해 구분하는 문항이다.

탐구 주제
전 세계의 가족제도는 일부일처제, 일처다부제, 일부다처제 등 다양한 형태를 띠고 있다. 가족 형태는 사회적 맥락에 따라 형성된 경우가 많으며, 시대상을 반영하기도 한다. 이를 주제로 탐구하고 문화상대주의의 관점에서 분석해 보자.

추천 도서

문화란 무엇인가 (테리 이글턴, 이강선 역, 문예출판사, 2021)

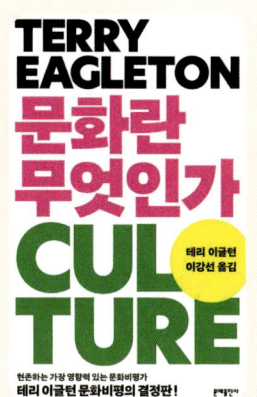

이 책은 문화가 단순한 예술의 표현이나 상류층의 소비물이 아니라 사회적·정치적·경제적 맥락에서 중요한 역할을 한다고 주장한다. 또한 문화는 권력과 이데올로기와 얽혀 있으며, 사람들의 삶과 가치관에 깊은 영향을 미친다고 설명한다. 저자는 문화가 어떤 의미를 지니는지를 역사적·철학적 배경을 통해 제시함으로써 문화의 정의를 다양한 관점에서 바라본다. 문화 이론 자체에 대한 이해를 돕기 위한 내용으로 구성되어 있으며, 문화가 어떻게 사회와 밀접하게 연결되어 있는지 탐구할 수 있다.

탐구 주제 1 문화는 이데올로기를 형성하고, 권력과 밀접한 관계를 맺기도 한다. 역사 속에서 문화와 권력의 관계를 찾아보자. 특정 시대나 사회에서 문화가 어떻게 권력을 강화하는지, 또는 어떻게 저항의 도구로 사용되는지 분석해 보고, 예술적 표현을 넘어선 문화의 사회적·정치적 힘에 대해 탐구해 보자.

탐구 주제 2 인간의 경험은 뇌 발달에도 영향을 미친다. 후천적으로 학습된 문화가 생태학적인 인간의 뇌와 어떻게 상호작용하는지, 특히 문화적 경험이 인간의 뇌 발달에 미치는 영향 등을 조사해 보고, 문화적 차이와 뇌 기능(동서양의 차이, 음악 교육, 문화적 다양성을 기준으로)의 관계에 대해 탐구해 보자.

처음 만나는 문화인류학 (한국문화인류학회, 일조각, 2010)

문화인류학이라는 학문을 통해 문화권의 사례를 소개한 책이다. 문화의 정의와 역할, 문화를 이해하는 태도, 종교, 경제와 생존 방식, 정치와 권력 등 주요 주제를 바탕으로 학문적 깊이를 유지하면서도 누구나 쉽게 이해할 수 있도록 설명하고 있다. 특히 한국 사회와 문화를 중심으로 다루고 있어 더욱 공감하기 쉽고, 문화 다양성에 대한 인식을 확장할 수 있도록 돕는다.

탐구 주제 1 세계화는 문화를 다양하게도 하지만 획일적으로 만들기도 한다. 문화는 다른 나라와 어떻게 접촉하고, 또 어떻게 받아들이냐에 따라 다양한 형태로 형성된다. 세계화로 인해 한국의 문화가 문화 접촉의 과정에서 어떤 양상으로 변화하고 있는지 사례를 들어 탐구해 보자.

탐구 주제 2 전통문화에 따른 문화 차이는 후대의 유전자 발현에서도 차이를 만든다. 예를 들어 특정 문화에서 주로 섭취하는 음식이 인체의 유전자나 진화 과정에서 미친 영향(유당 소화 능력, 고산지대 헤모글로빈 농도 등)은 다르다. 이처럼 생활 방식이 가져온 유전적 특성의 연결고리를 탐구해 보자.

추천 논문

다문화주의와 인권의 문제 – 문화상대주의와 보편주의의 경계에서
(최성환, 중앙대 중앙철학연구소, 2011)

이 논문은 문화상대주의와 보편주의 사이에서 표류하고 있는 '문제로서의 인권'을 주제로 서술되어 있다. 우리 사회의 짧은 다문화 사회로의 이행 경험에서 인권 문제는 단순히 법적·제도적 문제가 아닌 의식의 문제이기도 하다. 보편주의와 문화상대주의의 대립 속 인권 문제를 조명함으로써 다문화 교육의 중요성과 인권 신장의 방향을 담고 있다.

 **탐구 주제** 서로 다른 문화에서는 '인권'의 개념 자체가 다르게 해석될 수 있다. 예를 들어 자유와 평등의 개념이 서구 사회와 다른 문화권에서는 어떻게 다른지 분석하고, 문화에 따라 인권이 어떻게 다르게 적용될 수 있는지 문화상대주의 관점에서 논의해 보자.

선택 과목 연계 학습 및 전공 가이드

◆ 선택 과목 연계 학습

선택 과목		학습 안내
일반 선택	사회와 문화	하위문화와 주류 문화의 관계에 대한 이해를 바탕으로 다문화 사회의 이주민 문화에 대한 관점을 비교함으로써, 이주민 문화가 갖는 의의에 기초해 문화 다양성을 증진하기 위한 방안을 모색한다.
관련 단원	3. 일상 문화와 문화 변동	

◆ 전공 가이드

대학 문화, 지역 문화, 세대 문화, 이주민 문화 등을 통해 하위문화의 특징과 사례를 살펴보고, 이주민 문화에 대한 서로 다른 관점을 통해 바람직한 태도를 함양한다.

- ▶ **인문계열** : 문화인류학과
- ▶ **사회계열** : 광고홍보학과, 미디어커뮤니케이션학과, 사회학과
- ▶ **교육계열** : 사회교육과, 지리교육과, 역사교육과, 윤리교육과, 초등교육과
- ▶ **예체능계열** : 영화산업학과, 영상학과, 음악학과, 디자인학과, 애니메이션과

◆ 선택 과목 연계 학습

선택 과목		학습 안내
진로 선택	국제 관계의 이해	전쟁, 테러, 팬데믹 등 현대 인류의 삶을 위협하는 물리적·문화적 요인들을 탐색하고 개인, 국가, 국제 사회의 평화와 안전을 위협하는 폭력을 제거해 적극적 평화를 달성하기 위한 방안을 모색한다.
관련 단원	3. 평화와 안전의 보장	

◆ 전공 가이드

인류가 직면한 평화와 안전의 상황을 다각적으로 조사해 보고, 이러한 이유로 발생한 난민에 대한 집단별 갈등과 국가별 입장 차이를 분석해 문화적 타협점을 찾아본다.

- ▶ **인문계열** : 철학과, 역사학과, 언어학과, 종교학과
- ▶ **사회계열** : 정치외교학과, 사회학과, 국제학과, 경제학과, 법학과
- ▶ **교육계열** : 교육학과, 한국어교육과, 유아교육과

✦ 선택 과목 연계 학습

선택 과목	학습 안내	
융합 선택	여행지리	자신이 선정한 여행지의 문화 경관 형성 배경과 의미를 탐구하며 여행지와 여행지 주민에 대한 정서적 공감과 실천적 태도를 함양하는 단원으로서, 여행지의 문화적 배경을 학습할 수 있다.
관련 단원	2. 문화와 자연을 찾아가는 여행	

✦ 전공 가이드

여행지의 외관, 매력을 넘어 문화 경관을 둘러싼 다양한 지리적 의미와 상징 체계를 종교, 건축, 예술, 축제, 음식 등의 주제를 통해 탐구하며, 각각이 가진 가치를 조사한다.

- ▶ **인문계열** : 문화인류학과
- ▶ **사회계열** : 지리학과, 관광학과, 사회학과, 도시계획과
- ▶ **공학계열** : 건축학과, 환경공학과, 도시공학과, 지리정보공학과
- ▶ **예체능계열** : 미술사학과, 디자인학과, 공연예술학과, 음악학과, 외식경영학과

학생부 교과세특 예시

결혼의 역사적 배경과 시대별 변화를 조사하며, 결혼이 개인과 사회에 끼치는 영향을 문화적 관점에서 분석함. 이를 바탕으로 결혼제도가 사회적 규범을 어떻게 형성하고 각 시대의 가치관에 따라 어떻게 변화했는지 조사해 보며, 문화적 차이가 결혼의 의미와 역할에 어떻게 반영되었는지 탐구함. 또한 결혼제도가 사회적 역할 분담, 성 역할, 경제적 구조 등과 밀접히 연결되어 있음을 발견하고, 문화적 차이와 인류 보편적 가치 사이의 관점의 차이를 분석하였으며, 결혼이 개인적 선택이 아닌 문화와 사회적 맥락 속에서 형성되는 제도임을 인식하고 문화의 변화를 탐구함.

교과서 찾아보기

📖 **㈜리베르스쿨 89~95쪽**
- 문화상대주의는 어디까지 허용될 수 있을까?
- 다양한 종교 속 보편 윤리
- 개 식용 금지와 보편 윤리

📖 **동아출판 102~109쪽**
- 영어 간판 속에 담긴 문화 이해 태도
- 동의 없는 강제 납치 결혼, '알라 카추'

📖 **지학사 106~113쪽**
- 세계 각지의 다양한 장례 문화
- 시대나 사회에 따라 다른 혼인 방식
- 보편 윤리 차원에서 다양한 사례 성찰하기('목이 길어야 미인', 아시아인 고정관념)

4. 다문화 사회와 문화적 다양성

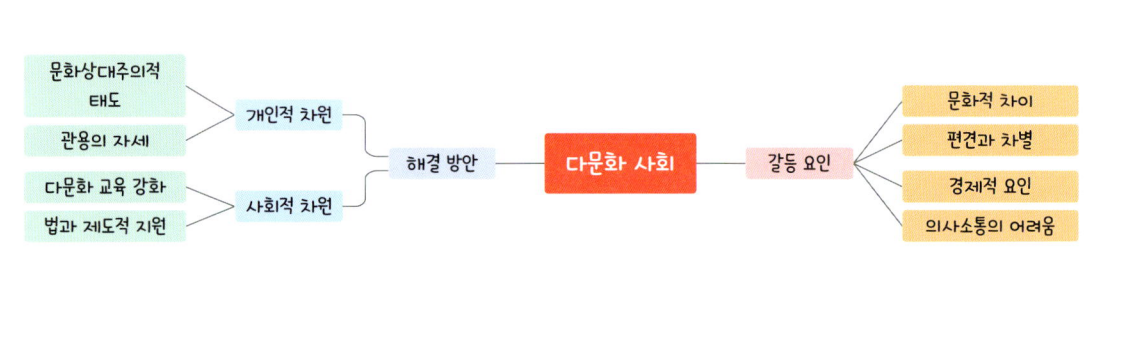

성취 기준 【10통사1-04-04】 다문화 사회의 현황을 조사하고, 문화적 다양성을 존중하는 태도를 바탕으로 갈등 해결 방안을 모색한다.

학습 개요 이 단원은 학생들이 현대 사회에서 다문화 현상의 의미를 이해하고, 다양성을 존중하며, 글로벌 시민으로 성장할 수 있도록 돕는 데 목적이 있다. 문화적 차이에 대한 존중과 함께 사회적 통합과 평화를 이루기 위한 방법을 학습한다. 이를 통해 문화적 다양성에 대한 이해와 존중을 증대하고 다문화 사회에서 협력과 공존을 위한 방안을 모색함으로써, 글로벌 시대에 요구되는 포용적 태도를 함양할 수 있다.

개념 제시 다문화 사회, 문화적 다양성, 용광로 모형, 샐러드 볼 모형, 동화주의, 다문화주의

생각 열기 캐나다 철학자 찰스 테일러(1931~)는 개인과 집단의 정체성이 '사회적 인정'에 의해 형성된다고 주장했다. 그는 문화적 다양성을 현대 민주주의의 필수 요소로 판단하고, 다양한 문화가 존중받아야 사회적 통합이 가능하다고 보았다. 특히 소수 집단의 문화적 정체성이 존중받지 못할 경우 소외와 갈등이 심화된다고 보며, 다문화주의는 모든 집단의 평등한 참여와 권리 보장을 통한 사회적 통합을 목표로 한다고 주장했다.

관련 이슈 (축구선수의 인종차별) 잉글랜드 토트넘 소속의 한 공격수가 같은 팀 소속 한국인 선수에게 인종차별적 발언을 해 논란에 휩싸였다. 2024년 6월 우루과이의 한 방송에서 '동양인 인종차별' 관련 발언을 한 것이 문제가 된 것이다. 축구계 인종차별 반대 운동 단체는 이 사건과 관련해 토트넘 구단에 제보했고, 잉글랜드 축구협회(FA)는 성명을 통해 그의 부적절한 태도가 경기의 평판을 해쳐 FA 규정을 위반했다고 보고, 벌금 1만 파운드(한화 약 1억 8,000만 원)의 징계를 받게 됐음을 알렸다.

개념 이해

(다문화 사회) 다문화 사회란 다양한 문화적 배경을 가진 사람들이 공존하며 살아가는 사회를 의미한다. 이는 이민, 난민, 결혼 이민자 등의 요인으로 인한 인구 구성의 변화에서 비롯된다. 예를 들어 캐나다는 공식적으로 다문화주의 정책을 채택해 다양한 민족과 문화를 존중하며 공존을 추구하는 대표적인 국가이다. 반면 적절한 수용 정책이 부족한 경우, 프랑스의 이민자 밀집 지역 폭동과 같은 사회적 갈등이 발생하기도 한다. 다문화 사회의 핵심은 다양성을 인정하고 사회적 통합을 이루는 것이다.

(동화주의) 동화주의는 다문화 사회에서 소수 집단이나 이민자가 다수 집단의 문화에 동화되기를 요구하거나 장려하는 태도나 정책을 의미한다. 이는 소수 집단의 고유한 정체성을 지켜주기보다 주류 사회의 언어, 가치관, 생활 방식을 받아들이도록 강요하거나 기대하는 방식이다. 예를 들어 프랑스의 동일시 정책은 이민자들이 프랑스 문화와 언어를 완전히 수용하도록 요구하는 동화주의의 대표적인 사례이다. 하지만 소수 집단의 문화적 정체성을 억압하고 차별과 갈등을 초래할 수 있다는 비판을 받는다.

(다문화주의) 다문화주의는 한 사회에서 다양한 문화적, 민족적, 종교적 배경을 가진 사람들이 공존하며 각자의 정체성과 문화를 존중받는 것을 목표로 하는 접근 방식이다. 소수 집단이 주류 문화에 동화되지 않고 고유한 문화와 전통을 유지하며 사회에 기여할 수 있음을 인정한다. 또한 사회적 통합과 다양성의 조화를 추구하며, 차별과 배제 대신 상호 존중과 포용을 강조한다. 다문화주의는 동화주의에 반대되는 말로, 현대 사회에서 중요한 다양성과 평등을 실현하는 데 핵심적인 역할을 수행한다.

탐구 주제 1 《파친코》(이민진)를 읽고 다문화적 요소를 찾아보고, 작품 속에 나타난 문화적 갈등과 화합의 양상을 탐구해 보자. 이와 함께 다문화를 배경으로 한 또 다른 문학 작품을 선정해 동화주의와 다문화주의의 태도를 보인 장면을 분석하고, 그렇게 판단한 이유에 대해 근거를 들어 설명해 보자.

탐구 주제 2 교육 현장에서는 다문화 가정을 위한 융합 교육의 접근 방법이나 다양한 문화적 배경을 고려한 학습 자료를 개발하기 위해 노력하고 있다. 사회적 융합을 위한 학습 자료를 개발하고자 할 때 고려해야 할 상황을 정리해 보고 단원을 정해 나만의 학습 자료를 만들어보자.

개념 응용

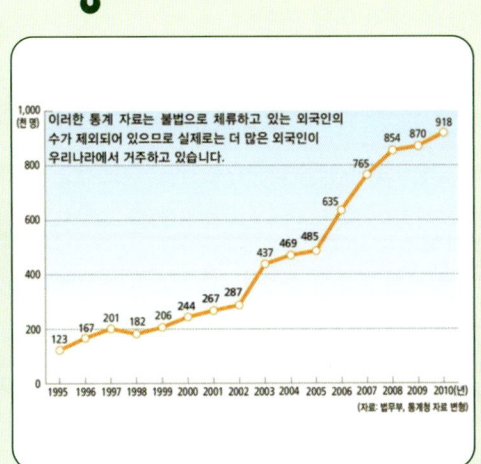

[출처] 네이버 지식백과, '다문화 가정의 증가와 이에 따른 어려움'

자료 설명

우리나라에 거주하는 외국인의 수를 그래프로 나타낸 것으로, 그 수가 매년 증가하고 있다.

탐구 주제

우리나라에 거주 중인 외국인의 분포를 통계청 자료에서 찾아보고, 하나의 국가를 정해 우리나라와의 문화적 차이를 비교해 보자. 더불어 우리나라 거주 외국인의 증가로 인해 우리 사회에서 나타날 수 있는 어려움을 예측하고 해결 방안을 탐구해 보자.

추천 도서

다문화 사회에서 세계시민으로 살기(후지와라 다카아키, 세계시민 도서번역연구회 역, 다봄교육, 2023)

다문화 사회에서 일어날 수 있는 사회적 갈등을 소재로 타인의 입장에서 생각해 볼 수 있는 역할극, 토론, 토의의 주제를 매우 쉽게 소개한 책이다. 현대 사회에서 서로 다름을 인정하고 다양성을 존중하는 세계시민 교육의 필요에 따라 체험 중심의 교육 자료를 제공한다. 세계화와 다문화 사회가 주는 도전과 기회를 다루고 다문화 사회의 현황과 이슈를 알려주며, 교사가 다문화 수업을 흥미롭게 이끌어갈 수 있도록 돕는다.

탐구 주제 1 우리나라의 다문화 현황과 이민의 역사, 우리나라에 거주하는 이민자들이 직면하고 있는 사회 문제와 관련해 《다문화 사회에서 세계시민으로 살기》(후지와라 다카아키)에서 제시된 통계 자료를 바탕으로 해결할 수 있는 방법을 찾아보고, 다문화 사회를 적극 수용한 다른 나라와 비교·분석해 보자.

탐구 주제 2 우리나라와 다른 음식 문화를 가진 다문화 가정에서 선호하는 식재료와 조리 방법의 영양적 가치를 분석해 보자. 여러 문화에서 사용하는 식재료를 조합한 건강 식단을 만들어 우리 학교의 다문화 식단을 제안해 봄으로써 문화적 다양성을 체험하는 활동을 구상해 보자.

다문화주의 시민권(윌 킴리카, 황민혁 역, 동명사, 2010)

우리 사회는 과거에 한민족(단일민족)임을 강조하며 한국만의 동질성을 강조하던 때가 있었다. 그러나 최근 우리 사회는 외국인 노동자, 국제결혼의 증가 등으로 인해 다양한 환경을 가진 사람들과 공존하게 되었으며, 문화적 동질성을 추구하던 사회에서 다문화 사회로 빠르게 변화하고 있다. 이 책은 다문화 사회를 우리나라와 같은 다인종 문화 국가와 한 국가 내 여러 민족이 공존하는 다민족 국가로 구분해 집단차별적 권리를 해결하는 방법을 제안하고, 앞으로 벌어질 수 있는 갈등 양상에 대해 논한다.

탐구 주제 1 다문화는 보통 민족을 중심으로 문화적 다양성에 초점을 맞춘다. 이전에 학습한 종교별(세계 4대 종교: 불교, 크리스트교, 이슬람교, 힌두교) 특징을 바탕으로 우리 학교 또는 지역 사회에서 종교적 다양성을 적용할 수 있는 방법을 주체에 따라 모색해 보고, 학생이 실천할 수 있는 방안을 제시해 보자.

탐구 주제 2 다양한 문화를 가진 사람들이 공존할 수 있는 공공 공간을 설계해 보자. 다문화 사회에서 포용성을 높이기 위한 공원 등의 공공시설뿐만 아니라 장애인, 노인 등 다양한 계층이 편리하게 이용할 수 있는 공공 공간에 기술적(언어 표기, 문화적 특징을 반영한 디자인 등)으로 접근해 보자.

| 추천 논문 | **다문화주의에서 민주주의로: 다문화사회의 공존을 위한 하나의 단상** |

(이화용, 한국정치사회연구소, 2022)

다문화주의의 필요성에도 불구하고, 다문화주의는 소수자 집단의 문화권을 결핍으로 전제하고 이들을 관리와 통제의 대상으로 보며 주류 문화권의 지배를 지속시킨다는 점에서 비판받고 있다. 필자는 다문화 사회의 공존을 위해서는 나와 타자를 분리해 온 각 문화권의 사람들이 동등한 구성원이라는 공감과 연대가 필요하다고 주장한다.

> **탐구 주제** 다문화 사회에서 발생하는 갈등과 그 원인을 살펴보고, 이를 해결하기 위한 공감과 연대의 중요성을 탐구해 보자. 특히 소수의 문화도 주류 문화와 동등하다는 다문화주의를 바탕으로 다문화 사회에서의 공존을 위한 현실적 대안을 제안해 보자.

◆ 선택 과목 연계 학습

선택 과목	학습 안내	
일반 선택	사회와 문화	우리나라의 다문화적 상황, 여러 민족과 국가의 다양한 문화 사례들에 대한 경험을 토대로 구체적인 맥락에서 자문화중심주의, 문화사대주의, 문화상대주의 등의 문화 이해 태도를 학습한다.
관련 단원	2. 다양한 문화의 이해	

◆ 전공 가이드

여러 집단에서 나타나는 다양한 문화 사례들을 조사하고, 문화를 이해하는 바람직한 태도에 대해 국내외의 사례를 바탕으로 토의할 수 있다.

- ▶ **인문계열** : 문화인류학과
- ▶ **사회계열** : 사회학과, 국제학과, 경영학과
- ▶ **교육계열** : 글로벌교육학과, 다문화교육학과, 한국어교육학과
- ▶ **예체능계열** : 디자인학과, 문화예술학과

◆ 선택 과목 연계 학습

선택 과목	학습 안내	
진로 선택	한국지리 탐구	우리나라의 인구 및 가구 구조에서 나타나고 있는 주요한 변화들을 확인하고 분석한다. 특히 다문화 가구 증가의 원인과 배경에 대해 생각해 보고, 자신이 구상한 대응 방안을 정부의 정책과 비교 및 분석한다.
관련 단원	3. 국토의 변화와 균형 발전 탐구	

◆ 전공 가이드

우리나라 인구 구조와 구성의 변화를 시각화하고 자료 분석을 통해 저출생, 고령화, 다문화 가구 증가의 원인을 진단해 대응 방안을 모색한다.

- ▶ **인문계열** : 문화인류학과, 역사학과, 인구 관련 학과
- ▶ **사회계열** : 행정학과, 국제학과, 사회학과, 사회복지학과, 정책학과
- ▶ **공학계열** : 도시공학과, 데이터사이언스학과

◆ 선택 과목 연계 학습

선택 과목	학습 안내	
진로 선택	동아시아 역사 기행	세계화 시대의 도래로 동아시아의 경제 및 대중문화의 교류가 확대됨에 따라, 각 나라의 다문화 사회의 현실에 대해 파악하고 공존할 수 있는 방안을 모색하며 다문화 사회의 문제를 해결하려는 태도를 학습한다.
관련 단원	4. 평화와 공존의 현장에서 만난 역사	

◆ 전공 가이드

동아시아 외국인 집단 거류지 자료를 활용해 이주민의 정착 현황을 조사하고, 주민에 대한 차별 및 혐오의 사례와 이를 해소하려는 노력의 사례를 바탕으로 공존의 방안을 모색한다.

- ▶ **인문계열**: 문화인류학과, 역사학과, 언어학과, 철학과
- ▶ **사회계열**: 행정학과, 언론정보학과, 경제학과
- ▶ **교육계열**: 초등교육과, 유아교육과, 특수교육과

학생부 교과세특 예시

다문화주의와 동화주의의 개념을 비교해 특징과 사례를 분석함. 다문화주의의 사례로 캐나다 이민자 정책을, 동화주의의 사례로 프랑스 이민자 정책을 비교하면서 두 접근 태도가 가진 장점과 단점을 비판적으로 평가해 보며, 동화주의가 이민자와 소수자의 정체성을 억압할 수 있다는 위험성을 지적함. 또한 단순히 문화적 다양성을 존중하는 것을 넘어 사회적 평등과 포용의 중요성을 강조하며 다문화주의 정책이 공존과 연대를 강화할 수 있음을 주장하고, 그 전제로 공감의 중요성을 강조함. 다문화주의가 필수적임을 결론으로 도출하며 실질적 사례와 데이터를 통해 설득함.

교과서 찾아보기

📖 **㈜리베르스쿨 96~105쪽**
- 평화와 공존을 위한 표어 만들기
- 서로를 이해하고 존중하는 우리나라의 다문화 축제

📖 **비상교육 106~113쪽**
- 다문화 사회를 바라보는 관점
- 문화적 다양성을 존중하는 공익 광고 제작하기

📖 **아침나라 98~105쪽**
- 문화 특파원이 되어 다문화 거리, 외국인 마을 조사하기
- 축제로 보는 우리나라 다문화 사회의 모습

V

생활공간과 사회

1. 산업화와 도시화

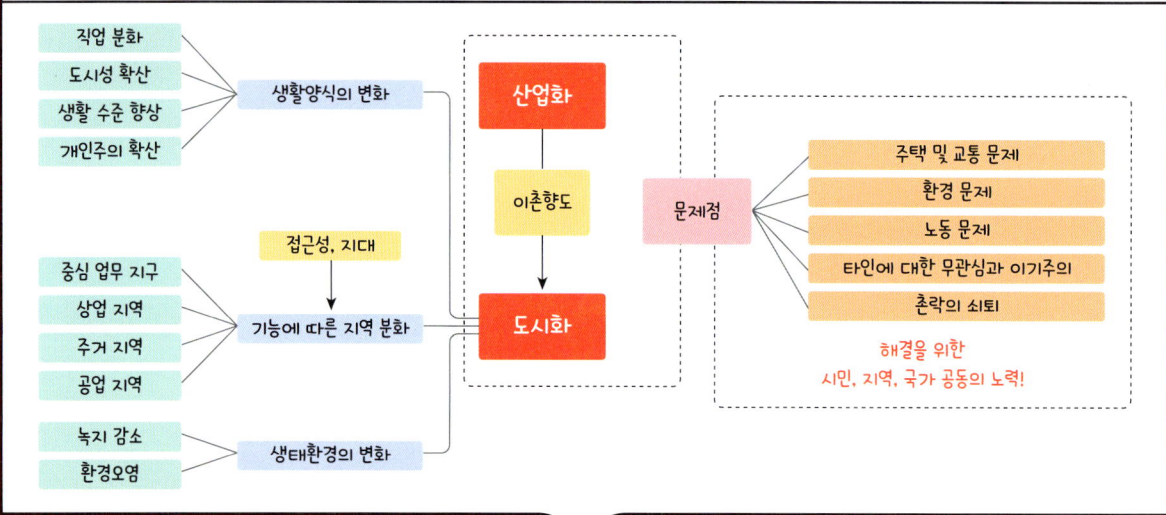

성취 기준 【10통사1-05-01】 산업화, 도시화로 인해 나타난 생활공간과 생활양식의 변화 양상을 조사하고, 이에 따른 문제점의 해결 방안을 제안한다.

학습 개요 산업화로 인한 도시화 과정에서 사람들이 살아가는 공간이 변화하고 생활 모습 또한 달라졌다. 이 단원에서는 도시화 과정에서 기능에 따라 분화된 도시의 모습을 살펴보고, 그 안에서 살아가는 사람들의 가치관과 생활 모습이 어떻게 달라졌는지 확인한다. 나아가 주택 및 도로의 부족, 환경 문제 등 산업화와 도시화의 과정에서 나타난 다양한 문제를 살펴보고 그 해결 방안을 여러 관점에서 탐구해 보고자 한다.

개념 제시 산업화, 도시화, 거주 공간의 변화, 생태환경의 변화, 직업 분화, 도시성, 도시 문제

생각 열기 유홍준(1949~)은 미술사학자이자 전 문화재청장으로, 한국의 문화유산 보존에 깊은 관심을 두고 활동해 온 인물이다. 도시화 과정에서 문화유산의 가치를 지키기 위해 다양한 정책을 추진했으며, 문화재의 보존과 현대화 사이에서 조화를 모색해 왔다. 대표 저서 《나의 문화유산답사기》 시리즈는 한국의 역사와 문화재에 대한 설명과 함께 문화유산을 보존하면서도 현대에 적합하게 활용할 수 있는 방안을 제안하고 있다.

관련 이슈 (인기 지역의 그림자, 젠트리피케이션) '젠트리피케이션(Gentrification)'은 영국의 사회학자 루스 글래스(1912~1990)가 처음 사용한 용어로, 낙후된 지역이 개발되는 과정에서 자본과 중산층이 유입되어 저소득층인 원주민이 외곽으로 밀려나는 현상을 의미한다. 최근 팝업 스토어로 인기 있는 성수동이나 '백종원 효과'로 상권이 활성화된 충남 예산 시장에서 이러한 현상이 나타나고 있다. 이를 해결하기 위해 정부는 '상생협력상가' 조성 등 법적 장치를 마련 중이며, 일부 국회의원들은 젠트리피케이션 방지법을 발의해 상생 방안을 논의 중이다.

개념 이해

(산업화와 도시화) 산업화는 산업 구조가 농업 중심에서 제조업과 서비스업 중심으로 전환되는 과정을 말한다. 그 과정에서 기술 발달로 대량생산이 가능해져 생산성이 크게 향상되며, 자본과 노동력이 집중되는 특징이 나타난다. 이러한 산업화의 영향으로 사람들이 일자리와 생활 편의를 찾아 농촌에서 도시로 이동하는 이촌향도 현상이 나타나며, 도시에 거주하는 인구 비율이 증가하고 도시적 생활양식이 확산되는데, 이러한 현상을 도시화라고 한다.

(산업화와 도시화로 인한 변화) 산업화와 도시화는 사람들의 생활에 큰 변화를 불러온다. 도시가 복합적인 기능을 수행하게 되면서 토지의 집약적 이용이 보편화되고, 주거와 공업 기능은 주변 지역으로 분산되는 교외화 현상이 나타나며 대도시권이 형성된다. 또한 녹지 면적의 감소, 하천 정비 과정에서 동식물 서식 환경의 변화 등으로 인해 생물다양성이 축소되는 생태환경의 변화도 나타난다. 생활 수준의 향상, 직업의 다양화와 함께 도시적 생활양식과 개인주의 가치관이 확산되는 등 생활양식에도 변화가 나타난다.

(다양한 도시 문제) 산업화와 도시화는 여러 도시 문제를 야기한다. 먼저, 인구의 도시 집중으로 주택 부족과 주거비 상승, 불량 주택 지역의 형성 등 주택 문제가 나타난다. 또한 자동차의 증가로 교통 혼잡이 나타나고 대기오염이 심화되며 공장 폐수와 생활 하수로 인한 수질오염, 쓰레기 증가 등 환경오염이 나타난다. 그뿐만 아니라 도시적 생활양식과 개인주의적 가치관의 보편화로 인간 소외 현상 등의 문제가 나타난다. 이러한 도시 문제를 해결하기 위해서는 국가, 지역 사회, 개인 모두의 노력이 필요하다.

탐구 주제 1 주택 문제, 교통 혼잡, 환경오염, 인간 소외 현상 등 산업화와 도시화 과정에서 나타나는 다양한 도시 문제의 해결을 위해서는 지역 공동체와 주민의 참여가 매우 중요하다. 도시 문제를 슬기롭게 해결한 여러 도시의 사례를 분석해 도시 문제 해결에서 지역 사회의 역할을 탐구해 보자.

탐구 주제 2 쇠퇴한 구도심이나 폐쇄된 공장에서 기존 건축물을 예술 공간으로 재활용해 지역 사회에 활력을 불어넣고 도시의 문화적 가치를 높이는 도시 재생의 접근 방식이 최근 우리나라에서도 주목받고 있다. 국내외의 주요 사례를 조사하고 도시 재생 예술 공간의 효과를 탐구해 보자.

개념 응용

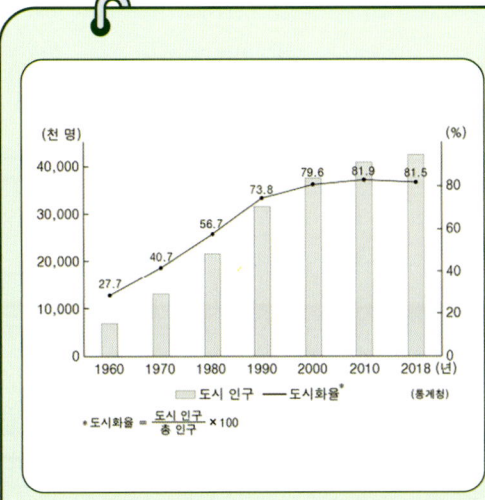

자료 설명

우리나라 도시 인구와 도시화율의 변화를 나타낸 그래프이다.

탐구 주제

도시화 과정은 도시화율의 증가 속도에 따라 초기 단계, 가속화 단계, 종착 단계로 나눌 수 있다. 인구 이동 방향, 토지 이용 방식 등 각 단계별 주요 특징을 비교해 보고, 선진국과 개발도상국의 도시화 곡선을 비교해 차이점을 위주로 탐구해 보자.

추천 도서

내일의 도시를 생각해 (최성용, 북트리거, 2021)

한국 도시화의 압축적 변화 속에서 나타난 도시 문제를 면밀히 분석하고, 더 나은 도시를 만들기 위해 질문을 던지는 책이다. 저자는 도시 공간의 개발과 재생 과정에서 나타나는 보행권, 장애인 이동권, 쓰레기와 에너지 문제 등 구체적인 사례를 짚으며 지속 가능한 도시 설계의 중요성을 강조한다. 저자가 발로 뛰며 탐사한 도시의 현장감 넘치는 기록과 자료 분석도 흥미롭게 담겨 있으며, 도시를 더욱 인간적이고 환경친화적인 공간으로 만들기 위한 방안을 제시한다.

탐구 주제 1 도시화가 진행되면 사람들이 일자리와 생활 편의를 찾아 도시로 몰리면서 다양한 도시 문제가 발생하게 된다. 특히 빈부격차의 심화 등 도시화로 인해 나타나는 경제적·사회적 불평등의 원인과 영향을 살펴보고, 도시 계획과 정책의 측면에서 해결 방안을 탐구해 보자.

탐구 주제 2 도시 농업은 고층 건물 옥상, 공원, 주택가의 유휴 공간 등에 작은 텃밭을 조성해 채소나 과일을 재배하는 활동으로, 도시화가 진행되는 상황에서도 지속 가능한 생활 방식을 촉진하는 방법 중 하나로 주목받고 있다. 도시 내 텃밭 및 농업 활동이 환경과 사회에 미치는 영향을 탐구해 보자.

도시의 승리 (에드워드 글레이저, 이진원 역, 해냄출판사, 2021)

도시의 발전과 문제를 심도 있게 분석한 책으로, 전 세계 도시의 흥망성쇠와 주요 이슈를 예리하게 살펴본다. 저자는 도시를 '인류의 가장 위대한 발명품'으로 규정하며 경제, 사회, 환경의 측면에서 도시의 중요성을 강조한다. 나아가 뉴욕, 뭄바이 등 다양한 사례를 통해 교통, 주택, 환경, 빈곤 등 도시 문제에 대한 새로운 해법을 제시한다. 특히 인적 자본의 중요성과 도시의 성공 조건을 강조하며, 도시가 미래 사회에서 더욱 인간적이고 친환경적인 삶의 중심지임을 주장한다.

탐구 주제 1 도시화는 사람들의 생활 방식을 농촌 중심의 공동체 생활에서 개인 중심으로 변화시켰다. 또한 도시에 다양한 문화가 밀집되면서 서로 다른 문화가 교류되고 융합되어 새로운 문화와 가치관을 만들어냈다. 도시화로 인해 달라진 사람들의 가치관과 생활 방식, 문화적 차이를 탐구해 보자.

탐구 주제 2 도시 열섬 현상은 건물, 도로 등 인공 구조물들이 밀집해 낮에 흡수한 열을 밤에 방출하면서 도시의 온도가 주변부보다 높아지는 현상이다. 이러한 열섬 현상이 더위에 지속적으로 노출되는 도시 사람들의 체온 조절 기능에 미치는 영향을 분석하고 이를 완화하기 위한 방안을 탐구해 보자.

추천 논문

도시의 산업구조 변화에 따른 도시 디자인 전략 연구 (강성중, 한국공공디자인학회, 2024)

이 논문은 성공적인 도시 재생 사례를 분석해, 주력 산업이 붕괴한 도시들이 참고할 만한 도시 디자인 전략을 제시한다. 스웨덴의 항구 도시 말뫼가 조선업 붕괴 이후 위기를 겪었으나 환경 도시라는 비전을 설정하고 첨단 산업 유치와 도시 계획을 통해 경제를 재건했음을 밝히며, 도시 비전과 실질적인 연계를 통한 도시 디자인 전략의 중요성을 강조한다.

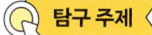 **탐구 주제**   미국의 디트로이트는 자동차 산업이 쇠퇴하면서 어려움을 겪었지만, 현재는 예술과 기술 산업을 기반으로 재건되고 있다. 이와 유사한 국내외의 사례를 조사해, 번창했던 도시가 쇠퇴하게 된 원인과 재건 전략 및 구체적 방법을 탐구해 보자.

선택 과목 연계 학습 및 전공 가이드

◆ 선택 과목 연계 학습

선택 과목		학습 안내
일반 선택	세계사	제1·2차 산업혁명이 초래한 경제적 변동과 산업 자본주의의 발전, 그리고 이에 따른 도시화 과정에서 발생한 사회 문제와 생태환경 문제를 파악하고 해결 방안을 모색한다.
관련 단원	3. 국민 국가의 형성	

◆ 전공 가이드

산업혁명 이후 도시화 과정에서 나타난 사람들의 생활 모습과 생활환경의 변화를 이해하고, 그 과정에서 나타나고 있는 다양한 도시 문제의 해결 방안을 탐구한다.

- ▶ **사회계열** : 경제학과, 사학과, 국제통상학과, 사회학과, 사회복지과, 정치외교학과
- ▶ **자연계열** : 농공학과, 식량자원학과, 지구정보공학과, 지리학과, 지구환경과학과
- ▶ **예체능계열** : 공업디자인과, 산업디자인과, 실내디자인과, 환경디자인과

◆ 선택 과목 연계 학습

선택 과목		학습 안내
진로 선택	도시의 미래 탐구	도시의 의미를 다양한 관점에서 파악하고, 역사적·공간적으로 발달한 다양한 유형의 도시에 대한 이해를 바탕으로 살기 좋은 도시를 만드는 데 필요한 조건을 탐구한다.
관련 단원	1. 삶의 공간, 도시	

◆ 전공 가이드

세계 여러 나라의 도시화 과정에서 나타난 사회적·공간적 영향을 분석하고, 다양한 도시의 유형을 바탕으로 보다 나은 삶의 터전으로서의 도시를 만들기 위한 방안을 탐구한다.

- ▶ **사회계열** : 경영학과, 가족복지학과, 행정학과, 국제학부, 도시계획학과
- ▶ **자연계열** : 지리학과, 환경공학과, 환경시스템과, 환경공업과
- ▶ **공학계열** : 도시건설과, 건축공학과, 건축설비과, 교통공학과

◆ 선택 과목 연계 학습

선택 과목	학습 안내	
융합 선택	기후 변화와 지속 가능한 세계	지속 가능한 세계를 만들기 위한 지역 사회의 다양한 생태전환 노력의 사례를 살펴보며, 자신이 살아가는 가정, 학교, 지역을 지속 가능한 사회의 생태 체계로 만들어가는 방법을 탐구한다.
관련 단원	3. 지속 가능한 세계를 위한 생태전환	

◆ 전공 가이드

산업화, 도시화의 과정에서 나타난 환경오염과 그로 인한 기후 변화 현상의 속도를 늦추고 지속 가능한 세계를 만들기 위한 생태적 노력 방안에 대해 연구한다.

- ▶ **사회계열** : 국제학과, 사회학과, 지역개발학과, 지방행정과
- ▶ **자연계열** : 농공학과, 바이오생명정보과, 생명공학과, 식량자원학과
- ▶ **공학계열** : IT융합학과, 도시건설과, 신재생에너지과, 에너지자원공학과

학생부 교과세특 예시

산업화와 도시화 현상의 발생 원인을 이해하고 그 과정에서 나타난 새로운 가치관과 생활 방식, 문화적 차이에 흥미를 느껴〈1964년의 농업인과 2024년의 회사원의 하루〉라는 웹툰을 제작해 친구들에게 소개함. 그 과정에서 각 시대의 특징을 잘 짚어내어 표현하는 등 자료 분석력과 창의성이 돋보임. '내일의 도시를 생각해(최성용)'를 읽고 우리 사회가 안고 있는 다양한 도시 문제의 현황과 심각성을 인지하게 되어 그 해결 방안 중 하나인 도시 텃밭이 환경에 미치는 영향과 활성화 방안을 탐구함. 나아가 공간 활용을 위한 다층형 '도시 텃밭 DIY 키트'를 제작해 도시 텃밭 활성화를 도모함.

교과서 찾아보기

📖 **미래엔 106~115쪽**
- 결혼과 자녀에 대한 가치관 변화와 가족 구성의 변화 탐구하기
- 가족 구성의 변화가 우리 생활에 미칠 영향에 대해 토의하기
- 도시 재생에 관한 자료의 수집 및 분석

📖 **천재교과서 118~125쪽**
- 1인 가구의 증가에 따라 시장 규모가 커질 업종 예상하기
- 도시화에 따른 지표 환경의 변화가 불러오는 문제 파악하기
- 도시 문제의 해결 방안 제안하기

📖 **창비 114~121쪽**
- 도시화 이후 우리 지역의 하천의 변화 모습 조사하기
- 1인 가구 증가의 영향 탐구하기
- 도시 문제별 원인 분석하기

📖 **동아출판 124~131쪽**
- 산업 구조의 변화에 따라 사라지고 있는 직업과 새롭게 등장한 직업 조사하기
- 우리 생활 주변에 나타나는 도시 문제의 사례 조사하기
- 도시 문제별 해결 방안 탐구하기

2. 교통·통신 및 과학기술의 발달

```
교외화 현상      ┌ 생활권 확대
대도시권 형성    ├ 여가 공간 확대        생활공간 변화
                 ├ 경제활동 범위 확대
                 └ 생태환경 변화

                                                          ┌ 지역 격차 확대
                                                          ├ 전염병 확산
                                                    문제점├ 생태환경 파괴
                                                          ├ 정보 격차 발생
                                                          └ 노동 시장 양극화
         교통·통신,          세계화
         과학기술의 발달  →  정보화
                            4차 산업혁명
                                                          ┌ 낙후 지역의 생활 여건 개선 및
                                                          │  균형 발전 모색 등
                 ┌ 근무 환경 변화                          ├ 전염병 경보 체계 마련 및
                 ├ 다양한 인간관계 형성   생활양식 변화     │  국제 사회 협력 강화 등
                 ├ 생활의 편리성 증가                 해결 방안 ├ 환경오염 규제 정책 및
                 └ 정치 참여 기회 확대                     │  대체 기술 개발 등
                                                          ├ 디지털 소외계층의 정보
                                                          │  접근성 향상 정책 마련 등
                                                          └ 직업 훈련 및 사회보장
                                                             시스템 개편 등
```

성취 기준 【10통사1-05-02】 교통·통신 및 과학기술의 발달과 함께 나타난 생활공간과 생활양식의 변화 양상을 조사하고, 이에 따른 문제점의 해결 방안을 제안한다.

학습 개요 교통·통신과 과학기술의 발달은 우리의 삶을 완전히 바꾸어놓았다. 특히 최근 4차 산업혁명 과정에서 등장하고 있는 새로운 기술은 더 많은 변화를 가져올 것이다. 이 단원에서는 세계화, 정보화 그리고 4차 산업혁명으로 인한 생활공간과 생활양식의 변화 모습과 영향을 다양한 자료를 조사·분석하며 이해한다. 나아가 그러한 변화 과정에서 우리가 직면하고 있는 다양한 사회적 문제와 해결 방안을 사례를 중심으로 탐구한다.

개념 제시 정보화, 4차 산업혁명, 대도시권, 가상 공간, 지역 격차, 정보 격차, 노동 시장 양극화

생각 열기 애플의 공동 창립자 스티브 잡스(1955~2011)는 아이폰을 출시해 사람들의 생활 방식을 근본적으로 바꾸어놓았다. 그는 스마트폰을 통해 언제 어디서든 정보 검색과 소통이 가능한 디지털 생활공간을 만들어냈으며, 이를 통해 업무와 여가, 인간관계 모두가 실시간으로 연결되는 경험을 제공했다. 그러나 사람들의 스마트폰 의존도가 높아지면서 정보 과부하와 디지털 중독 같은 문제가 발생하고 있어 해결 방안 마련이 시급하다.

관련 이슈 (**기술의 발달 속 소외되는 노인들**) 빠르게 변화하는 사회에서 노인들이 소외되고 있다. 핵가족화로 인해 사회적 관계와 공동체로부터 고립을 경험하고, 디지털 기술 활용 능력의 격차로 일상 속의

소통과 정보 접근에 어려움을 겪는다. 이러한 상황에서 노인에 대한 경제적·정서적 지원이 부족할 경우, 고립감과 우울감이 심화되어 삶의 질이 떨어지고 사회 통합에도 부정적인 영향을 미친다. 특히 빠르고 복잡한 도시 질서 속에서 도시의 구조마저도 노인 친화적이지 않은 경우 그들의 이동성과 활동은 더욱 제한된다.

개념 이해

(교통·통신 및 과학기술의 발달로 인한 생활공간의 변화) 교통의 발달로 사람들이 먼 거리를 손쉽게 이동할 수 있게 되면서 도시 외곽으로 생활공간이 확장되고 있다. 또한 스마트 기기와 인터넷의 보급으로 재택근무가 활성화되고, 지역에 관계없이 소통과 업무가 가능한 환경이 조성되어 전 세계적으로 긴밀한 교류가 가능해졌다. 이에 따라 금융 거래나 경제활동의 범위도 확대되고 있다. 점차 자율주행차와 같은 첨단 교통 기술이 도입되면 주차 공간이 최적화되고, 교통 혼잡이 완화되며, 다양한 스마트 시티가 구축될 것으로 기대된다.

(교통·통신 및 과학기술의 발달로 인한 생활양식의 변화) 교통·통신과 과학기술의 발달은 사람들의 생활양식 전반에 큰 변화를 가져왔다. 고속 교통수단이 발달하고 정보 수집이 용이해지면서 국내외 여행이 빈번해지고, 뉴미디어의 등장으로 국가 간 문화 교류도 더욱 활발해졌다. 또한 인터넷과 SNS 등을 통한 정치적 의견 표출이 쉬워져 정치 참여의 기회가 확대되었으며, 사람들 간에는 가상 공간에서의 교류가 늘어나고 있다. 앞으로는 로봇과 인공지능, 사물인터넷 등 첨단 기술이 생활의 편리성을 더욱 높여 삶의 모습을 변화시킬 것이다.

(교통·통신 및 과학기술의 발달로 인한 문제점) 교통의 발달은 대도시 인구 집중과 지역 간 격차를 확대시켰으며, 국제 교류를 늘려 전염병의 확산 속도를 높였다. 또한 통신 및 과학기술의 발전으로 정보 접근성이 높아졌으나, 디지털 환경에 접근하기 어려운 계층에서는 정보 접근이 어려워 정보 격차가 심화되고 있다. 다양한 산업에 자동화와 인공지능이 도입되며 노동 시장에서는 일자리 양극화와 실업 문제가 발생하기도 하고, 무분별한 개발 과정에서 생태환경이 파괴되는 등 교통·통신 및 과학기술의 발달로 많은 문제가 나타나고 있다.

탐구 주제 1 통신과 과학기술의 발달로 인해 사이버 범죄가 다양한 형태로 증가하고 있다. 사이버 범죄의 유형별로 현재 적용되는 법률과 처벌 기준을 조사하고, 법적 한계와 개선 방안을 탐구해 보자. 나아가 청소년이 범죄에 가담하는 경우 법적 책임을 어떻게 물을 것인지를 주제로 토론해 보자.

탐구 주제 2 통신·과학기술의 발달로 사람들 간의 의사소통 방식이 변화하고 있다. 대면 접촉보다는 디지털 소통을 선호하며, 전화벨 소리에 공포를 느끼는 '콜 포비아(call phobia)'를 겪는 사람도 증가하고 있다. 디지털 소통이 사람들의 정신 건강, 특히 우울증과 불안에 어떤 영향을 미치는지 탐구해 보자.

개념 응용

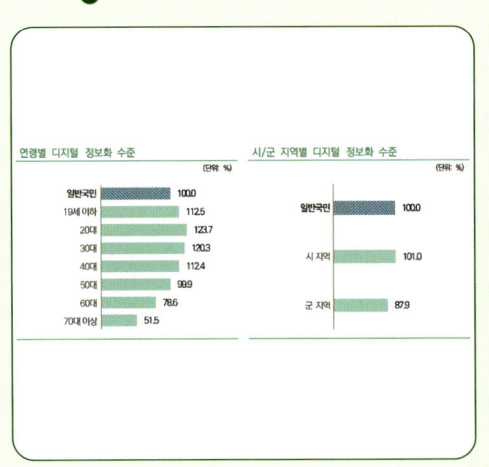

[출처] 한국지능정보사회진흥원, 〈2023년 디지털정보격차 실태조사〉

자료 설명

2023년도 연령별, 지역별 디지털 정보화 수준을 그래프로 나타낸 것이다.

탐구 주제

연령 또는 거주 지역에 따라 디지털 인프라와 디지털 기기 활용 능력, 접근성이 달라 정보 격차가 나타난다. 연령대별 인터넷 사용 빈도, 스마트폰 및 디지털 기기 보유율 등을 조사해 디지털 정보 격차 해소를 위해 필요한 교육의 방향을 제안해 보자.

추천 도서

스마트시티, 더 나은 도시를 만들다 (앤서니 타운센드, 도시이론연구모임 역, 엠아이디, 2018)

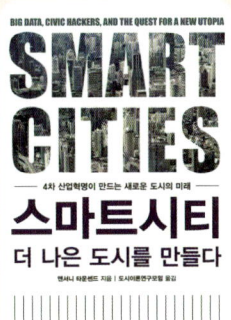

스마트 시티는 인공지능(AI), 사물인터넷(IoT), 빅데이터 등을 통해 효율성을 극대화하며 에너지 절약과 교통 혼잡 해소, 공공 안전 강화로 사람들의 삶의 질을 향상시키고자 한다. 저자인 앤서니 타운센드는 스마트 시티의 태동부터 그 번영에 이르는 역사를 가까이서 지켜본 도시 계획 전문가이다. 저자는 스마트 시티가 어떠한 공간인지, 그리고 그 공간은 어떻게 조성되어야 하는지를 살펴보고, 미래의 도시에 대해 상상할 수 있는 기회를 제공한다.

탐구 주제 1 스마트 시티 내에서는 화상회의, 메타버스 회의 등이 많이 이루어지며 사람들 간의 대면 접촉은 줄어들 것으로 예상된다. 이렇게 대면 접촉이 줄어들거나 온라인 상호작용이 증가하면서 인간관계에 어떤 변화가 생기는지 조사해 보고, 스마트 시티가 인간관계에 미치는 영향을 탐구해 보자.

탐구 주제 2 우리나라의 세종시와 부산 에코델타시티, 미국의 스마트 콜럼버스와 EU의 암스테르담 스마트 시티 등은 사물인터넷(IoT)과 인공지능(AI) 기반의 스마트 시스템을 도입해 도시 문제를 해결하고 있다. 각 도시의 사례를 조사해 분석해 보고, 스마트 시티가 생활공간의 변화에 미치는 영향을 탐구해 보자.

번영하는 도시, 몰락하는 도시 (이언 골딘 외 1명, 김영선 역, 어크로스, 2023)

이 책은 전 세계의 도시가 직면한 문제와 그 해결 방안을 역사적·경제적 관점에서 제시하고자 한다. '세계화와 개발' 분야의 세계적 석학인 이언 골딘은 도시의 성장과 몰락을 도시 내 협력과 분업, 혁신의 관점에서 설명한다. 도시화·정보화로 인해 부와 인구가 대도시에 집중되면서 도심과 교외 간의 불균형, 불평등, 빈곤 등 다양한 사회 문제가 발생하는 현상을 분석한다. 특히 과학기술의 발전을 바탕으로 코로나19 팬데믹 이후 원격 근무가 확산하면서 대두된 도시 구조 변화의 필요성과 복합 용도 지역의 중요성을 강조한다.

탐구 주제 1 도시화·정보화와 함께 도심과 교외 간의 경제적 불균형 현상이 심화되고 있다. 도시화와 정보화가 경제적 기회에 미치는 영향과 지역별 소득 수준 및 일자리 수, 경제활동 인구 비율 등을 비교해 도심에 비해 교외 지역에서 주로 나타나는 경제적 불균형 현상의 원인과 해결 방안을 탐구해 보자.

탐구 주제 2 코로나19 팬데믹 이후 원격 근무가 확산되면서 도시 구조 변화의 필요성이 커지며 주거, 업무, 여가 기능을 하나의 건축물 혹은 인접한 건축물들 내에 집약한 복합 용도 지역의 중요성이 강조되고 있다. 복합 용도 지역의 건축 디자인적 효과와 도시 공간에 미치는 효과를 탐구해 보자.

추천 논문

수도권 인구 집중과 지방 소멸에 대한 정책적 고찰 (이재란 외 2명, 한국토지공법학회, 2024)

이 논문은 현재 소멸하고 있는 지방의 활력을 회복하려면 각 지역에 맞는 특화 정책과 일자리 창출이 필요함을 밝히고, 이를 위한 펀드 조성과 지역 연고 기업의 참여를 강조한다. 나아가 4차 산업혁명 과정에서 지방의 일자리를 늘려 지방화 시대의 성공을 도모하는 방안으로 인접한 도시 간의 새로운 차원의 연대를 제안한다.

탐구 주제 수도권으로 인구가 몰리면서 지방의 인구가 감소하고, 점차 지역 경제와 사회 기반이 약화되어 사라져가는 지방 소멸 현상이 우리 사회의 문제로 대두되고 있다. 여러 사례를 바탕으로 수도권으로 인구가 집중되는 원인과 해결 방안을 탐구해 보자.

선택 과목 연계 학습 및 전공 가이드

◆ 선택 과목 연계 학습

선택 과목	학습 안내	
일반 선택	세계시민과 지리	세계화가 세계적, 국가적, 지역적 규모에서 다양한 주체의 역동적 상호작용으로 나타나는 현상임을 이해하고, 디지털 시대에 지리 정보 기술의 다양한 활용 방안을 탐구한다.
관련 단원	1. 세계시민, 세계화와 지역 이해	

◆ 전공 가이드

세계화, 정보화의 과정에서 나타나는 세계와 지역, 국가 간의 변화 모습을 이해하고, 발생 가능한 다양한 사회 문제를 해결하기 위한 협력 방안을 탐구한다.

- ▶ **사회계열** : 가족복지과, 국제관계학과, 도시계획학과, 보건행정학과, 사회학과
- ▶ **자연계열** : 지리학과, 환경공학과, 환경시스템과, 환경공업과
- ▶ **공학계열** : 교통공학과, 정보보호학과, 정보통신공학과, 컴퓨터보안과, IT융합학과

◆ 선택 과목 연계 학습

선택 과목	학습 안내	
진로 선택	도시의 미래 탐구	세계 여러 도시의 사례를 바탕으로 정보통신기술의 발달로 인한 변화를 도시의 경관, 거주 및 생태환경, 생활 양식 등을 중심으로 살펴보고, 그로 인한 문제와 해결 방안을 모색한다.
관련 단원	2. 변화하는 도시	

◆ 전공 가이드

세계화·정보화의 과정에서 끊임없이 변화할 도시의 모습을 예측하고, 그로 인해 발생할 수 있는 다양한 문제를 해결하며 더 나은 도시를 만들기 위한 방안을 탐구한다.

- ▶ **인문계열** : 사학과, 철학과
- ▶ **사회계열** : 노인복지학과, 지역개발학과, 경제학과, 행정학과
- ▶ **자연계열** : 지리학과, 환경공학과, 환경시스템과, 환경공업과
- ▶ **공학계열** : 도시건설과, 건축공학과, 건축설비과, 교통공학과
- ▶ **의약계열** : 보건환경과, 보건관리학과, 의료정보시스템과, 환경보건학과

◆ 선택 과목 연계 학습

선택 과목	학습 안내	
융합 선택	사회 문제 탐구	인공지능의 발전 과정에서 나타날 수 있는 노동 시장 변화로 인한 사회 양극화, 인공지능의 편향성과 오류 문제 등 다양한 사회 문제를 자유롭게 예측하고 창의적인 대응 방안을 모색한다.
관련 단원	3. 변화하는 세계와 사회 문제	

◆ 전공 가이드

통신·과학기술의 발전과 함께 변화하고 있는 현재의 모습을 확인하고, 다가올 미래에 우리 사회가 겪게 될 여러 문제를 예측하며 그 해결 방안을 탐구한다.

- ▶ **사회계열** : 국제학과, 사회학과, 노인보건복지학과, 법학과, 행정학과
- ▶ **공학계열** : 도시건설과, 로봇공학과, 물류시스템공학과, 메카트로닉스과
- ▶ **예체능계열** : 건강관리학과, 공예디자인학과, 공간연출과, 디지털디자인과

학생부 교과세특 예시

교통·통신 및 과학기술의 발달이 사람들의 생활에 미친 긍정적·부정적 영향을 정리하고, 특히 늘어나고 있는 사이버 범죄에 심각성을 느껴 사이버 범죄의 유형과 관련 법률을 탐구해 발표함. 그 과정에서 사이버 범죄 피해자나 가해자의 청소년 비율이 높다는 것에 놀랐으며, 청소년 범죄자에 대한 처벌이 강화되어야 한다는 입장을 논리적으로 설명함. '번영하는 도시, 몰락하는 도시(이언 골딘 외 1명)'를 읽고, 정보화 시대에 도시 구조의 변화가 필요함을 느끼며 그 대안으로 제시되고 있는 복합 용도 지역의 건축 디자인적 효과와 도시 공간에 미치는 효과를 탐구한 보고서를 제출함.

교과서 찾아보기

동아출판 132~139쪽
- 교통·통신의 발달로 편리해진 일상의 사례 적어보기
- 4차 산업혁명 이후 변화 모습 적어보기
- 인공지능에 의해 대체될 가능성이 높은 직업 조사하기

미래엔 116~123쪽
- 교통·통신의 발달로 인한 근로자의 근무 환경 변화 탐구하기
- 통신기술의 발달에 따른 여가 생활의 변화 탐구하기
- 정보 격차의 해소 방안 탐구하기

천재교과서 126~133쪽
- 교통수단별 서울에서 부산까지 걸리는 시간 조사하기
- 스마트 사회에서의 일상생활 변화 모습 탐구하기
- 사이버 범죄 피해 현황과 예방 방법 탐구하기

㈜리베르스쿨 122~128쪽
- 고속철도 개통 이후 나타나는 문제점 탐구하기
- 플랫폼 노동자들 양면성 탐구하기
- 미래 사회의 일상과 직업 상상하여 소개하기

3. 우리 지역의 공간 변화

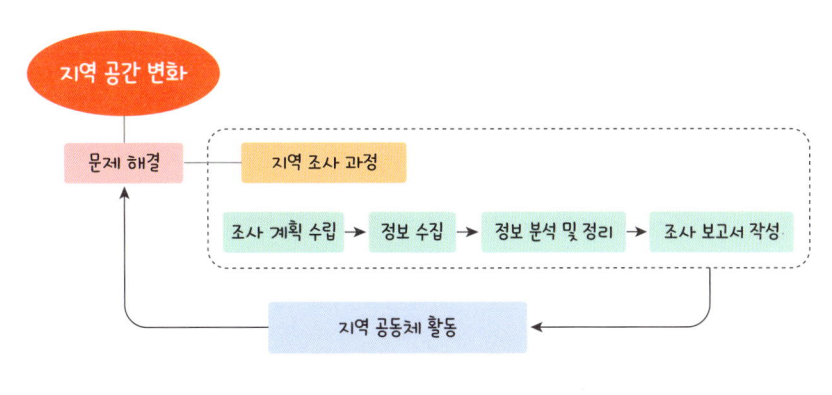

성취 기준 【10통사1-05-03】 자신이 거주하는 지역을 사례로 공간 변화가 초래한 양상 및 문제점을 탐구하고, 공동체의 구성원으로서 지역 사회의 변화를 위한 방안을 모색하고 이를 실천한다.

학습 개요 지역 공간은 자연환경과 인간 활동의 상호작용으로 끊임없이 변화하며, 이는 토지 이용, 인구 구조, 산업 발전 등에 영향을 미친다. 이 단원에서는 지역 공간 변화의 원인과 관련 문제를 분석하고, 이를 해결하기 위한 지역 조사 방법과 공동체 협력 방안을 탐구하고자 한다. 이를 통해 지역 변화에 대한 이해를 높이며 문제 해결 역량을 키우고, 지속 가능한 지역 사회를 구축하는 데 기여할 수 있는 능력을 기르고자 한다.

개념 제시 지역 공간 변화, 지역 문제, 지역 조사 활동, 실내 조사, 야외 조사, 지역 공동체 활동

생각 열기 조병수(1957~) 건축가는 2023년 서울도시건축비엔날레에서 총감독을 맡아 지역 주민의 참여를 바탕으로 한 도시의 생태적 회복과 지속가능성을 제안했다. 그는 평소 자연과 사람, 도시의 공생을 추구하며, 건축물 재활용과 지역 자원 활용을 통한 재생 건축을 실현해 왔다. 지역 주민의 참여와 지역 문화를 반영한 그의 건축은 지역 공동체와 환경을 잇는 매개체로 작용하며, 유기적이고 장기적인 도시의 발전 방향을 제안한다.

관련 이슈 (도시 재생 뉴딜 사업) '도시 재생 뉴딜 사업'이란 노후 주거지와 쇠퇴한 구도심을 지역 주도로 활성화해 도시 경쟁력을 높이고 일자리를 만드는 국가적 사업이다. 2013년 '도시 재생 활성화 및 지원 특별법'을 바탕으로 작은 규모로 시작되었지만, 2017년 이후 사업 규모가 확대되어 전국적으로 514건 이상의 사업이 진행되고 있다. 사업의 유형은 '우리 동네 살리기', '지역 특화 재생', '혁신 지구' 등 다양하게 진행되며, 환경 개선을 넘어 복지, 지역 혁신, 도시 회복, 공동체 회복 등 전반적인 분야의 도시 재생 목표를 지향하고 있다.

개념 이해

(지역 공간 변화와 지역 문제) 우리가 살아가고 있는 지역은 자연환경 및 인문환경과 상호작용하며 끊임없이 변화한다. 토지 이용, 인구 및 산업 구조 등 지역의 변화는 우리가 살아가는 생활공간에 영향을 준다. 예를 들어 낙후된 농촌 지역이 개발되면 주변 지역과의 접근성이 향상되고 생활 여건이 개선되는 등 긍정적인 영향이 나타나기도 하지만, 유동 인구의 증가에 따른 교통 혼잡 등 사회적, 경제적, 환경적 문제를 동반하기도 한다.

(지역 조사 활동) 지역 문제를 해결하기 위한 지역 조사 활동은 조사 주제와 대상 지역을 정한 뒤 적합한 조사 항목을 설정하고 계획하는 것으로 시작한다. 이후 문헌, 지도 등의 정보를 수집하는 실내 조사와 주민 면담, 설문조사 등 야외 조사를 병행해 지역의 정보를 수집하고, 이를 정리해 통계 분석 및 패턴 확인을 통해 문제의 원인과 영향을 분석한다. 분석 결과는 표나 그래프 등으로 시각화해 이해하기 쉽게 정리하고, 여러 대안의 장단점과 의사 결정을 담은 보고서를 작성한다.

(지역 공동체 활동) 지역 조사 활동을 통해 도출된 해결책을 실행하기 위해서는 지역 사회의 공감대 형성과 적극적인 참여가 필요하다. 이를 위해 지역 사회의 관계자 및 주민들과 조사 결과를 공유하고, 공동체의 참여를 유도할 수 있는 구체적인 실행 계획을 수립한다. 수립한 계획을 주민들과 함께 실천한 뒤 그 효과를 평가하고 피드백을 반영해 개선점을 찾는 등 지속적인 공동체 활동을 도모한다.

탐구 주제 1 최근 지역 주민과의 소통 창구로 SNS를 이용하는 지자체가 늘어나고 있다. SNS를 통해 지역 내 주차난, 안전 등의 문제를 지역 주민들과 공유하고 해결 방안을 모색한 사례를 분석해 SNS의 역할과 효과를 탐구하고, 나아가 우리 지역에 적용할 수 있는 방안을 탐구해 보자.

탐구 주제 2 내가 살고 있는 지역의 재개발 구역을 조사해 거리 가로등, 벤치, 공원, 안내판 등 공공 디자인의 현황과 문제점을 분석해 보자. 이에 대한 주민 인터뷰와 설문조사, 다른 지역과의 사례 비교 등을 통해 실질적인 개선 아이디어를 모색해 시각화된 자료로 해결 방안을 제시해 보자.

개념 응용

[출처] 구리시청, 제36회 2022 구리통계연보(e-book)

자료 설명

구리시의 인구 변화를 나타낸 그래프이다.

탐구 주제

구리시는 서울과 인접해 있어 많은 사람들이 주거지로 선호하는 지역이다. 하지만 인구 변화에 따른 도시 경쟁력을 유지하고 발전시키기 위해서는 다양한 인구 정책이 필요하다. 구리시의 강점을 살리고 약점을 보완할 수 있는 인구 정책을 제안해 보자.

추천 도서

런던에서 만난 도시의 미래(김정후, 21세기북스, 2020)

건축가이자 도시사회학자인 저자는 런던 도시 재생의 70년 역사를 분석하며, 핵심 가치로 '사람'을 강조한다. 런던이 어떻게 전쟁의 상흔을 극복하고 공공 공간과 보행 중심 설계를 통해 도시의 균형 발전을 이루어왔는지의 역사적 맥락을 살린 파터노스터 광장, 지역 경제를 활성화한 브런즈윅 센터와 킹스 크로스 등을 사례로 설명한다. 이 책을 통해 도시 재생은 외형적 개선뿐 아니라 사람들의 온기가 느껴지는 공간을 만드는 것이 목표이며, 이를 달성하기 위해서는 지역 주민의 적극적인 참여가 중요함을 이해할 수 있을 것이다.

탐구 주제 1 우리 지역은 어떤 공간 변화의 과정을 거쳐왔을까? 과거에 있던 공터가 공원이 되었거나 오래된 건물이 재건축된 사례, 새로운 도로나 주거지가 개발된 사례 등을 조사하고, 그러한 공간 변화의 의미와 지역 주민에게 미친 영향을 분석하고 더 나은 지역 발전 방향을 제안해 보자.

탐구 주제 2 우리 지역에서 발생한 자연재해에는 어떤 것이 있을까? 그 자연재해의 주요 원인과 그로 인한 피해 양상을 분석하고, 이를 기반으로 재난 대비 체계를 구축하는 것이 중요하다. 지역 주민들과의 협력을 통해 재난 대응 계획을 수립하고, 예방과 복구를 위한 지속 가능한 방안을 탐구해 보자.

사람을 만나는 도시(송민철, 효형출판, 2024)

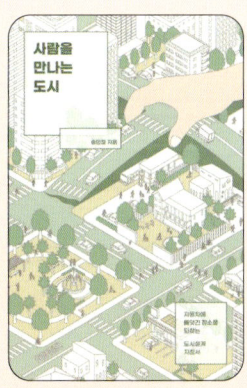

이 책은 사람들 간의 소통 단절의 원인을 자동차 중심의 도시 설계로 설명하며, 이를 해결하기 위한 '길의 중요성'을 강조한다. 저자는 네덜란드의 사례를 통해 걷기 좋은 환경이 우연한 만남과 자연스러운 교감을 가능하게 함을 보여주며, 사람이 걷고 만날 수 있는 보행 중심 도시 설계를 위한 지침으로 만남의 장소 확보, 방해 요소 분리, 만남 촉진 요소의 추가를 제안한다. 이 책을 통해 도시 개선은 결국 삶의 질을 높이는 것임을 이해하며 새로운 눈으로 우리가 살아가는 공간을 바라볼 수 있을 것이다.

탐구 주제 1 도시 공간은 시대에 따라 사회적, 경제적, 문화적 역할이 변화해 왔다. 시장, 광장 등 전통적인 도시 공간의 역할을 조사해 현대 도시 공간과 비교해 보고, 공간 변화가 사람들의 삶과 사회적 상호작용에 미친 영향을 탐구해 도시 공간의 이상적인 활용 방안을 제안해 보자.

탐구 주제 2 공공 공간은 사람 간의 교류를 촉진하고 사회적 고립을 줄여 정신 건강에 긍정적인 영향을 미칠 수 있다. 최근 도시화 과정에서 증가한 우울증 및 스트레스의 감소 방안으로 보행 친화적 도시 설계가 제안되고 있다. 보행 친화적 설계와 스트레스 감소 간의 연관성에 대해 탐구해 보자.

추천 논문

도시 재생 사업의 주민 참여 현황과 문제점 탐색: 창신·숭인 도시 재생 선도 사업을 중심으로
(이나경, 서울대 한국행정연구소, 2021)

이 논문은 창신·숭인 도시 재생 선도 사업의 주민 참여 현황을 분석하고 이를 토대로 도시 재생 사업 주민 참여의 문제점을 탐색하고자 한다. 연구 결과, 향후 주민 참여형 도시 재생 사업을 위해서 주민 의견 수렴 프로그램 개설, 주민 대표 그룹 조직, 장기적인 주민 역량 강화 프로그램 개발이 필요함을 제언하고 있다.

탐구 주제 도시 재생 과정에서 실질적인 주민 참여가 이루어지기 위해서는 다양한 주민의 의견을 정확하게 수렴하는 것이 중요할 것이다. 일반적인 의견 수렴 방안을 탐구해 보고, 지역 주민의 의견을 수렴하기에 적합한 방안을 구체적으로 제시해 보자.

선택 과목 연계 학습 및 전공 가이드

◆ **선택 과목 연계 학습**

선택 과목		학습 안내
일반 선택	세계시민과 지리	지역의 자원 분포, 인구 및 경제 특성 등을 유기적으로 연계해 학습한다. 자연 현상과 인문 현상을 동시에 다룰 수 있는 다양한 자료를 활용해 지형과 인간 생활의 관계를 탐구한다.
관련 단원	3. 네트워크 세계, 세계의 인구와 경제 공간	

◆ **전공 가이드**

세계화와 네트워크 세계의 경제적, 사회적 상호작용을 분석하고, 인구 분포와 경제 공간의 변화를 이해한다. 이를 통해 현대 사회의 문제와 해결 방안을 다각도로 탐구한다.

- ▶ **사회계열**: 경제학과, 사학과, 국제통상학과, 사회학과, 사회복지과, 정치외교학과
- ▶ **자연계열**: 농공학과, 생물학과, 식량자원학과, 지리학과, 지구환경과학과
- ▶ **공학계열**: 도시건설과, 건설정보과, 건축공학과, 건축설비과, 교통공학과

◆ **선택 과목 연계 학습**

선택 과목		학습 안내
진로 선택	도시의 미래 탐구	내가 살고 있는 지역이나 인근의 도시가 지역의 공간 변화로 어떠한 도시 문제나 갈등을 겪고 있는지 조사하고, 그 원인과 구체적인 해결 방안을 탐구한다.
관련 단원	3. 도시 문제와 공간 정의	

◆ **전공 가이드**

다양한 도시 문제를 분석하고, 공간 정의를 바탕으로 주거, 교통, 환경 등 다양한 도시 기능이 조화를 이루는 방법과 더 나은 도시 공간을 만드는 실질적 대안을 연구한다.

- ▶ **사회계열**: 경영학과, 경제학과, 사회복지학과, 행정학과, 도시계획학과
- ▶ **자연계열**: 지리학과, 환경공학과, 환경시스템과, 환경공업과
- ▶ **공학계열**: 도시건설과, 건축공학과, 건축설비과, 교통공학과

◆ 선택 과목 연계 학습

선택 과목	학습 안내	
융합 선택	여행지리	개발과 보전 등 지역의 변화를 둘러싼 가치 갈등과 해결 과정을 파악하고, 공정 여행 등 대안 여행이 출현하게 된 맥락과 그 특성을 이해함으로써 책임 있는 여행의 필요성을 탐구한다.
관련 단원	3. 성찰과 공존을 위한 여행	

◆ 전공 가이드

여행의 환경적·사회적·문화적 영향을 분석하고, 지속 가능한 여행과 지역 공동체와의 공존 방안을 탐구하고, 나아가 여행지의 자연과 문화유산을 보존하는 방법을 연구한다.

- ▶ **인문계열** : 문화콘텐츠학과(제작·디자인)
- ▶ **사회계열** : 국제통상학과, 사회학과, 관광학과(이론·정책), 관광경영학과(실무·서비스), 호텔관광학과, 정치외교학과, 사회복지학과
- ▶ **의약계열** : 의예과, 간호학과, 보건학과, 한의예과, 재활의학과, 약학과
- ▶ **예체능계열** : 공예디자인학과

학생부 교과세특 예시

지역 공간 변화에 따른 지역 문제 조사 방법을 학습하고, SNS를 활용한 지역 주민 간 문제 공유와 해결 방안 사례를 조사함. 나아가 자신의 거주 지역 주차난과 안전 문제 해결을 위한 다양한 방법을 모색함. 그 과정에서 논리적 사고력을 바탕으로 우리 지역에 맞는 실천 방안을 제안함. '런던에서 만난 도시의 미래(김정후)'를 읽고 도시 재생의 핵심 가치를 이해하고, 파터노스터 광장, 브런즈윅 센터의 사례를 분석하며 지역 주민의 참여와 공공 공간 설계의 중요성을 인식함. 이를 기반으로 지역 관광 산업 활성화를 위한 숨겨진 장소 발굴과 홍보 방안을 탐구한 보고서를 제출함.

교과서 찾아보기

📖 비상 138~146쪽
- 청주 수암골의 지역 변화 사례 분석하기
- 우리 지역의 공간 변화 탐구 보고서 작성하기
- 지역 홍보 마을 지도 제작하기

📖 아침나라 128~137쪽
- 지역 조사 계획서 및 보고서 작성하기
- 살기 좋은 우리 지역을 위한 실천 계획서 만들기
- 우리 지역의 미래 설계도 만들기

📖 지학사 146~153쪽
- 지역 문제 해결 절차 학습하기
- 시흥시의 사례를 바탕으로 지역 문제 해결 절차 적용하기
- 지속 가능한 도시를 위한 정책 제안하기

📖 천재교과서 124~143쪽
- 우리 지역의 공간 변화 모습 조사하기
- 지역 문제 해결을 위한 활동 계획서 만들기
- 우리 지역 홍보 영상 만들기

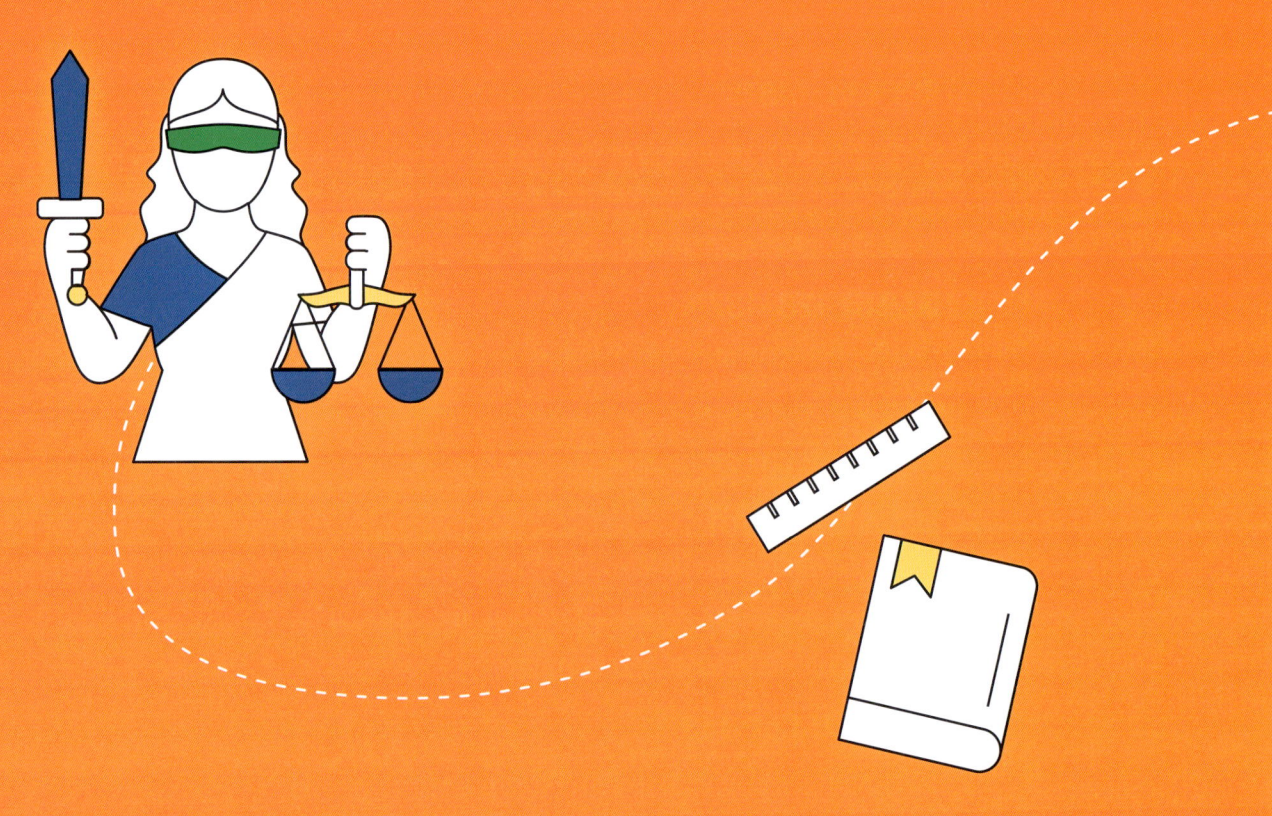

통합사회 2

I

인권 보장과 헌법

1. 인권의 의미와 발전

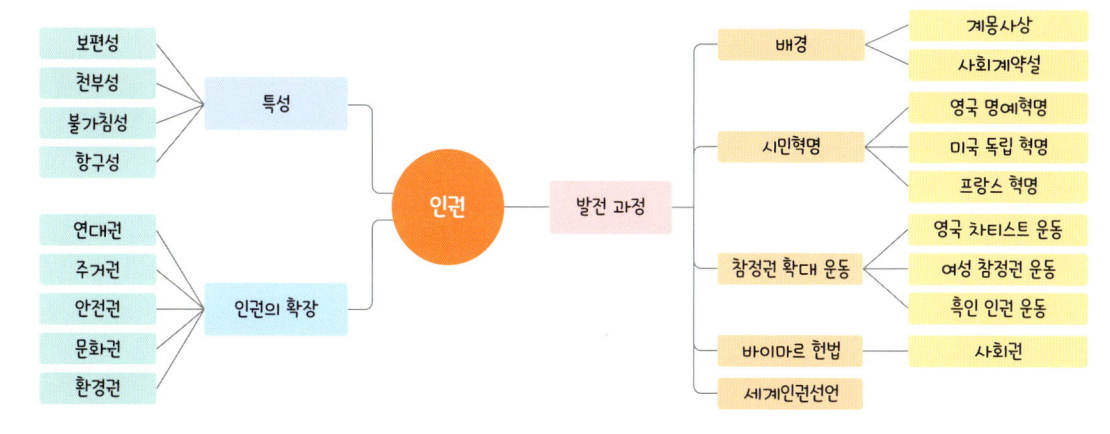

성취 기준

【10통사2-01-01】 근대 시민혁명 등을 통해 확립되어 온 인권의 의미와 변화 양상을 이해하고, 현대 사회에서 주거, 안전, 환경, 문화 등 다양한 영역으로 인권이 확장되고 있는 사례를 조사한다.

학습 개요

인간의 역사는 인간이 누릴 수 있는 권리와 자유를 확장해 온 과정이라 할 수 있다. 이 단원에서는 인권의 특징과 함께 인권의 개념이 어떻게 시작되어 지금에 이르기까지 발달해 왔는지 알아보고자 한다. 특히 권리 보장과 보편적 인권의 확립을 위한 역사적 노력을 중심으로 이해하고, 나아가 현대 사회에서 확장되고 있는 연대권, 주거권, 안전권, 환경권, 문화권 등 새로운 형태의 권리에 대해 탐구하고자 한다.

개념 제시

인권, 자연권, 시민혁명, 참정권 확대, 인권의 확장, 연대권, 주거권, 안전권, 환경권, 문화권

생각 열기

아말 람지 클루니(1978~)는 국제 인권 변호사이자 인권 운동가로, 아르메니아 집단 학살, 스리랑카 전쟁 범죄 등과 관련한 문제에서 법적 자문을 제공하고 '국제 언론 자유 자문 그룹'을 설립하는 등 표현의 자유를 보호하는 활동을 하고 있다. 아말은 사회적 약자의 인권 보장을 위해 법적인 지원을 넘어 국제 사회의 협력과 연대가 바탕이 될 때 정의와 평등을 실현할 수 있음을 강조하며 인권 보호에 앞장서고 있다.

관련 이슈

(**서울의 높은 주택 가격, 주거권 보장의 걸림돌**) 2022년 8월, 폭우로 다세대주택 지하에 거주하던 가족 4명 중 3명이 사망하는 참사가 발생했다. 해당 주택이 상습 침수 지역의 지하에 위치하고, 창문이 작고 높아 탈출이 어려웠다고 전해졌다. 유엔은 적정 주거의 핵심 요소로 점유의 법적 안정성, 부담 가능한 주거비, 살 만한 집을 제시한다. 그러나 저소득층은 점유의 안정성을 위해 자가를 선택하면 열악한 주거 환경을 감수해야 한다. 이번 참사는 저소득층 주거권 문제의 심각성을 드러내고 있다.

개념 이해

(인권의 의미와 특징) 인권은 모든 인간이 태어날 때부터 가지는 보편적인 권리로, 인간의 존엄성과 인간다운 삶을 보장하는 데 중요한 역할을 한다. 차별 없이 교육받고 자기 생각을 표현할 자유와 같은 권리가 이에 포함된다. 인권은 불가침성과 영구성을 특징으로 하며, 어떤 상황에서도 침해되거나 제한될 수 없다. 이러한 인권은 개인의 자유와 권리를 보장하는 동시에 타인의 권리를 존중하고 공동체의 조화를 유지하기 위한 책임을 부여한다. 이는 개인의 행복과 사회적 평등이 밀접하게 연결되어 있음을 보여준다.

(인권의 발달 과정) 17세기 계몽사상과 사회계약설을 바탕으로 왕의 권력을 제한하며 시민의 생명과 자유를 보호하려는 움직임이 등장했다. 근대 시민혁명을 거치며 문서로써 시민의 권리를 선언했지만 여전히 재산, 성별 등에 따라 정치 참여에 제한이 있었다. 이후 지속적인 참정권 확대 운동으로 보통선거가 확립되었고, 1919년 독일의 바이마르 헌법을 시작으로 사회적 약자의 생존권을 보장하는 사회권이 헌법에 규정되었다. 20세기 이후 〈세계인권선언〉 등 국제 규범이 제정되며, 인권은 전 세계적으로 인정받는 가치가 되었다.

(인권의 확장) 현대 사회에서 인권은 여러 영역으로 확장되며 개인의 인간다운 삶을 보장하고 있다. 연대권은 여러 문제의 해결에서 국가와 집단 간의 협력을 강조한다. 주거권은 모든 사람이 적절한 주거 환경에서 살 권리를 의미하며, 안전권은 재난과 범죄로부터 보호받을 권리를 포함한다. 환경권은 깨끗하고 건강한 환경에서 살아갈 권리이며, 문화권은 누구나 문화 활동에 참여하고 누릴 권리를 의미한다. 이러한 인권의 확장은 지속 가능한 발전과 공정한 사회를 이루는 데 중요한 역할을 하고 있다.

탐구 주제 1 홉스, 로크, 루소는 사회계약설을 통해 인권 개념의 철학적 토대를 마련한 사상가이다. 이들의 사상은 현대 민주주의와 인권 선언에 지대한 영향을 미쳤으며, 인권의 철학적 발전을 이해하는 데 중요한 토대이다. 이들의 사회계약설이 현재의 인권 개념에 미친 영향을 탐구해 보자.

탐구 주제 2 기후 변화는 농업 생산에 큰 영향을 미치며, 전 세계적인 식량 공급 부족 문제로 이어져 우리의 생존권과 환경권을 동시에 위협할 수 있다. 이상 기후로 인한 가뭄, 홍수 등이 농업 생산에 미치는 영향을 분석하고, 식량 공급 부족 문제를 해결하기 위한 기후 변화 대응 방안을 탐구해 보자.

개념 응용

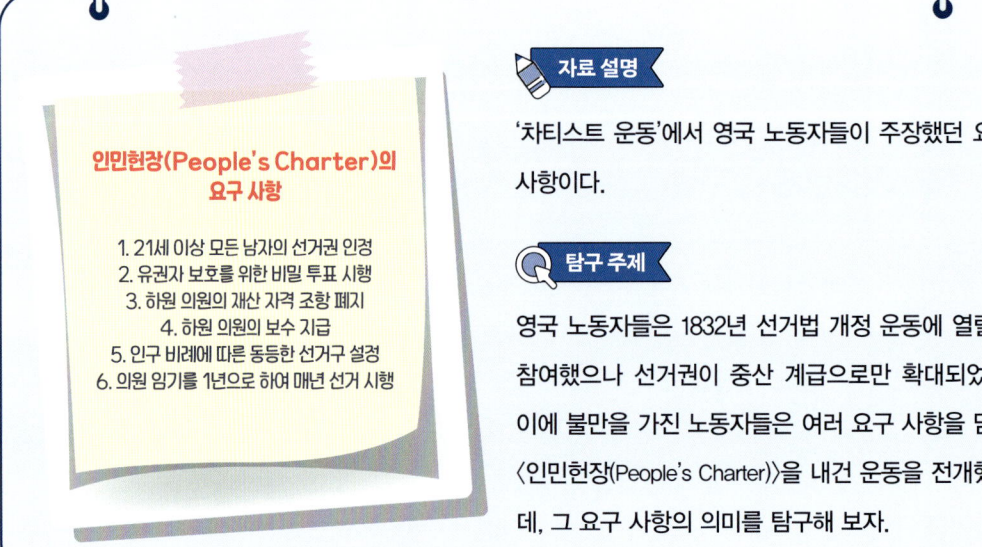

인민헌장(People's Charter)의 요구 사항

1. 21세 이상 모든 남자의 선거권 인정
2. 유권자 보호를 위한 비밀 투표 시행
3. 하원 의원의 재산 자격 조항 폐지
4. 하원 의원의 보수 지급
5. 인구 비례에 따른 동등한 선거구 설정
6. 의원 임기를 1년으로 하여 매년 선거 시행

자료 설명

'차티스트 운동'에서 영국 노동자들이 주장했던 요구 사항이다.

탐구 주제

영국 노동자들은 1832년 선거법 개정 운동에 열렬히 참여했으나 선거권이 중산 계급으로만 확대되었다. 이에 불만을 가진 노동자들은 여러 요구 사항을 담은 〈인민헌장(People's Charter)〉을 내건 운동을 전개했는데, 그 요구 사항의 의미를 탐구해 보자.

추천 도서

십 대를 위한 인권 사전(전진한 외 1명, 다림, 2021)

이 책은 인권의 역사와 일상 속 인권 침해 사례를 바탕으로, 청소년이 접하기 어려운 인권 지식을 체계적으로 제공한다. 특히 29가지 핵심 키워드를 통해 인권의 의미와 중요성을 명확히 설명하며, 청소년들이 스스로 인권 감수성을 기를 수 있도록 안내한다. 전문적 법률 지식과 실제 사례를 근거로 청소년들이 우리 사회의 인권 존중 실태에 대한 문제의식을 가질 수 있도록 돕는 것이 이 책의 핵심이다. 책을 읽고 나면 평화로운 세상을 위해 우리에게 꼭 필요한 인권 감수성을 지니게 될 것이다.

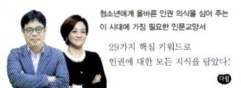

탐구 주제 1 팬데믹 상황에서는 공공의 건강을 보호하기 위한 조치가 개인의 자유를 제한하는 경우가 발생할 수 있다. 예를 들어 전염병 확산을 막기 위한 사회적 거리두기는 개인의 이동권, 선택권 등과 충돌했다. 팬데믹 상황에서 개인의 자유와 공공의 건강권 간의 균형을 이룰 수 있는 방안을 탐구해 보자.

탐구 주제 2 스포츠는 공정한 경쟁을 기반으로 하는 세계적 문화이지만, 차별로 인한 기회 제한이나 선수의 건강권 침해 등 인권 침해나 불평등 문제가 이슈화되곤 한다. 여러 사례를 바탕으로 스포츠 현장에서 발생하는 인권 문제를 분석하고, 공정성과 평등을 보장하기 위한 방안을 탐구해 보자.

세계인권선언(제랄드 게를레 외 그림, 목수정 역, 문학동네, 2018)

1948년 유엔총회에서 채택된 〈세계인권선언〉은 제2차 세계대전의 참상을 반복하지 않겠다는 인류의 다짐으로 만들어졌다. 이 책은 세계인권선언의 각 조항과 함께 카를 마르크스, 한나 아렌트 등의 인권 관련 발언을 담고 있으며 한국판에는 세종, 나혜석, 전태일 등 우리 인권사 속 주요 인물들의 목소리가 추가로 수록되었다. 또한 대한민국헌법, 416연대 선언문, 성소수자인권연대 성명문 등 우리 사회의 의미 있는 자료들을 포함하며 인권의 의미를 더 많은 사람에게 전달하고자 한다.

탐구 주제 1 인류의 역사는 인권 의식을 형성하고 발전시키는 과정의 연속이었다. 그 역사적 과정에서 등장한 〈권리장전〉, 〈독립선언문〉 등 여러 문서는 우리가 보장받을 수 있는 권리를 확인하고 발전시켜 왔다. 국제연합의 〈세계인권선언〉이 등장한 시대적 배경과 인권 보장에 미친 영향을 탐구해 보자.

탐구 주제 2 환경권을 보장하기 위해서는 태양광, 풍력, 스마트 그리드와 같은 스마트 에너지 기술의 효과를 조사하는 것이 중요하다. 이러한 기술이 깨끗하고 지속 가능한 에너지를 제공하며 환경 보호에 기여하는 방식을 분석하고, 지역 사회의 적용 가능성을 탐구해 보자.

추천 논문

기후 변화와 인권 - 기후 인권의 헌법적 보장에 대한 시론적 고찰(이재희, 한국헌법학회, 2023)

기후 변화는 단순한 환경 문제가 아니라 개인의 기본권을 위협하며, 국가와 국제 사회의 책임이 요구되는 중대한 인권 문제이다. 이 논문에서는 헌법 해석을 통해 기후 변화로부터 개인을 보호할 국가의 의무를 도출하고, 생물다양성 및 생태계 보호를 포함하는 환경권의 적극적 해석을 바탕으로 기후 인권의 개념을 제안하고자 한다.

> **탐구 주제** 생태계 보존은 인간의 생명권과 건강권 보장의 필수 조건이다. 생태계 파괴는 기후 변화를 가속화하고 질병 확산, 자연재해 등을 초래하여 우리의 삶을 위협하기 때문이다. 생태계 보존이 인간다운 삶을 보장하는 데 미치는 영향을 탐구해 보자.

선택 과목 연계 학습 및 전공 가이드

◆ 선택 과목 연계 학습

선택 과목		학습 안내
일반 선택	세계사	18세기 말 인간의 권리에 대한 자각, 계몽사상의 영향으로 발생한 미국 독립 혁명과 프랑스 혁명을 학습한다. 또한 참정권 획득을 위한 노력이 시민사회의 형성으로 이어졌음을 이해한다.
관련 단원	3. 국민 국가의 형성	

◆ 전공 가이드

국민 국가의 형성 과정에서 인간이 가지는 권리에 관한 다양한 사상과 관련 인물 및 사건에 대해 학습하고, 그 과정에서 발전해 온 인권의 역사를 탐구한다.

- ▶ **사회계열 :** 경제학과, 사학과, 국제학부, 사회학과, 정치외교학과, 언론홍보학과
- ▶ **의약계열 :** 보건환경과, 산업안전과, 보건행정과, 임상병리과, 의료정보공학과
- ▶ **교육계열 :** 일반사회교육과, 역사교육과, 윤리교육과, 지리교육과, 교육학과

◆ 선택 과목 연계 학습

선택 과목		학습 안내
진로 선택	정치	민주 정치의 발전 과정을 학습하고 그 과정에서 등장한 사회계약설, 자유주의와 공동체주의 등의 사상과 〈독립 선언문〉, 〈세계인권선언〉 등의 문서가 인권의 발달에 미친 영향을 이해한다.
관련 단원	1. 시민 생활과 정치	

◆ 전공 가이드

인권의 발달 과정과 그 과정에서의 시민들의 역할을 이해하고, 나아가 확장되고 있는 인권의 개념과 관련된 여러 논쟁에 대해 다양한 학문의 관점에서 탐구한다.

- ▶ **사회계열 :** 법학과, 정치학과, 사회학과, 행정학과, 국제관계학과, 사회복지과
- ▶ **자연계열 :** 농공학과, 농수산과, 대기과학과, 동물자원학과, 바이오생명정보과
- ▶ **공학계열 :** 미디어출판과, 신재생에너지과, 소프트웨어공학과, 인터넷정보과

◆ 선택 과목 연계 학습

선택 과목	학습 안내	
융합 선택	기후 변화와 지속 가능한 세계	기후 변화의 영향이 지리적 조건, 세대, 연령, 성별, 집단 등에 따라 다르게 나타남을 파악하고, 글로벌 차원에서 기후 변화가 미치는 차별적 영향을 기후 정의의 관점에서 이해한다.
관련 단원	2. 기후 정의와 지역 문제	

◆ 전공 가이드

기후 변화로 인해 인간의 생명권, 환경권 등이 위협받을 뿐 아니라 계층별로 그 영향이 불평등하게 나타날 수 있음을 이해하고 이에 대한 해결 방안을 탐구한다.

- ▶ **사회계열** : 경제학과, 국제학과, 사회학과, 지역개발학과, 정치학과, 행정학과
- ▶ **자연계열** : 농공학과, 바이오생명정보, 생명공학과, 식량자원학과
- ▶ **공학계열** : IT융합학과, 신재생에너지과, 에너지자원공학과, 물류시스템공학과

학생부 교과세특 예시

홉스, 로크, 루소의 사회계약설을 학습하며 인권 개념의 철학적 발전 과정을 탐구하고, 이를 바탕으로 사회계약설이 현대 민주주의와 인권 보장에 미친 영향을 분석함. 기후 변화로 인한 농업 생산량 감소와 식량 부족 문제를 환경권 및 생존권과 연계해 분석하며, 기후 위기 대응 방안을 제안하는 과정에서 창의적 사고력과 문제 해결 능력을 보임. '십 대를 위한 인권 사전(전진한 외 1명)'을 읽고 팬데믹 상황에서 개인의 자유와 공공의 건강권 간의 충돌이 일어날 수 있음을 이해하고, 코로나19 팬데믹 사례 분석을 바탕으로 그 해결 방안을 모색해 제시하는 과정에서 뛰어난 집중력과 발표력을 보임.

교과서 찾아보기

📖 **미래엔 10~19쪽**
- 인권 확장의 역사 탐구하기
- 현대 사회에서 강조되는 인권 탐구하기
- 안전 신문 만들기

📖 **㈜리베르스쿨 10~18쪽**
- 세계인권선언문의 의의 토의하기
- 기후 위기로 인한 환경권 침해 개선 방안 탐구하기
- 국가인권위원회에 제출할 진정서 작성하기

📖 **지학사 12~17쪽**
- 인권 확장에 기여한 문서 분석하기
- 안전권 보장에 관한 법률 만들기
- 인권 확장 사례 조사하기

📖 **천재교과서 8~15쪽**
- 기록물을 통한 인권 확대 과정 조사하기
- 인권 확장 사례 분석하기
- 우리 동네 인권 지도 그리기

2. 헌법의 역할과 시민 참여

학습 주제

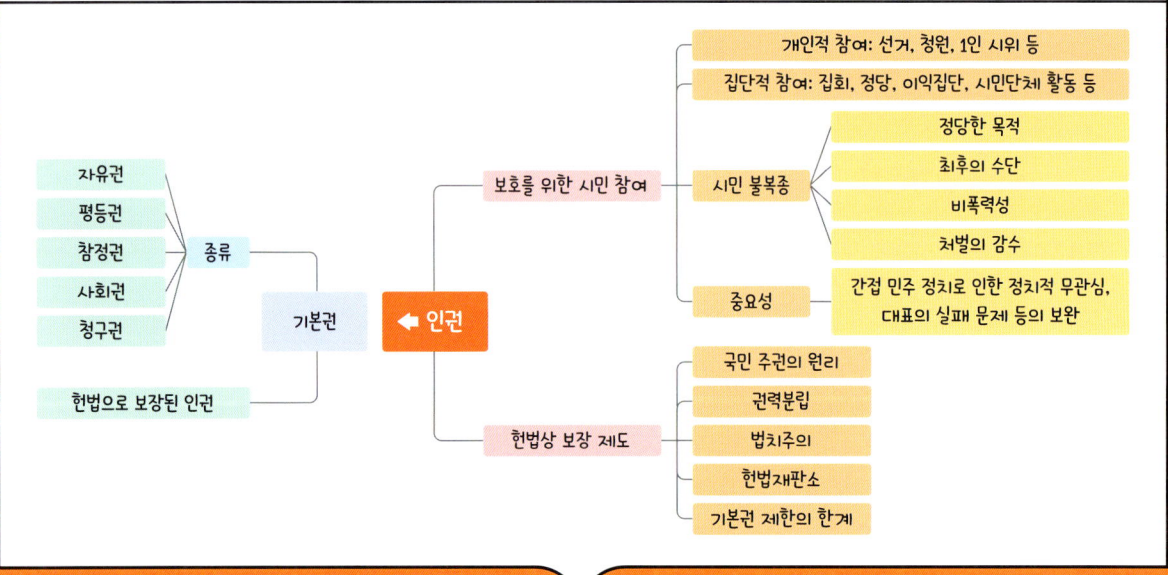

성취 기준 【10통사2-01-02】 인간 존엄성 실현과 인권 보장을 위한 헌법의 역할을 파악하고, 시민의 권익을 보호하기 위한 다양한 시민 참여의 방안을 탐구하고 이를 실천한다.

학습 개요 헌법은 국민의 기본권을 보장하고 국가 운영의 원칙을 제시하는 최고 규범이다. 이 단원에서는 자유권, 평등권, 사회권, 참정권, 청구권 등 기본권의 내용을 학습한다. 권력분립과 법치주의의 역할, 헌법재판소의 주요 기능과 기본권 구제제도를 살펴본다. 또한 선거, 투표, 청원, 집회 등 시민 참여와 시민 불복종의 윤리적 기반을 이해한다. 이를 통해 헌법과 기본권의 연관성을 종합적으로 탐구하고 민주주의 원리를 심화 학습한다.

개념 제시 헌법, 기본권, 인권 보장을 위한 헌법상 제도, 헌법재판소, 시민 참여, 선거, 시민 불복종

생각 열기 헨리 데이비드 소로(1817~1862)는 미국의 철학자로, 시민 불복종의 개념을 제시한 인물이다. 에세이 《시민의 불복종》에서 부당한 법과 권력에 저항할 시민의 도덕적 의무를 주장하며 간디, 마틴 루서 킹 주니어에게 큰 영향을 미쳤다. 실제 노예제도와 멕시코–미국 전쟁에 반대하며 납세를 거부해 체포되면서 자신의 신념을 행동으로 실천했다. 개인의 자유와 정의에 관한 논의에서 그의 사상은 여전히 중요한 의미를 가진다.

관련 이슈 (**대통령 관저 앞 100미터 이내 시위 금지 위헌**) 헌법재판소는 대통령 관저 100미터 이내 집회를 금지한 '집회 및 시위에 관한 법률' 제11조 제2호의 '대통령 관저' 부분이 과잉 금지 원칙에 위배되어 집회의 자유를 침해한다고 판단해 헌법 불합치 결정을 내렸다. 집회의 자유가 민주주의 실현을 위한 필수 요소이며, 집회 장소 선택의 자유가 그 핵심임을 강조한 판결이다. 헌법재판소는 대통령과

그 가족의 안전을 보호하는 입법 목적은 정당하나, 모든 집회를 예외 없이 금지하는 것은 과도한 기본권 제한이라고 판단했다.

개념 이해

(헌법과 기본권) 헌법은 국가의 최고 규범으로, 국민의 기본권 보장과 국가 운영의 기본 원칙을 규정하고 있다. 헌법은 인간으로서의 존엄과 가치를 바탕으로 신체와 사상의 자유를 보장하는 자유권, 차별 없는 대우를 보장하는 평등권, 인간다운 삶을 위한 사회권, 정치적 의사 결정에 참여할 수 있는 참정권, 국가의 부당한 행위로부터 구제받을 수 있는 청구권 등을 보장하고 있다. 헌법은 이러한 국민의 기본권을 국가가 보호해야 함을 명시해 두었을 뿐 아니라, 제한할 때도 그 조건과 한계를 엄격히 규정하고 있다.

(인권 보장 제도) 인권 보장을 위해 우리 헌법은 다양한 제도를 규정하고 있다. 먼저 국가 권력을 입법, 행정, 사법으로 분리해 견제와 균형을 이루도록 하는 권력분립과, 모든 행위는 법에 따라 이루어져야 함을 강조하는 법치주의를 명시하고 있다. 또한 헌법재판소를 통해 법률의 위헌 여부와 국민의 기본권 침해에 대해 심판할 수 있도록 하고 있다. 이와 함께 민주적 선거제도, 복수정당제, 국민투표제, 기본권 구제제도 등 다양한 장치를 통해 국민의 기본권을 보장하고 있다.

(시민 참여와 시민 불복종) 시민은 국가로부터 보호받을 권리를 가지며, 동시에 사회 구성원으로서 의무를 다해야 한다. 민주주의의 필수 요소인 시민 참여는 선거와 투표, 집회, 청원과 같은 방식으로 정책 결정 과정에 참여하는 것을 의미한다. 이는 자신의 권리를 보호하고 사회 발전에 기여하는 적극적인 행동이다. 그러나 이러한 정당한 방법으로 문제가 해결되지 않을 때는 시민 불복종을 선택할 수 있다. 시민 불복종은 부당한 법이나 정책에 대해 평화적으로 저항하는 행위로, 비폭력과 윤리적 판단을 기반으로 한다.

탐구 주제 1 부당한 법률로 인해 개인의 기본권이 침해되는 경우 어떻게 해결할 수 있을까? 먼저 부당한 법률이나 제도로 인해 발생하는 인권 침해 사례를 조사해 보고, 이를 해결하기 위한 실질적인 방안을 헌법재판소의 심판, 국내외 인권 기구 활용, 시민 참여 등으로 나누어 탐구해 보자.

탐구 주제 2 인공지능(AI)은 저작권의 주체가 될 수 있을까? 기존의 저작권은 인간인 창작자의 독창성에 기반하므로, 인공지능이 창작한 작품에 대한 저작권이 인정된다면 그 원칙이 변화해야 한다는 것이다. 인공지능이 생성한 예술 작품에 대한 저작권 보호 가능성에 관해 탐구해 보자.

개념 응용

자료 설명

입법부, 행정부, 사법부 간의 권력분립을 그림으로 나타낸 것이다.

탐구 주제

권력분립이란 국가 권력을 입법, 행정, 사법으로 분리해 상호 견제와 균형을 이루도록 제도화하는 것을 말한다. 우리나라에서 입법부, 행정부, 사법부가 서로를 견제할 수 있도록 보장하고 있는 제도적 수단에 대해 탐구해 보자.

추천 도서

헌법, 우리에게 주어진 놀라운 선물(조유진, 샘터, 2017)

저자는 '헌법이 모든 사람의 상식이 되고, 헌법 구절이 일상적인 언어로 대중화'되길 바라는 마음에서 책을 출판했다고 한다. 이 책은 다양한 사례를 통해 헌법이 자유와 평등의 가치를 어떻게 담고 있으며, 사회 문제와 어떻게 연결되어 있는지 설명한다. 1장은 헌법의 역사적 배경과 본질을, 2장은 소수자 문제, 알 권리 등 실생활 문제와 헌법의 관계를, 3장은 환경, 인공지능, 양성평등 등 미래 사회 이슈를 헌법의 관점에서 다룬다. 일상적 언어로 풀어낸 헌법의 의미에 쉽게 다가갈 수 있을 것이다.

탐구 주제 1 대한민국 헌법 제21조는 모든 국민이 언론, 출판의 자유를 가진다고 명시하고 있다. 언론의 자유는 민주주의 실현을 위한 필수적 권리로, 정보 제공과 비판적 기능을 수행한다. 헌법이 보장하는 언론의 자유와 언론이 사회에 미치는 영향을 분석하며 그 책임과 윤리적 한계를 탐구해 보자.

탐구 주제 2 온라인 학습, 메타버스 교실, AI 교사 등 새로운 기술이 교육에 도입되면서 교육의 형태와 접근 방식이 급변하고 있다. 학생 개개인의 학습 속도와 스타일에 맞춘 교육 시스템이 확대되면서 교육 불평등 문제가 심화되고 있는데, 이를 헌법적 관점에서 분석하고 그 해결 방안을 탐구해 보자.

장애시민 불복종(변재원, 창비, 2023)

질병으로 후천적 장애인이 된 저자는 지하철 탑승 투쟁 등 시민 불복종 운동을 통해 장애인의 권리와 존엄을 주장해 왔다. 장애인으로서 경험한 차별과 불평등은 그를 길바닥 농성장으로 이끌었고, 그의 투쟁은 엘리베이터 설치와 저상버스 도입 등의 변화를 이끌어냈다. 이 책은 그가 장애운동 속에서 겪은 좌절과 연대의 기록으로, 평화는 결과가 아닌 과정임을 보여준다. 침묵과 체념 대신 목소리를 내는 용기가 진정한 변화를 만든다는 메시지를 전하며 장애와 평등, 연대의 의미를 새롭게 조명한다.

탐구 주제 1 장애인이 투표와 정치 활동에 참여하는 것은 민주주의 사회에서 보장해야 할 기본 권리이다. 그러나 현실에서는 물리적, 제도적 장벽으로 인해 장애인의 정치 참여가 제한되는 경우나 정치 활동에서의 대표성 부족 문제가 나타난다. 구체적인 사례를 조사해 그 해결 방안을 탐구해 보자.

탐구 주제 2 마틴 루서 킹의 시민권 운동, 간디의 비폭력 독립 운동 등은 비폭력적·윤리적 저항인 시민 불복종 운동의 대표적 사례이다. 이렇게 부당한 법이나 정책에 맞서 평화적으로 저항한 역사적 사건들을 조사해 시민 불복종 운동이 민주주의와 정의의 실현에 미친 영향을 탐구해 보자.

추천 논문

인공지능 기술의 기본권 침해 대응 방안 연구(박혜란, 성균관대 법학연구원, 2024)

이 논문은 인공지능 기술이 개인 정보 침해, 알고리즘 편향성, 사생활 침해 등 헌법적 기본권에 미치는 영향을 분석하고, 이를 해결하기 위한 규제 방안을 제시한다. 유럽연합의 강력한 규제와 미국의 자율 규제를 비교하며, 한국형 규제 모델은 기술 혁신과 기본권 보호 간의 균형을 이루는 방향으로 설계해야 함을 강조한다.

탐구 주제 인공지능(AI) 기술은 보안 분야에서 중요한 역할을 하고 있다. 그러나 AI 기술이 개인 정보 보호, 표현의 자유, 정보 접근권 등 기본권에 영향을 미칠 수 있다는 점에서 우려도 존재한다. 인공지능 기술이 보안 시스템에 미치는 긍정적·부정적 영향을 탐구해 보자.

◆ 선택 과목 연계 학습

선택 과목		학습 안내
일반 선택	사회와 문화	현대 사회에서 나타나는 다양한 사회 불평등 양상의 원인과 실태를 분석하고 해결 방안을 탐구한다. 이와 함께 사회 복지를 둘러싼 쟁점을 토론하며 사회 복지가 나아가야 할 발전 방안을 모색한다.
관련 단원	4. 사회 불평등과 사회 복지	

◆ 전공 가이드

'최소한의 인간다운 삶'을 보장하는 사회권을 바탕으로 확대되고 있는 복지제도에도 불구하고 나타나는 다양한 사회적 불평등에 대해 이해하고 그 해결 방안을 탐구한다.

- ▶ **사회계열** : 경제학과, 사회학과, 사회복지과, 정치외교학과, 행정학과, 국제학과
- ▶ **의약계열** : 간호학과, 보건행정과, 보건환경과, 의료정보시스템과, 환경보건학과
- ▶ **예체능계열** : 건강관리학과, 공업디자인과, 응용미술학과, 환경디자인과

◆ 선택 과목 연계 학습

선택 과목		학습 안내
진로 선택	윤리와 사상	시민의 자유와 권리, 공적 삶과 정치 참여에 대한 자유주의와 공화주의의 관점을 비교한다. 나아가 민주주의의 이상을 구현하기 위한 바람직한 시민 참여의 실천 방안을 구체적으로 모색한다.
관련 단원	4. 사회사상	

◆ 전공 가이드

여러 사상가의 주장과 시민들의 역사적 노력으로 확립된 기본권이 어떻게 적용되고 있는지 확인하고, 기본권 보장을 위한 다양한 제도를 헌법을 바탕으로 탐구한다.

- ▶ **인문계열** : 국제지역학과, 문헌정보과, 문화인류학과, 사학과, 철학과
- ▶ **사회계열** : 언론홍보학과, 사회과학부, 국제학부, 법학과, 행정학과, 사회복지과
- ▶ **공학계열** : 도시공학과, 안전공학과, 원자력공학과, 인터넷정보과, 환경과학과

◆ 선택 과목 연계 학습

선택 과목	학습 안내	
융합 선택	윤리 문제 탐구	교육, 예술, 의료 등에서 인공지능 기술이 활용되면서 발생할 수 있는 다양한 인권 침해의 사례를 조사·분석해 인공지능 기술의 바람직한 활용 방안을 마련하고 실천한다.
관련 단원	3. 인공지능 시대의 삶과 윤리적 탐구	

◆ 전공 가이드

인공지능 기술의 발전 과정에서 등장한 기본권 침해 및 인공지능 창작물의 저작권 문제 등 여러 쟁점에 관해 탐구하고, 문제 해결 및 바람직한 활용 방안을 모색한다.

- ▶ **사회계열** : 경영학과, 국제학과, 농업경제학과, 사회학과, 법학과, 행정학과
- ▶ **자연계열** : 농공학과, 농수산과, 바이오생명정보과, 생명공학과, 식량자원학과
- ▶ **예체능계열** : 공연예술과, 공간연출과, 광고디자인과, 사진과, 음악과, 회화학과

학생부 교과세특 예시

헌법에서 보장하는 기본권과 시민 참여 방법 중 하나인 시민 불복종의 의미를 학습하고, 장애인의 정치 참여와 대표성 부족 문제를 인식함. '장애시민 불복종(변재원)'을 읽고 시민 불복종 운동의 가치와 평등의 의미를 이해하며, 장애인의 정치 활동 장벽 제거 방안을 제안함. 인공지능 창작물의 저작권 보호 가능성을 탐구하며 기존 저작권 제도의 한계와 변화를 논의함. 인공지능과 인간 창작자의 역할을 비교·분석하는 과정에서 창의적 사고력과 비판적 사고력을 발휘함. 나아가 디자인 분야에서 인공지능과 인간의 협업 가능성을 모색하는 등 사회적 문제 해결에 대한 관심과 책임감을 보여줌.

교과서 찾아보기

📖 **동아출판 18~25쪽**
- 사례를 통한 헌법재판소의 역할 탐구
- 시민 불복종 사례 분석
- 인권 보장 관련 직업 탐구

📖 **비상 16~23쪽**
- 인권과 헌법의 관계 정리하기
- 헌법재판소를 통한 기본권 보장 사례 분석하기
- 시민 권익 침해 사례 조사 및 해결 방안 탐구하기

📖 **아침나라 18~25쪽**
- 헌법의 기본권 조항 및 관련 사례 탐구하기
- 법률로 인한 인권 침해 구제 방안 탐구하기
- 사례를 통해 시민 참여 방안 탐구하기

📖 **천재교과서 16~23쪽**
- 헌법에 규정된 기본권 분석하기
- 인권 보장 제도의 발전 과정 탐구하기
- 시민의 권익 보호를 위한 시민 참여 방안 제안하기

3. 인권 문제 해결을 위한 노력

```
                    사회적 소수자
                  =신체적·문화적 특징
                 +차별+차별 집단에 소속감
                          │
    인권 감수성 함양         │
                  ─ 해결 방안 ─ 사회적 소수자 차별 ┐                      ┌ 빈곤
    법과 제도 보완                                │              ┌ 유형 ─┤ 성차별
                                                국내                    └ 아동 인권 침해
    연소근로자: 근로기준법,                       인권 문제 ─ 인권 문제 ─ 세계
    청소년보호법 ─────────┐                      │              인권 문제
                          │                      │                      ┌ 국제기구
    제도 보완             ├ 해결 방안 ─ 청소년 노동권 침해 ┘              └ 해결 방안 ─┼ 국제적 연대
    노동 인권 교육        │                                                            └ 세계시민 의식
    사용자,                                                                              함양
    연소근로자의 노력
```

학습 주제

성취 기준	【10통사2-01-03】 사회적 소수자 차별, 청소년의 노동권 등 국내 인권 문제와 인권 지수를 통해 확인할 수 있는 세계 인권 문제의 양상을 조사하고, 이에 대한 해결 방안을 모색한다.
학습 개요	이 단원에서는 사회적 소수자와 청소년 노동권을 중심으로 국내외 인권 문제의 양상을 탐구한다. 사회적 소수자가 직면한 차별과 청소년 노동권 침해 사례를 분석하고, 이를 해결하기 위한 법적·제도적 개선과 인식 변화의 필요성을 이해한다. 또한 빈곤, 인종차별, 난민 위기 등 세계 인권 문제와 이를 해결하기 위한 국제기구의 역할을 살펴본다. 이를 통해 국내외 인권 문제를 파악하고 다양한 관점에서 해결 방안을 제시한다.
개념 제시	사회적 소수자, 차별, 청소년 노동권, 연소근로자, 인권 지수, 세계 인권 문제, 국제기구
생각 열기	말랄라 유사프자이(1997~)는 파키스탄 출신의 인권 운동가로, 여성과 소녀들의 교육권을 위해 활동하며 2014년 최연소로 노벨 평화상을 수상했다. 탈레반의 여학생 교육 금지에 저항하다 총격을 당했으나, 생존 후 기금을 설립해 소녀들의 교육권 증진에 이바지해 왔다. 유엔 연설에서 "한 아이, 한 명의 교사, 한 권의 책, 한 자루의 펜이 세상을 바꿀 수 있다."라는 메시지로 주목을 받았으며, 여러 인권 문제의 해결에 앞장서고 있다.
관련 이슈	(**이주노동자 최저임금 차등 적용 제안**) 이주노동자에게 내국인 노동자와 동일한 최저임금을 적용하지 않고 낮은 수준의 최저임금을 적용하자는 제안이 등장했다. 한국 노동 시장의 구조적 문제와 인력난 해소 방안의 일환으로 제안되었지만, 이는 차별 금지 원칙을 위반하는 것으로 사회적 소수자의 인권 침해이다. 국제노동기구(ILO)와 헌법상의 평등권에 반한다는 지적이 강하게 제기되며 인권 단체와 노동계가 강력히 반발하고 있다. 경제적 논리와 인권 문제를 조화롭게 해결하기 위한 노력이 필요할 것이다.

개념 이해

(사회적 소수자와 차별) 사회적 소수자란 신체적·문화적 특징 때문에 주류 집단의 구성원과 구별되어 불평등하고 불합리한 처우를 받는 개인이나 집단을 말한다. 이러한 소수자들은 교육, 고용, 주거 등 여러 영역에서 차별과 배제를 경험하며, 이는 그들의 삶의 질에 부정적인 영향을 미친다. 상황에 따라 누구나 소수자가 될 수 있음을 인식하고, 소수자에 대한 차별을 줄이기 위한 법적 제도 개선과 인식 변화 등의 사회적 노력과 함께 편견을 버리고 다양성을 존중하려는 개인적 노력이 필요하다.

(청소년 노동권과 연소근로자) 청소년 노동권이란 청소년들이 근로자로서 보장받는 정당한 권리를 의미하며, 이는 헌법과 근로기준법 등에서 규정하고 있다. 특히 연소근로자는 만 18세 미만의 근로자를 뜻하며, 이들의 근로는 법적으로 근로 시간, 작업 환경 등에 제한을 두어 보호한다. 그러나 현실에서는 청소년이 불법적으로 장시간 노동에 노출되거나 임금 체불 등의 문제를 겪기도 한다. 따라서 청소년 노동권 보장을 위해 법적 제도 강화와 더불어 근로자와 고용주의 인식 개선이 필요하다.

(세계 인권 문제와 국제기구) 세계적으로 빈곤, 인종차별, 성차별, 난민 위기 등과 같이 인간의 기본적 권리가 침해되는 문제가 발생하고 있다. 이러한 문제를 해결하기 위해 국제연합(UN)과 국제사면위원회(Amnesty International) 등 다양한 국제기구가 활동하며, 각국 정부와 협력해 인권 보호를 위한 노력을 하고 있다. 예를 들어 국제연합은 〈세계인권선언〉을 통해 모든 인간이 평등하게 존중받아야 함을 강조했다. 이를 바탕으로 세계 인권 문제를 해결하기 위한 국제기구 및 국가 간 협력과 인식 개선의 노력이 요구된다.

탐구 주제 1 사회적 소수자와 관련해 국내에서 이주노동자들이 겪는 차별의 구체적 사례와 이러한 차별이 나타나는 사회적·경제적 요인을 조사해 보자. 또한 이들의 노동 환경 개선과 함께 문화적 차이를 극복하고 사회적 통합을 이루기 위한 법적·제도적 방안을 종합적으로 탐구해 보자.

탐구 주제 2 사회적 소수자인 장애인의 의료 접근성을 주제로, 장애인들이 의료 기관을 이용하는 과정에서 겪는 차별과 물리적·심리적 어려움을 조사해 보자. 이를 기반으로 의료 인프라의 개선뿐 아니라 의료진의 인식 변화와 장애인 친화적 진료 환경을 조성하기 위한 정책적·기술적 방안을 탐구해 보자.

개념 응용

근로계약서

사용자 갑과 근로자 을(17세)은 다음과 같이 근로 계약을 체결한다.
1. 계약기간: 2024년 1월 1일 ~ 2024년 2월 28일
2. 근무장소/근무내용: ○○식당/음식서빙
3. 근로시간: 9시~ 18시(휴게 시간: 13시~14시)
4. 근무일/휴일: 매주 월요일~금요일 / 토, 일요일 휴무
5. 임금: 시간당 9,000원 *계약 종료일에 일괄 지급
6. 기타: 식당 운영 상황에 따라 임금을 1.5배의 식사 교환권으로 지급할 수 있음.

※ 2024년 최저 임금: 시간당 9,860원

자료 설명

연소근로자 '을'이 갑과 맺은 근로계약서로, 노동권 침해에 관한 내용이 담겨 있다.

탐구 주제

청소년 노동권 침해의 사례는 예술·체육계에서도 발생하고 있다. 특히 연예인 지망생이나 운동선수 같은 청소년 연소근로자의 노동 환경을 분석하고, 그들이 창작 활동을 지속할 수 있게 하기 위한 공정한 근로 계약 체결과 권리 보장의 방안을 탐구해 보자.

추천 도서

불편하지만 사는 데 지장 없습니다 (백순심, 설렘, 2021)

이 책은 장애인의 삶과 사회적 편견에 대한 이야기를 담고 있다. 저자는 어릴 적부터 겪어온 장애로 인한 고난과 사회적 차별 속에서도 스스로의 가치를 발견하며 살아온 경험을 나눈다. 장애에 대한 올바른 인식 개선과 장애인과 비장애인이 함께 어울려 살아가는 사회의 중요성을 강조한다. 이 책을 통해 장애인이 부모가 될 때, 교육, 결혼 등 삶의 다양한 과정에서 마주하는 도전과 편견에 대해 이해하고, 장애인이 배려의 대상이라기보다 하나의 독립된 인격체로 존중받아야 함을 깨닫게 될 것이다.

탐구 주제 1 장애인은 종종 사회적 소수자로 분류되며, 이들이 직면하는 차별은 교육과 고용, 주거 등 다양한 영역에서 발생한다. 특히 장애인의 부모 역할에 대한 사회적 편견이 그들의 삶에 어떤 영향을 미치는지 분석하고, 이러한 편견을 극복하기 위한 법적 제도 개선과 인식 변화의 방안을 탐구해 보자.

탐구 주제 2 장애인을 위한 공공 공간의 설계는 인간 중심의 환경 조성과 사회적 통합을 실현하는 데 중요한 요소이다. 사용자의 편의를 증진하는 접근 가능한 공공 공간 설계의 사례를 분석하고, 장애인과 비장애인이 함께 사용할 수 있는 공간을 조성하기 위한 생태적 설계 방안을 탐구해 보자.

난 두렵지 않아요 (프란체스코 다다모, 이현경 역, 주니어RHK, 2023)

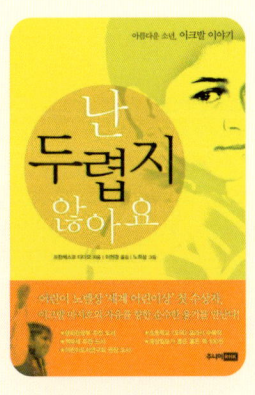

이 책은 어린 나이에 강제 노동을 경험하고, 이를 극복하며 어린이 노동 해방 운동의 상징이 된 이크발 마시의 용감한 삶을 그린 다큐픽션이다. 가족의 빚으로 네 살에 카펫 공장으로 팔려 간 이크발은 부당한 노동 환경에 저항하며 탈출했고, 수많은 어린이를 구출하며 어린이 노동 착취 문제를 전 세계에 알렸다. 열두 살의 나이에 비극적으로 생을 마감했지만, 그의 이야기는 자유와 권리의 가치를 일깨우며 지금도 계속되는 어린이 노동 문제에 대해 깊이 생각하게 한다.

탐구 주제 1 사회적 소수자인 아동 노동자가 경험하는 인권 침해의 실태를 조사하고 이를 해결하기 위한 국제적 노력을 탐구해 보자. 특히 유니세프(UNICEF)와 국제노동기구(ILO)가 추진한 아동 노동 철폐 활동의 성과를 분석하며, 개인과 사회가 함께 아동 노동 문제를 해결할 수 있는 실천 방안을 도출해 보자.

탐구 주제 2 아동 노동 문제의 심각성을 알리고 이를 해결하기 위해 그 고통과 인권 회복의 메시지를 예술적 형태(회화, 연극, 영상 등)로 표현하는 방안을 구상해 보자. 나아가 예술이 사회적 메시지를 전달하고 문제 해결의 공감대를 형성하는 데 어떤 역할을 할 수 있는지 탐구해 보자.

추천 논문

한국 사회의 사회적 소수자에 대한 인식 및 태도 유형 (정현일, 동양사회사상학회, 2023)

이 논문은 한국 사회에서 소수자가 어떤 유형으로 인식되는지, 그리고 소수자에 대한 태도 유형이 어떠한지를 확인하고자 한다. 연구 결과, 한국 사회에서는 소수자를 '취약자', '규범 위반자', '이방인'으로 나누고 있으며, 응답자의 39.1%가 배제형, 42.7%가 규범 준수형, 18.2%가 포용형의 태도를 보였다.

 **탐구 주제** 소수자 차별을 줄이기 위해 디지털 기술을 활용하는 혁신적인 해결책이 필요하다. 디지털 플랫폼이나 AI 기반의 소수자 지원 시스템의 개발 가능성을 탐구하고, 이 시스템이 정보 접근성과 사회적 자본을 증대하는 데 어떻게 기여할 수 있는지 탐구해 보자.

선택 과목 연계 학습 및 전공 가이드

◆ 선택 과목 연계 학습

선택 과목		학습 안내
일반 선택	현대 사회와 윤리	사회적 소수자와 차별의 개념을 학습하며, 이주민 차별 같은 세계 인권 문제를 탐구하고 해결 방안을 모색한다. 이와 함께 문화의 다양성을 존중하고 공존의 가치를 이해하는 태도를 기를 수 있다.
관련 단원	5. 문화와 경제생활의 윤리	

◆ 전공 가이드

문화적 다양성과 공존의 가치를 중심으로 사회적 소수자의 문제를 탐구한다. 나아가 세계 인권 문제를 이해하고 이를 해결하기 위한 국제적 협력 방안을 모색한다.

- ▶ **사회계열** : 사회복지학과, 국제학과, 정치외교학과, 행정학과, 법학과, 여성학과
- ▶ **자연계열** : 심리학과, 통계학과, 데이터사이언스학과, 생명과학과, 환경학과
- ▶ **교육계열** : 특수교육과, 다문화교육과, 상담심리학과, 윤리교육과, 사회교육과

◆ 선택 과목 연계 학습

선택 과목		학습 안내
진로 선택	법과 사회	노동법을 통해 연소근로자가 직장에서 보호받을 수 있는 다양한 권리를 이해하고, 이를 바탕으로 직장 생활에서 발생할 수 있는 법적 문제를 탐구하는 것을 목표로 학습한다.
관련 단원	3. 사회생활과 법	

◆ 전공 가이드

청소년 노동권과 같은 사회적 소수자의 권리 보호와 관련해 다양한 학문적 접근을 종합적으로 탐구하며, 법과 윤리가 조화롭게 작동하는 사회를 만들고자 노력한다.

- ▶ **인문계열** : 철학과, 윤리학과, 역사학과, 문화인류학과, 국제문화학과
- ▶ **사회계열** : 사회학과, 청소년학과, 공공행정학과
- ▶ **공학계열** : 산업공학과, 데이터사이언스학과, IT융합학과, 소프트웨어학과
- ▶ **의약계열** : 약학과, 공중보건학과, 보건의료학과, 생의학과, 의약바이오공학과

✦ 선택 과목 연계 학습

선택 과목		학습 안내
융합 선택	사회 문제 탐구	인공지능의 발전 과정에서 발생할 수 있는 사회적 소수자와 차별 문제 등 세계 인권 문제를 학습한다. 이를 통해 인공지능 시대의 공정하고 포용적인 사회를 구축하기 위한 방안을 탐구한다.
관련 단원	3. 변화하는 세계와 사회 문제	

✦ 전공 가이드

인공지능의 발전이 사회적 소수자에게 미치는 영향을 분석하고, 공정성과 포용성을 강조하는 기술과 예술적 표현의 융합 방안을 탐구해 사회 문제를 해결한다.

- ▶ **인문계열** : 문화콘텐츠학과
- ▶ **사회계열** : 사회학과, 정치외교학과, 국제학과, 행정학과, 사회복지학과, 여성학과
- ▶ **공학계열** : 정보통신공학과, 데이터공학과, 소프트웨어학과, AI융합학과
- ▶ **예체능계열** : 디지털아트학과, 미디어디자인학과, 공연예술학과

학생부 교과세특 예시

사회적 소수자와 차별, 청소년 노동권 등을 학습하며 '불편하지만 사는 데 지장 없습니다(백순심)'를 읽고 장애인이 겪는 차별과 사회적 편견을 분석함. 이에 대한 법적 제도 개선과 인식 변화의 중요성을 탐구하며 학문적 호기심과 문제해결력을 보임. 아동 노동 문제를 주제로 예술적 표현 방안을 구상하고, 예술이 사회적 메시지 전달과 공감대 형성에 기여할 수 있음을 제시함. 발표 과정에서 논리적 전개력과 의사소통 능력을 발휘하며, 국제기구와 연계한 청소년 노동권 보호 방안을 제안함. 진로를 고려해 예술과 사회 문제 해결을 접목한 창의적이고 실천적인 태도가 돋보임.

교과서 찾아보기

📖 비상 24~31쪽
- 장애인 등 사회적 소수자 인권 침해 문제 탐구하기
- 연소근로자 근로계약서 분석하기
- 사회관계망 서비스를 통한 인권 문제 해결 방안 찾아보기

📖 동아출판 26~33쪽
- 사회적 소수자 인권 문제 양상과 해결 방안
- 연소근로자의 근로계약서 작성하기
- 인권 지수로 세계 인권 문제 살펴보기

📖 미래엔 28~35쪽
- 근로기준법의 청소년 근로 규정을 확인하고 근로계약서 작성하기
- 인권 수준을 알 수 있는 여러 인권 지수 분석하기
- 아동 인권 침해 사례 분석하기

📖 천재교과서 24~33쪽
- 세계 인권 문제 해결을 위한 공익 광고 만들기
- 대중 매체에 나타나는 차별과 편견 사례 분석하고 개선 방안 모색하기
- 정보통신기술 발전이 인권에 미치는 영향 탐구하기

II

사회정의와 불평등

1. 정의

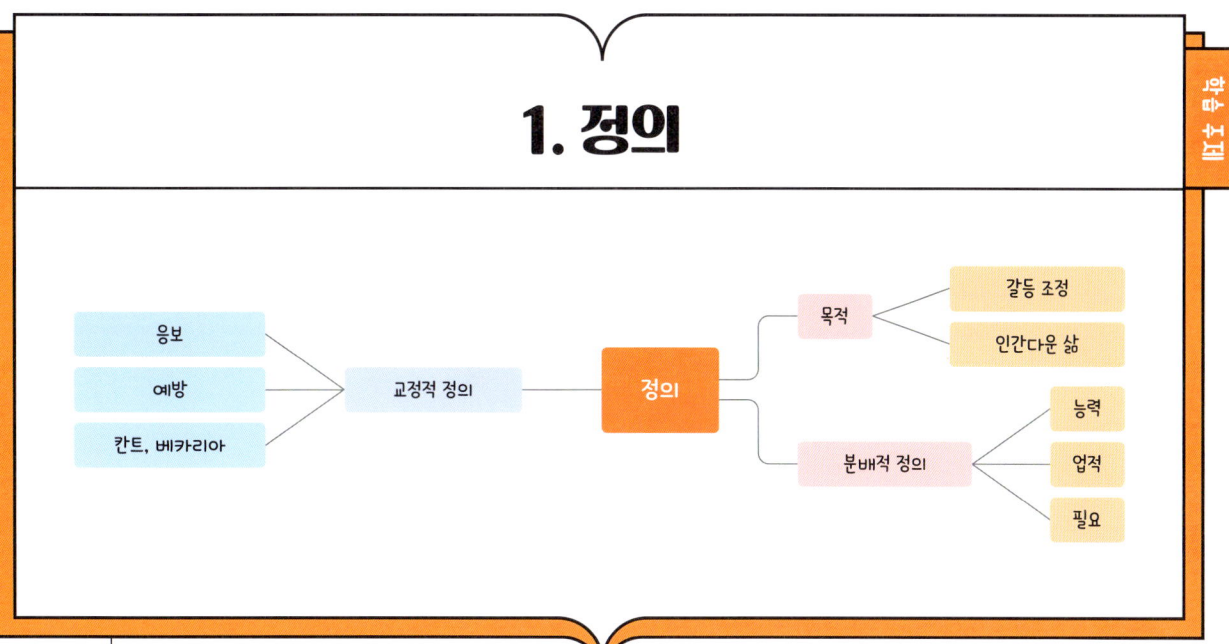

성취 기준 【10통사2-02-01】 정의의 의미와 정의가 요구되는 이유를 파악하고, 다양한 사례를 통해 정의의 실질적 기준을 탐구한다.

학습 개요 분배적 정의와 교정적 정의, 시대에 따른 정의 등 '정의'의 다양한 의미를 분석해, 우리 사회에 정의가 요구되는 이유를 이해한다. 특히 분배적 정의의 실질적 기준으로서 업적, 능력, 필요 등을 사회의 다양한 영역이나 세부 분야의 사례에 적용해 해석해 봄으로써 각각의 기준이 가진 장점과 단점에 대해 학습한다. 교정적 정의는 2015 개정 교육과정에서 다루지 않았던 개념으로 꼼꼼하게 살펴볼 필요가 있다.

개념 제시 분배적 정의, 교정적 정의, 평균적 정의, 실질적 정의, 실질적 기준, 응보주의

생각 열기 프랑스 철학자 미셸 푸코(1926~1984)는 권력과 지식의 관계를 분석하며, 정의와 같은 개념들이 어떻게 사회적 구조와 권력 메커니즘에 의해 형성되고 영향을 받는지에 대해 기존의 전통적인 법적·정치적 개념의 '정의'와 다른 주장을 한다. 푸코는 전통적인 정의의 개념을 법적·정치적 차원에서만 바라보지 않고, 사회적 구조가 어떻게 사람들의 사고와 행동을 규제하는지를 분석하는 데 초점을 맞춰 '파놉티콘(Panopticon)'을 주장한다.

관련 이슈 (영화 〈변호인〉) 〈변호인〉은 양우석 감독, 송강호 주연의 실화를 바탕으로 한 한국 영화이다. 기회주의자인 세무변호사가 국가보안법 위반으로 잡혀가 고문을 당한 학생의 변호를 맡게 되면서 사건의 부당함에 대해 알게 되며 정의로운 변호사로 성장하는 과정을 담고 있다. 재판 과정에서 변호사가 정의와 인권을 지키기 위해 부당한 권력과 맞서 싸우며 사회적 정의를 추구하는 과정을 그린 작품으로, 80년대 한국 사회의 정치적 억압과 이에 맞서 싸운 시민들의 이야기를 담아냈다.

개념 이해

(분배적 정의) 자원, 기회, 보상 등의 사회적 희소 자원을 사회 구성원 간에 공정성을 바탕으로 어떻게 분배할 것인가를 다루는 정의의 개념이다. 주로 사회적 불평등을 해소하는 것을 목적으로 하며, 분배적 정의의 기준으로는 능력, 업적, 필요, 평등 등의 원칙이 있다. 예를 들어 존 롤스는 분배적 정의에 대해 '차등의 원칙'을 통해 가장 불리한 상황에 있는 사람에게도 혜택이 돌아가야 한다고 설명한다.

(교정적 정의) 개인이나 집단 간에 발생한 부당한 행위나 불평등을 교정하는 데 초점을 맞춘 정의의 개념이다. 주로 불법적이거나 부정의한 행위로 인해 피해를 입은 사람들에게 적절한 보상을 제공해야 한다는 점을 강조한다. 이는 법적 제재와 관련이 깊으며, 개인의 권리 침해나 불법 행위에 대한 정의로운 처벌이나 보상을 중심으로 하는 사법 시스템을 통해 실현된다.

(응보주의와 예방주의) 처벌에 대한 응보주의와 예방주의는 세 가지 기준으로 비교할 수 있다. 첫째, 응보주의의 목적은 정당한 응징에 있다면, 예방주의는 미래의 피해 예방을 목적으로 한다. 둘째, 응보주의는 범죄자의 책임을 강조하지만, 예방주의는 범죄 예방을 위한 억제 수단이다. 셋째, 응보주의는 처벌이 범죄에 상응해야 한다는 점을 주장한다면, 예방주의는 처벌의 범죄 예방의 효과성에 초점을 둔다.

탐구 주제 1 우리 사회는 '정의'를 실현하기 위해 법을 제정하거나 개정한다. 사회적 이슈가 된 재판을 사례로 들어 법이 정의를 구현하는 방식 및 법과 정의의 관계에 대해 탐구해 보자. 또한 자신이 조사한 법을 적용할 수 있는 동화를 정해 모의재판 시나리오를 구상해 보자.

탐구 주제 2 경제의 자원 분배에서 '정의'는 효율성과 공정성을 모두 고려한다. 그러나 이 둘은 양립하기 어려운 조건을 가지고 있다. 이에 따라 효율성과 공정성의 균형을 위한 경제학적 모델로 '파레토 균형'이 등장했다. 더불어 수학에서는 '섀플리 값(Shapley value)'이 거론되었다. 이러한 자원 분배 모델을 현실적으로 어떻게 적용할 수 있을지 토의해 보자.

개념 응용

자료 설명

저울과 칼을 양손에 들고 두 눈을 가린 서양의 '정의의 여신상'의 이미지이다.

탐구 주제

서양과 우리나라의 '정의의 여신상'은 서로 다른 모습을 하고 있다. 어떤 요소들이 다르고, 각각이 가진 의미는 무엇인지 그 배경과 함께 조사해 보고, 자신이 정의의 여신상을 만든다면 어떤 요소를 넣고 싶은지 발표해 보자.

추천 도서

10대를 위한 공정하다는 착각 (마이클 샌델, 신현주, 미래엔아이세움, 2022)

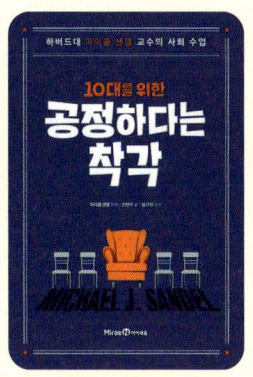

'정의'는 시대상을 반영할 수 있는 개념이다. 이 책은 공정성과 정의의 개념을 탐구하며 우리 사회에서 나타나는 공정한 경쟁이란 무엇인지, 분배는 어떤 논리에 의해 전개되는지의 문제를 밝힌다. 특히 경쟁이 공정함을 보장한다는 사회적 착각을 비판하며, 현대 사회에서 보편화된 능력주의가 가진 함정을 통해 사회에서 나타나는 다양한 분야의 영향력을 분석했다. 이와 함께 사회의 불평등을 해결하기 위해선 어떤 전제 조건이 필요한지를 알려준다.

탐구 주제 1 마이클 샌델은 현대 사회를 능력주의가 만연한 사회라고 전제한다. 능력주의를 옹호하는 사람들은 능력주의의 대안이 없다고 지적한다. 《10대를 위한 공정하다는 착각》을 읽고, 현대의 능력주의 사회를 타파할 대안을 모색하고 그 가능성에 관해 토론해 보자.

탐구 주제 2 능력주의가 사회적 불평등을 어떻게 심화할 수 있는지를 통계적 데이터를 활용해 분석해 보자. 예를 들어 태생적 환경으로 인한 소득 불평등, 교육 기회의 차이가 있는지에 관한 통계적 데이터를 제시해 마이클 샌델의 주장을 분석하고, 그의 주장이 맞는지 검증해 보는 활동을 수행해 보자.

그러니까 이게, 사회라고요? (박민영, 북트리거, 2017)

이 책은 '우리 눈에 보이는 현상이 정말 사실일까?'라는 질문에서 시작해, 우리 주변에 있지만 관심을 두지 않았던 12가지의 세상 이야기를 다룬다. 학벌, 방송, 게임, 광고, 가난, 노동, 전쟁 등 주요 사회 현상에 대해 '왜?'라는 질문과 함께 '과연 세상은 정의로운가?'라는 의문을 갖게 한다. 또한 무비판적으로 수용하고 있는 사회 현상에 대해 깊이 생각하고 보다 비판적으로 바라보게 한다. 이 책을 통해 사회학적 관점에서 사회 문제를 바라보고 해결 방안을 고민하며 사회적 역할에 대해 생각해 볼 수 있다.

탐구 주제 1 사회적 정의는 사회적 약자들의 인간다운 삶이라는 가치를 포함하는 자원, 권리, 기회의 공평한 분배를 전제로 사회적·경제적·정치적 불평등을 해소하는 것을 의미한다. 우리 사회의 문제의 원인과 영향을 조사하고, 공정한 기회 제공을 위한 법적 장치에 대해 탐구해 보자.

탐구 주제 2 인공지능(AI)과 알고리즘의 편향성을 우려하는 목소리가 높아지고 있다. 예를 들어 알고리즘이 특정 인종이나 성별, 계층에 대한 인식을 왜곡할 수 있으며, 이는 공정성과 정의를 훼손해 불공정한 판단을 내리게 할 수 있다. 공정한 알고리즘을 설계하기 위한 윤리적 기준에 대해 토의해 보자.

추천 논문

응보주의 형벌론과 교정 정의 (조극훈, 아시아교정포럼, 2021)

이 논문에서는 전통적인 응보적 정의와 현대적인 회복적 정의 간의 관계 정립을 통해 형벌의 본질과 의미 그리고 사회정의와의 관계를 규명했다. 함무라비 법전, 칸트와 헤겔의 형벌론을 중심으로 응보주의 형벌론의 특징을 서술하고 현대의 교정적 정의의 흐름을 소개하며, 응보주의 형벌론의 의의를 제시했다.

탐구 주제: 형벌의 본질과 사회정의 실현의 관계성에 대해 분석하고, 응보적 정의와 회복적 정의가 미친 형법학적 영향에 대해 조사해 보자. 더불어 응보적 정의가 여전히 형벌의 중요한 기준이 되는 이유와 그 한계점을 교정적 정의와 비교해 분석해 보자.

선택 과목 연계 학습 및 전공 가이드

◆ 선택 과목 연계 학습

선택 과목		학습 안내
진로 선택	정치	민주주의를 실현하기 위한 원리로서 특히 다수결의 원칙, 대화와 타협, 숙의와 토론에 대해 학습하고, 이러한 원리를 일상생활의 사례에 적용해 볼 수 있다.
관련 단원	1. 시민 생활과 정치	

◆ 전공 가이드

민주주의를 실현하기 위한 원칙, 민주 정치의 원리를 학습하고 학교 안팎의 일상생활에서도 이러한 원리를 발견하며, 원칙의 전제에 담긴 '정의'의 개념을 탐구한다.

- ▶ **인문계열**: 철학과, 역사학과, 문헌정보학과
- ▶ **사회계열**: 정치외교학과, 법학과, 행정학과, 사회학과, 미디어커뮤니케이션학과
- ▶ **교육계열**: 교육학과, 윤리교육과, 사회교육과

◆ 선택 과목 연계 학습

선택 과목		학습 안내
진로 선택	법과 사회	죄형법정주의를 바탕으로 형법의 의의, 범죄의 의미와 형벌의 종류를 학습하고, 형사 절차에서 인권 보장을 위해 마련된 원리와 제도 및 인권 보장의 구현 방법을 탐구한다.
관련 단원	2. 국가 생활과 법	

◆ 전공 가이드

우리나라의 형법 및 형사소송법에서 발견할 수 있는 정의에 대해 탐구하고 자신만의 정의를 세운 후 구체적인 판례에 대입해 새롭게 해석할 수 있다.

- ▶ **사회계열**: 법학과, 정치외교학과, 행정학과, 범죄학과, 공공정책학과
- ▶ **자연계열**: 생물학과, 생명과학과, 환경학과
- ▶ **공학계열**: 환경공학과, 인공지능공학과, 로봇공학과

◆ 선택 과목 연계 학습

선택 과목	학습 안내	
진로 선택	국제 관계의 이해	국가 간 경제 발전의 차이와 부의 편중 문제가 발생한 원인을 분석하고, 선진국과 개발도상국의 갈등 양상을 학습하며, 이를 통해 공정 무역, 공적 개발 원조 등 구체적인 불평등 해결 방법을 탐색한다.
관련 단원	2. 균형 발전과 상생	

◆ 전공 가이드

국가 간 불평등의 원인을 파악하고 국제 사회의 상생을 위한 노력을 조사하며, 이를 해결하기 위한 다양한 행위 주체의 협력 방안을 구체적인 사례에 대입해 제안한다.

- ▶ **인문계열 :** 역사학과, 철학과, 언어학과
- ▶ **사회계열 :** 정치외교학과, 경제학과, 경영학과, 사회학과
- ▶ **의약계열 :** 의예과, 보건학과, 국제보건학과

[학생부 교과세특 예시]

'공정하다는 착각(마이클 샌델)'을 읽고 공정성에 대한 전통적 접근 방식이 개인의 자유와 평등을 어떻게 다루고 있는지 분석함. 특히 '자유'와 '평등'을 동시에 추구하는 과정에서 발생할 수 있는 갈등을 지적하고, 정의가 단순히 결과의 평등을 추구하는 것이 아니라 기회의 평등과 사회적 연대가 전제되어야 함을 주장함. 더불어 공정성에 대해 개인의 관점을 넘어 공동체 일원으로서의 책임감 등 사회적 정의의 관점에서 바라보며, 현대 사회의 경쟁이 항상 올바른 결과를 도출하지는 않음을 깨닫고, 이를 해결하기 위한 사회적 논의의 중요성을 피력하며 자신만의 해결 방안을 제안함.

[교과서 찾아보기]

📖 미래엔 40~47쪽
- 시대에 따른 다양한 정의
- 능력에 따른 분배는 공정할까?
- 다양한 영역에 맞는 분배 기준의 필요성
- 촉법소년 기준 연령 하한 법령 개정에 대한 논쟁

📖 천재교육 36~43쪽
- 사형제도는 교정적 정의를 실현하기 위해 필요한가?
- 능력에 따른 신입생 선발의 공정성 문제 탐구하기
- 어떤 기준으로 장학금을 분배하는 것이 가장 공정할까?

📖 동아출판 40~45쪽
- 독립 영화 제작에 지원을 해야 할까?
- 분배적 정의의 실질적 기준

2. 정의관

학습주제

```
서사적 자아 ─ 매킨타이어         공익 실현
                    ─ 공동체주의적 정의관 ─ 정의관 ─ 자유주의적 정의관 ─ 노직 ─ 자유지상주의
연고적 자아 ─ 마이클 샌델         사익 실현           롤스 ─ 평등주의적 자유주의
```

성취 기준 【10통사2-02-02】 개인과 공동체의 관계를 기준으로 다양한 정의관을 비교하고, 이를 구체적인 사례에 적용하여 설명한다.

학습 개요 개인과 공동체의 관계를 기준으로 자유주의적 정의관과 공동체주의적 정의관을 비교하며 개인의 권리와 공동체 일원으로서의 의무, 사익과 공익(공동선) 등의 문제를 다루고, 두 정의관에 기초해 다양한 지역별 현안, 제도, 정책 등을 평가한다. 특히 사례 학습과 토의·토론을 통해 두 정의관을 평가하거나 정당화할 수 있는 학습 활동이 가능하며, 이를 통해 자신만의 정의관을 세울 수 있다.

개념 제시 자유주의적 정의관, 공동체주의적 정의관, 사익, 공익, 권리, 의무, 공동선

생각 열기 미국의 철학자 로버트 노직(1938~2002)은 존 롤스에 대항하는 자유지상주의 정치철학자이다. 그의 저서 《무정부, 국가, 유토피아》에서는 소유권과 개인의 자유를 중심으로 정의를 논하며, 최소한의 국가가 가장 바람직한 국가임을 주장한다. 노직은 재화 분배 과정의 정의에 대해 정당한 취득의 원칙, 정당한 이전의 원칙, 부정의 교정의 원칙을 주장하며 분배적 정의를 비판하고 롤스의 '차등의 원칙'에 대항한다.

관련 이슈 (**부동산 세제 전면 개편**) 2024년 상반기의 가장 큰 정치적 이슈는 단연 '종합부동산세 개편'이었다. 이는 윤석열 전 대통령의 대선 공약이기도 했다. 종합부동산세 개편이 화두가 된 것은, 고가 주택 보유자와 다주택자가 공평하게 세금을 내도록 하는 형평성의 측면과, 공시가격 상승으로 인해 실수요자인 중산층까지 부담이 될 수 있다는 측면에서 비판의 목소리가 있었기 때문이다. 이는 형평성의 측면에서 의견이 엇갈릴 수 있는 개인의 가치 판단으로, 20년 동안 바뀌지 않았던 세제 개편의 방향성을 드러낸 것이다.

개념 이해

(자유주의적 정의관) 개인의 자유와 권리를 중심으로 사회정의를 이해하는 정의관이다. 개인의 자유로운 선택과 자율성을 보호하는 데 중점을 두며, 사회적·경제적 구조가 개인의 권리를 침해할 수 없다고 주장한다. 자유주의적 정의관을 가진 대표 학자로는 로버트 노직과 존 롤스가 있다. 이들은 시장경제를 강조하고, 자유로운 거래와 공정한 규칙에 기반한 경제활동을 지향한다.

(공동체주의적 정의관) 개인의 자유보다는 공동체의 가치와 연대에 중점을 두고 정의를 논하는 관점이다. 사회적 결속과 공동체의 복지, 그리고 개개인이 서로 연대하며 상호작용하는 과정에서 정의가 이루어진다고 본다. 공동체주의적 정의관을 주장한 대표 학자로는 알래스데어 매킨타이어와 마이클 샌델이 있다. 이들은 특정한 공동체 속에서 책임과 의무를 공유해야 한다고 주장하며, 소속된 사회의 규범을 강조하고 사회 구성원으로서의 협력을 중요시한다.

(공동선) 공동선은 개인의 이익을 넘어 사회 전체의 이익과 번영을 추구하는 윤리적 개념이다. 이는 공동체 구성원들이 함께 나아가야 할 목표로, 모든 사람들의 권리와 복지를 고려한 사회적 조화와 연대의 가치를 강조한다. 공동선은 개인의 자유와 권리뿐만 아니라 사회적 책임까지 강조하는 개념으로서, 사회의 모든 구성원이 공정하게 기회를 가질 수 있게끔 제도화하는 것을 목표로 한다.

탐구 주제 1 다양한 형태의 사회 불평등이 우리 사회의 문제라는 점에는 모든 사람들이 동의할 것이다. 하지만 '불평등' 자체에 대한 자유주의적 정의관과 공동체주의적 정의관은 관점의 대립이 첨예하다. 두 정의관에 대해 조사하고, 자신의 정의관에 맞춰 새롭게 해석해 보자.

탐구 주제 2 유전자 편집 기술은 유전자 조작을 개인의 선택으로 보는 자유주의적 정의관과 공동체 안전의 위협으로 보는 공동체주의적 정의관이 대립하는 대표적인 사례이다. 자유주의적 정의관과 공동체주의적 정의관이 대립하는 과학 관련 문제를 찾아 자신의 생각을 발표해 보자.

개념 응용

	지니계수 (처분가능소득)	5분위배율
노태우	0.250	3.63
김영삼	0.260	3.89
김대중	0.276	4.30
노무현	0.286	4.66
이명박	0.288	4.77
박근혜	0.273	4.31

[출처] 통계청, '소득을 넘어 주거·교육 등 다층적 불평등…' 기사 관련 설명 자료

자료 설명

우리나라 역대 정권별로 도시 2인 이상 가구의 지니계수 및 5분위배율을 표로 나타낸 것이다.

탐구 주제

우리나라의 경제 불평등은 고질적인 문제이다. 왼쪽 표에 나타난 지니계수, 5분위배율의 의미를 정립하고, 각 정권별로 불평등의 해법을 찾아 자유주의 또는 공동체주의 관점의 제도인지 판단하고 그 효과성에 대해 탐구해 보자.

추천 도서

동물농장(조지 오웰, 이종인 역, 더클래식, 2023)

이 책은 혁명으로 억압에서 벗어나고자 한 동물들이 권력을 독점한 돼지들에 의해 새로운 불평등과 억압에 시달리게 되는 이야기를 담고 있다. '모든 동물은 평등하다.'라는 정의로운 이상이 어떻게 권력의 집중과 왜곡으로 변질될 수 있는가에 주목하고, 권력을 감시하고 공정하게 분배하지 않으면 정의가 유지될 수 없다는 점을 강조한다. 더불어 동물들의 방관과 무지로 인해 정의가 무너지는 과정을 통해 정의로운 사회를 유지하려면 시민의 적극적인 참여와 비판적 사고가 필수적임을 강조한다.

탐구 주제 1 조지 오웰의 《동물농장》을 읽고 소설 속 혁명의 과정과 결말을 분석해 보자. 이를 토대로 아리스토텔레스, 플라톤, 존 롤스, 마이클 샌델, 로버트 노직 등 정의론을 주장한 주요 사상가와 관련지어 이상적인 정의의 실현 가능 여부에 대해 자신의 의견을 덧붙여 철학적 관점에서 해석해 보자.

탐구 주제 2 《동물농장》 속 돼지를 비롯한 각 동물의 선택과 경제학의 게임 이론을 접목해 농장 내부의 결과를 분석해 보자. 《동물농장》에 등장하는 각 동물 집단의 행동에 게임 이론의 관점을 적용해 보고, 각자의 목표를 추구하는 과정의 상호작용 속에서 정의가 어떻게 왜곡되는지를 분석하고, 공정성을 위한 최적의 전략을 제안해 보자.

존 롤스 정의론: 공정한 세상을 만드는 원칙(황경식, 쌤앤파커스, 2018)

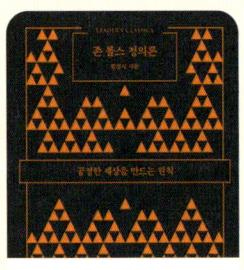

자유주의적 정의관을 가진 롤스의 정의론을 분석한 책이다. '평등한 자유'와 '차등'이라는 두 원칙으로 사회정의의 기초를 마련한 롤스의 이론적 배경이 이해하기 쉽게 서술되어 있다. 여기에 저자는 자신의 생각을 덧붙여 '실천성'과 '실현성'에 주목해 현실 사회에 맞게 풀어 나가고 있다. 단순하게 정의를 개념화하고 정당화하는 것을 넘어 실천 의지를 단련하고 실천 역량을 함양해야 함을 강조하며, 어떤 세상이 공정한 세상을 만드는 원칙에 가까운지에 관해 질문을 던진다.

탐구 주제 1 세계화로 인해 국가 간 교육 격차, 문화 접근성 격차, 경제 격차 등 다양한 분야에서 불평등이 심화되고 있다. 롤스의 정의론에서 주장하는 조건을 바탕으로 불평등 해소 방안을 모색해 보고, 공정한 사회로 나아가기 위한 구체적인 실현 조건을 현대 시대에 맞게 탐구해 보자.

탐구 주제 2 롤스의 정의론은 공정한 사회를 위한 기초적 원칙을 제안한다. AI의 의사 결정 시스템에 이 원칙을 어떻게 적용할 수 있는지 탐구해 보자. 또한 AI 알고리즘의 공정성을 정의론의 관점에서 평가해 보고, AI 기반의 사회에서 인간의 자유와 평등을 보장할 수 있는 구체적인 방안을 모색해 보자.

추천 논문 | **공자의 정의관에 대한 일고찰 – '의'와 '정명'을 중심으로** (이승모, 동양철학연구회, 2015)

이 논문은 공자가 직접적으로 거론하진 않았지만 공자의 주장에서 알 수 있는 정의관을 살펴보고, 정의에 대한 본질적 문제인 '정의가 추구하는 것이 무엇인가'를 제시한다. 동서양의 정의의 개념과 근본적인 의미를 비교·분석하고, 정의의 존재 이유와 공자가 추구한 정의의 개념을 통해 공자의 '의'와 '정명'에서 '정의'에 대한 정의를 내려본다.

> **탐구 주제**
> 동양과 서양의 '정의관'은 시대에 따라 변해왔다는 공통된 특징이 있지만, 정의관의 저변에는 각 사회가 가진 문화적 특징이 반영된 경우가 많다. 동양과 서양의 정의관을 다양하게 조사해 보고, 자신의 신념에 맞게 새로운 정의관을 근거를 들어 제안해 보자.

선택 과목 연계 학습 및 전공 가이드

◆ 선택 과목 연계 학습

선택 과목		학습 안내
일반 선택	현대 사회와 윤리	자유주의적 관점에서 강조되는 개인의 행복이나 자아실현과 같은 개인 선과, 공동체주의적 관점에서 강조되는 공동체를 위한 공동선의 조화가 중요함을 깨닫고, 정치 참여의 필요성을 학습한다.
관련 단원	4. 민주 시민과 윤리	

◆ 전공 가이드

개인 선과 공동선의 조화가 필요한 이유를 근거로 시민의 정치 참여의 필요성을 설명하고, 시민 불복종의 정당성을 중요한 역사적 사례에 적용해 그 의의를 분석한다.

- ▶ **사회계열** : 정치외교학과, 사회복지학과, 행정학과, 사회학과, 보건행정학과
- ▶ **의약계열** : 의예과, 간호학과, 약학과, 치의예과
- ▶ **교육계열** : 사회교육과, 지리교육과, 교육학과, 특수교육과, 교육공학과, 국어교육과

◆ 선택 과목 연계 학습

선택 과목		학습 안내
진로 선택	인문학과 윤리	'정의론'을 중심으로 순자와 연계해 불평등의 발생 원인과 문제점을 탐구하며, 능력에 따른 분배와 기회균등의 양상을 분석하는 과정에서 실질적 기회균등이 보장되는 정의로운 사회에 대해 학습한다.
관련 단원	3. 자유와 평등	

◆ 전공 가이드

정의에 대한 균형 있는 관점을 갖추고, 자유롭고 평등한 삶을 위한 정의의 원칙에 대해 고찰한다. 이를 통해 정의로운 사회를 위한 사회적 조건들을 제안한다.

- ▶ **인문계열** : 철학과, 한문학과, 동양철학과, 역사학과, 문헌정보학과
- ▶ **자연계열** : 응용수학과, 데이터사이언스학과, 환경공학과, 인공지능 관련 학과 (*윤리적 측면)
- ▶ **교육계열** : 교육학과, 사회교육과, 윤리교육과

✦ 선택 과목 연계 학습

선택 과목	학습 안내	
융합 선택	역사로 탐구하는 현대 세계	국제 분쟁의 사례를 선정해 분쟁의 발생 원인을 역사적 맥락에 초점을 맞춰 탐구하고, 탈냉전 이후 분쟁과 갈등을 극복하고 평화를 만들기 위한 정책적 사례를 국가, 지역, 세계의 관점에서 학습한다.
관련 단원	4. 분쟁과 갈등, 화해의 역사	

✦ 전공 가이드

국제 분쟁의 사례 하나를 선택해 복합적인 원인에 대해 조사하고, 갈등을 극복하기 위한 국제 사회 내 개별 국가의 태도를 공동선의 측면에서 분석해 대안을 제시한다.

▶ **사회계열** : 국제학과, 국제관계학과, 정치외교학과, 지리학과
▶ **공학계열** : 도시공학과, 정보보안학과, 방위산업 관련 학과
▶ **예체능계열** : 미술학과, 음악학과, 연극영화과, 체육학과(스포츠 외교)

학생부 교과세특 예시

'동물농장(조지 오웰)'을 읽고 롤스와 노직 등 주요 사상가들의 정의관을 소설 속 권력 구조와 불평등의 문제에 적용 및 분석함. 특히 롤스의 '차등의 원칙'과 노직의 '소유권 이론'을 비교하며, 소설에서 나타나는 부당한 권력 사용과 불평등 심화의 원인을 비판적으로 탐구함. 이를 바탕으로 이상적인 정의 실현 방안으로 공정한 분배 원칙과 실질적 기회균등의 보장을 강조하며, 현재의 교육과 법적 제도를 바탕으로 구체적인 제도 개선 방안을 제안하고 모두가 기본권을 누릴 수 있는 사회의 모습을 구상함. 이 과정에서 논리적 사고력과 적용력 및 문제해결력을 통해 깊이 있는 통찰을 보여줌.

교과서 찾아보기

📖 **㈜리베르스쿨 48~52쪽**
- 어떤 정책이 공동선을 위해 필요한 정책인가?
- 공동체에 대한 의무 vs 개인의 자유로운 선택

📖 **지학사 48~53쪽**
- 자유주의와 공동체주의는 무엇이 다를까?
- 타고난 재능의 산물은 자신만의 것일까?
- 사익과 공익이 조화된 공동체 만들기

📖 **비상교육 42~47쪽**
- 마스크 착용 의무화, 찬성인가 반대인가
- 님비(NIMBY)가 가로막는 청년 임대 주택 사업

3. 사회 및 공간 불평등

성취 기준 【10통사2-02-03】 사회 및 공간 불평등 현상의 사례를 조사하고, 정의로운 사회를 만들기 위한 다양한 제도와 시민으로서의 실천 방안을 제안한다.

학습 개요 사회 계층의 양극화, 공간 불평등, 사회적 약자에 대한 차별 등 구체적 사례의 발생 원인을 분석하고, 이를 해결하기 위한 사회복지제도, 지역 격차 완화 정책, 적극적 평등 조치 등과 같은 제도적 방안과 함께 개인이 시민으로서 실천할 수 있는 방안을 모색한다. 이를 통해 참여하는 시민으로서의 역량을 함양할 수 있다. 2015 개정 교육과정의 '적극적 우대 조치'가 '적극적 평등 조치'로 바뀐 점에 유의해야 한다.

개념 제시 사회 불평등 현상, 사회 양극화, 공간 불평등, 성장 거점 개발, 적극적 평등 조치

생각 열기 미국의 존 F. 케네디(1917~1963) 대통령은 1961년 3월 6일 '행정명령 10925'를 통해 처음으로 'Affirmative Action'이라는 용어를 사용하며 '적극적 평등 조치'를 제도적으로 도입했다. 그는 "고용주들이 인종, 피부색, 종교, 출신 국가에 관계없이 차별 없이 고용하고 이를 적극적으로 촉진해야 한다."라고 명시했다. 이후 1965년 린든 B. 존슨 대통령이 '행정명령 11246'을 통해 이 정책을 확대해 적극적 평등 조치를 본격적으로 추진했다.

관련 이슈 (대입, 적극적 평등 조치) 최근 한국은행 총재가 입시 경쟁 과열에 따른 한국 사회의 구조적인 문제 해결을 위해 상위권 대학의 '지역별 비례선발제'를 제안했다. 1960년대에 미국에서 시작한 적극적 평등 조치는 프랑스, 스웨덴, 영국 등 전 세계적으로 영향을 미쳤으며, 이에 따라 우리나라에서도 지역별 비례선발제를 포함한 적극적 평등 조치를 고려해야 한다는 목소리가 나오고 있다. 그러나 토론회에서는 지역별 비례선발제가 오히려 지역과 지역 대학의 소멸을 부추길 수 있다는 우려의 목소리도 나왔다.

개념 이해

(거점 개발과 균형 개발) 거점 개발은 특정 지역(거점)에 집중해 개발하고 성장시키는 지역 성장 정책이다. 개발의 효과가 주변 지역으로 확산되도록 유도하는 것으로, 초기에 빠른 성과를 얻을 수 있지만 지역 간 경제 격차가 심화될 수 있다. 균형 개발은 모든 지역이 균등하게 발전하도록 자원을 분산시키는 정책이다. 지역 간 격차를 줄이고 국가 전체의 조화로운 발전을 목표로 한다. 균형 개발은 지역 불균형 문제를 해결할 수 있으나, 한정된 자원이 분산되기 때문에 지역의 성장 속도가 느려질 수 있다는 한계가 있다.

(사회보험과 공공부조) 사회보험과 공공부조는 사회보장(복지)제도의 주요 형태이다. 사회보험은 개인이 일정 보험료를 납부해 조건이 충족되었을 때 보장받는 제도로, 대표적인 예로 국민연금, 건강보험, 고용보험, 산재보험이 있다. 공공부조는 국가 재정을 통해 경제적 어려움을 겪는 사람들을 대상으로 최소한의 생활을 보장하는 제도로, 대표적으로 기초생활보장제도, 의료급여가 있다. 사회보험의 재원은 개인과 고용주가 공동으로 부담한다면, 공공부조는 국가나 지방자치단체의 세금으로 운영된다는 점에서 다르다.

(적극적 평등 조치) '적극적 평등 조치'란 사회적·경제적으로 차별받아 온 집단에 대해 평등한 기회를 보장하기 위한 정책과 프로그램 등을 의미한다. 주로 인종, 성별, 장애, 출신 배경 등으로 인한 불평등 해소의 목적이 있으며, '공정성'의 관점에서 접근한다. 이는 형식적 평등을 넘어 실질적 평등을 실현하기 위한 목적이나 '역차별'을 초래할 수 있다는 한계점이 있다. 대표적인 적극적 평등 조치로는 여성할당제, 우리나라 대학 입학 정책, 장애인의무고용제, 공공부문 청년고용의무제 등이 있다.

탐구 주제 1 우리나라는 지역 격차를 해소하기 위해 '혁신 도시' 등을 정책적으로 지정하고 경제, 교육, 문화, 의료 등 다양한 분야에서 나타나는 불균형을 해소하고자 노력하고 있다. 이러한 지역 격차 해소를 위한 지방 분권 강화 정책의 효과성에 대해 분석하고 발표해 보자.

탐구 주제 2 신재생 에너지 인프라의 구축은 환경적 요인으로 일부 지역에만 집중되는 경향이 있다. 그러나 신재생 에너지의 중요성이 커지고 있는 것이 세계적 현실이다. 지역별 신재생 에너지의 잠재력 데이터를 조사해 에너지 분야에서의 지역 균형 발전 방안을 모색해 보자.

개념 응용

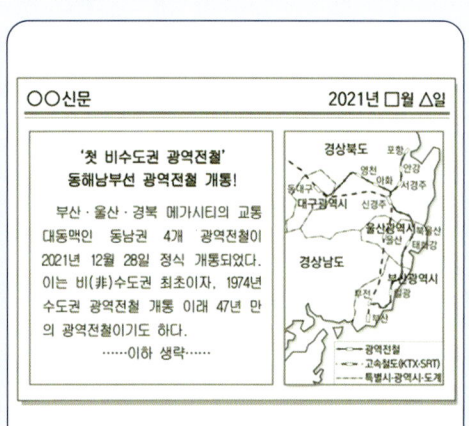

[출처] 2022학년도 9월 고1 〈통합사회〉 전국연합학력평가 문항

자료 설명

공간 불평등을 해소하기 위한 정책적 효과에 대한 문제이다.

탐구 주제

도심의 낙후 지역이 활성화되어 외부인과 돈이 유입되는 과정에서 임대료 상승 등의 원인으로 원주민이 밀려나는 현상을 '젠트리피케이션'이라고 한다. 이러한 도시 재개발이 공간 불평등을 심화하는지 아니면 완화하는지에 관해 국내 사례를 조사해 탐구해 보자.

추천 도서

우리 사회를 망가뜨리는 것들 (조현수, 리마인드, 2025)

한국 사회가 직면한 다양한 문제를 비판적으로 분석하고, 이를 해결하기 위한 작가의 비판과 분석을 담은 책이다. 저자는 경제, 정치, 사회 전반에 걸쳐 구조적 문제와 문제의 본질에 대해 거론하며 개인의 행동이 어떻게 사회를 망가뜨릴 수 있는지 구체적으로 설명한다. 경제 불평등, 정치, 교육과 경쟁, 집단주의, 환경, 공정성 등의 주제와 관련한 현실 비판을 통해 지금보다 더 나은 미래의 모습을 고민하게 하며 구성원의 사회적 책임 의식에 대해 제언한다.

탐구 주제 1 1960년대 이후 급속한 경제 성장으로 소득 불균형의 문제가 나타났다. 대기업 중심의 경제 구조, 기회 불평등의 문제는 소득 재분배 정책으로도 극복하기 어렵다. 이와 관련해 다른 나라의 불평등 해소 정책의 사례를 찾아보고, 우리나라에 적용 가능한지, 그렇다면 그 근거를 찾아 진단해 보자.

탐구 주제 2 의료 자원의 분배에는 '모든 사람이 평등하게 의료 서비스를 받을 것', '개인의 필요에 따라 적절히 자원을 분배할 것'의 개념이 포함된다. 그러나 우리나라의 의료 서비스 접근성은 지역별 편차가 매우 크다. 해외의 사례와 비교해 공정한 의료 자원 분배 방안을 모색해 보자.

아픔이 길이 되려면 (김승섭, 동아시아, 2017)

건강과 질병이 단순히 개인의 문제가 아니라, 사회 구조와 불평등 속에서 형성된다는 점을 데이터와 사례를 통해 보여주는 책이다. '건강'을 통해 우리 사회의 문제를 고찰하고, 차별과 불평등이 건강에 영향을 미치는 경로를 담고 있다. 건강에 미치는 사회적 결정 요인(소득, 직업, 성별, 지역 등)을 통해 건강이 '사회적 관계의 결과'라는 메시지를 담고 있으며, 우리가 겪는 고통이 결코 무의미한 것이 아니라 오히려 우리를 더 나은 방향으로 이끌어줄 수 있다고 강조한다.

탐구 주제 1 '건강권'은 최근에 새롭게 등장한 국민 기본권의 하나로, 헌법적으로 보장하는 것은 사회적 논의가 필요한 부분인데, 우리나라 역시 헌법에 직접적으로 적시하지 않았기 때문이다. 우리나라를 포함한 세계 각국의 건강권에 대해 정의하고, 법적 보장의 정도를 비교하며 개정 여부를 판단해 보자.

탐구 주제 2 특정 지역 사회 내에서 질병의 발생 빈도(유병률: 어떤 시점에 일정한 지역에서 나타나는 그 지역 인구에 대한 환자 수의 비율)가 사회적 요인들과 어떻게 관련되는지 탐구하며 건강 불평등의 관점에서 해석해 보고, 사회적 결정 요인이 건강에 미치는 영향을 과학적으로 규명하는 활동을 수행해 보자.

추천 논문

미연방대법원 적극적 평등 실현 조치 판례 경향의 분석과 전망 (정일영, 중앙법학회, 2022)

적극적 평등 실현 조치와 관련해 미국 연방대법원, 그중에서도 고등 교육기관의 입시와 관련한 판례의 동향을 분석한 논문이다. 적극적 평등 조치를 가장 먼저 도입한 국가가 미국인 만큼 가장 활발하게 정책적으로 반영되었으며, 이에 수반하는 찬반 논의 또한 활발히 이루어진 것에 주목해 역사적 흐름에 따른 현재 상황을 진단한다.

탐구 주제

대한민국 헌법 제11조를 통해 성별, 종교, 사회적 신분과 관계없이 모든 국민은 법 앞에 평등하다고 규정하고 있으나, 헌법재판소는 평등권이 절대적인 평등을 의미하는 것이 아님을 밝히고 있다. 우리나라의 적극적 평등 조치를 조사하고 역차별에 대해 탐구해 보자.

선택 과목 연계 학습 및 전공 가이드

◆ 선택 과목 연계 학습

선택 과목		학습 안내
일반 선택	사회와 문화	현대 사회에서 나타나는 빈곤, 성 불평등, 사회적 소수자 차별 문제 등 사회 불평등 양상의 원인과 실태를 분석해 해결 방안을 모색하고, 사회복지제도의 유형과 특징을 복지제도를 통해 학습한다.
관련 단원	4. 사회 불평등과 사회복지	

◆ 전공 가이드

사회복지제도의 유형과 특징, 최근의 변화 양상을 통해 우리나라 사회복지제도에 대해 분석하고, 이를 둘러싼 쟁점을 토론하며 사회복지의 발전 방안을 모색한다.

- ▶ **사회계열**: 사회복지학과, 행정학과, 사회학과, 경제학과, 경영학과, 보건행정학과
- ▶ **의약계열**: 의예과, 간호학과, 약학과
- ▶ **교육계열**: 교육학과, 특수교육학과, 청소년학과, 유아교육과

◆ 선택 과목 연계 학습

선택 과목		학습 안내
진로 선택	한국지리 탐구	도시의 인구 규모 변화 분석을 통해 국토 공간의 불균등 성장으로 수도권 집중과 공간적 확산, 지방 소멸이 나타나고 있음을 알고, 국가 및 지역 수준의 국토 균형 발전 방안에 대해 학습한다.
관련 단원	3. 국토의 변화와 균형 발전 탐구	

◆ 전공 가이드

국토의 균형 발전을 위한 국가 및 지역 수준의 정책을 제안해 보자. 현재 지방 소멸의 위험성이 상당함을 증명하고 자신이 제안한 정책의 실현 가능성에 대해 탐구한다.

- ▶ **인문계열**: 인문학과, 언어학과, 역사학과, 문화인류학과
- ▶ **사회계열**: 사회복지학과, 지역개발학과, 도시사회학과, 행정학과
- ▶ **자연계열**: 지리학과, 산림과학과, 환경 관련 학과, 농업생명과학과

◆ 선택 과목 연계 학습

선택 과목		학습 안내
융합 선택	윤리 문제 탐구	사회에 만연한 사회적 차별과 혐오 표현의 문제를 인격권 존중과 표현의 자유 보장이라는 관점에서 탐구해 다양한 관점을 이해하고 윤리적 해결 방안을 제안하는 활동을 수행한다.
관련 단원	2. 시민의 삶과 윤리적 탐구	

◆ 전공 가이드

사회적 차별 표현의 사례를 조사하고, 사회적 차별 문제를 바라보는 관점을 통해 공동체 구성원의 존엄성을 보장하는 개인적·제도적 해결 방안을 모색해 토론한다.

- ▶ **인문계열** : 문화인류학과, 철학과, 국어국문학과, 언어 관련 학과, 역사학과, 종교학과
- ▶ **사회계열** : 사회학과, 정치외교학과, 법학과
- ▶ **교육계열** : 교육학과, 윤리교육과, 다문화교육학과, 청소년학과, 특수교육학과

[학생부 교과세특 예시]

'아픔이 길이 되려면(김승섭)'을 읽고, 건강권이 개인의 문제가 아닌 사회적·구조적 요인과 깊이 연결된 권리임을 강조하며, 헌법에서 이를 명시할 필요성을 논리적으로 전개함. 대한민국의 헌법이 건강권을 간접적으로 언급하고 있지만 독일, 남아프리카공화국 등의 국가들은 헌법에 건강권을 기본권으로 적시하고 있음을 조사해 비교함. 특히 독일이 적극적 의무를 명시한 점을 들어 국내 제도의 한계를 지적하고 개선 방안을 제안함. 건강 불평등의 문제를 해결하기 위해 의료 서비스의 접근성 강화와 지역 간 보건 격차 해소 정책의 필요성을 구체적으로 촉구하며 학문적 탐구심을 높임.

[교과서 찾아보기]

📖 창비교육 54~61쪽
- 농촌에서 산부인과가 점점 사라질까?
- 불평등 완화를 위한 제도
- 범용 디자인 만들기

📖 아침나라 52~61쪽
- 사회 불평등 현상이 삶의 질에 미치는 영향
- 혁신 도시, 지역 균형 발전 거점으로 육성

📖 미래엔 54~63쪽
- 적극적 평등 실현 조치, 소수 인종 우대 정책의 쟁점
- 모두를 위한 디자인, 유니버설 디자인

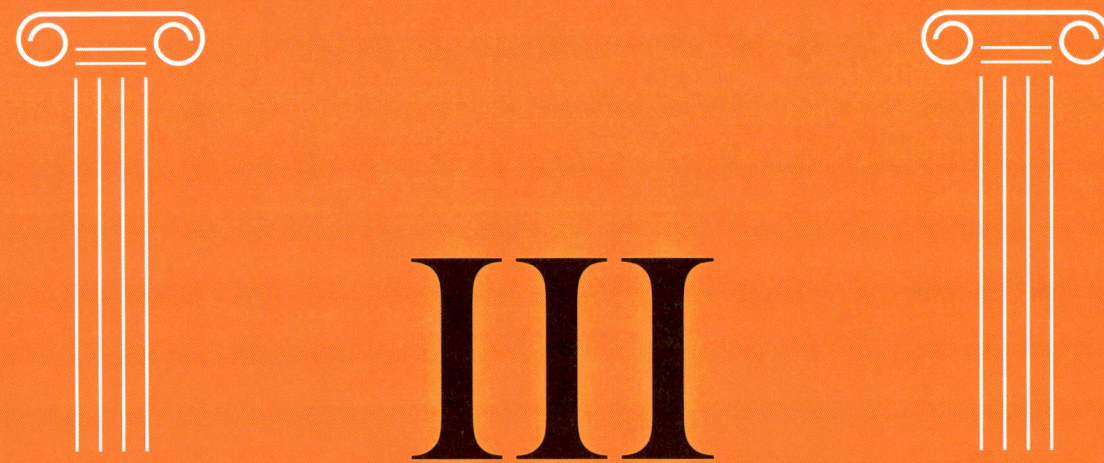

Ⅲ

시장경제와 지속가능발전

1. 자본주의의 역사

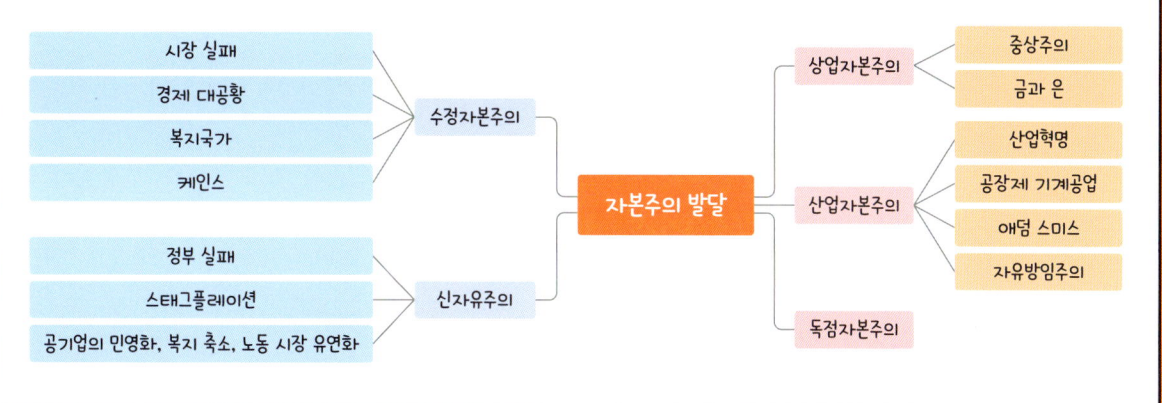

성취 기준

【10통사2-03-01】 자본주의의 역사적 전개 과정과 그 특징을 조사하고, 시장과 정부의 관계를 중심으로 다양한 삶의 방식을 비교 평가한다.

학습 개요

자본주의의 역사적 전개 과정(상업자본주의–산업자본주의–수정자본주의–신자유주의)과 그 특징을 역사적 사건이나 사상가들의 주요 주장을 통해 학습한다. 그 과정에서 나타난 시장과 정부의 관계를 중심으로 한 경제 주체들의 삶의 방식의 변화, 특히 시장경제 체제와 계획경제 체제가 사회 구성원의 삶에 미친 영향을 학습한다. 출판사에 따라 '독점자본주의'를 거론한 교과서가 있으므로, 이를 포함해 학습할 필요가 있다.

개념 제시

시장경제 체제, 계획경제 체제, 상업자본주의, 산업자본주의, 수정자본주의, 신자유주의

생각 열기

마거릿 대처(1925~2013)의 정치적·경제적 정책을 '대처리즘(Thatcherism)'이라고 한다. 대처리즘의 핵심 이념은 자유시장경제의 추구로, 공기업의 민영화, 세율 인하 세금 정책, 노동 시장 규제 완화, 복지 정책 축소 등을 주요 정책으로 내세운다. 이러한 신자유주의의 기조는 세계로 확대되었으며, 미국 로널드 레이건(1911~2004) 행정부의 '레이거노믹스(Reaganomics)' 역시 신자유주의의 대표 정책이다.

관련 이슈

(영화 〈빅 쇼트〉) 2008년 미국의 서브프라임 모기지(저신용대출) 사태에 의한 금융 위기를 배경으로 금융 시스템의 모순과 이로 인한 금융 시장 붕괴를 다룬 영화이다. 이 영화는 신자유주의와 금융 자유화가 극단화된 결과로 자본주의 체제 자체가 가진 모순적인 부분이 있음을 드러내고, 탐욕과 규제 부재, 금융기관의 무책임한 행동으로 인한 세계 경제의 충격을 보여준다. 자본주의의 취약성과 금융 시장의 비윤리성을 고발하며, 개인과 제도가 만들어낸 구조적 문제를 비판적으로 조명한다.

개념 이해

(**자본주의**) 자본주의는 생산 수단과 자원을 사유재산화하고, 시장경제를 통해 경제 문제를 해결하는 경제 체제를 말한다. 개인이나 기업은 시장에서 자유롭게 경쟁하면서 자원을 효율적으로 배분하고, 가격 원리에 따라 시장에서 수요와 공급을 조절하며 경제활동이 이뤄진다. 자본주의는 효율성과 창의성을 바탕으로 한 경쟁과 혁신을 통해 경제 성장을 촉진하지만, 부의 불평등 문제가 발생할 수 있다.

(**독점자본주의**) 독점자본주의는 자본주의 경제의 한 형태로, 시장에서 몇몇 대기업이 지배적인 위치를 차지함으로써 공정한 경쟁을 억제하고 시장을 독점하거나 과점하는 현상을 말한다. 독점 기업들은 생산량과 가격을 통제할 수 있으며, 자본과 자원의 집중을 초래한다. 이 과정에서 중소기업은 생존하기 어려워지고 경제의 불평등이 심화될 수 있다. 이를 방지하기 위해 '독점 규제 및 공정 거래에 관한 법률' 등이 제정됐다.

(**중상주의와 자유방임주의**) 중상주의는 16세기부터 18세기까지 유럽에서 지배적이었던 경제 이론이다. 국가의 부를 증대하기 위해 무역 흑자와 금의 보유를 우선순위로 두며, 국가가 경제에 적극적으로 개입해 무역을 통제하고 국내 자원을 보호하는 것이 핵심이다. 반면 자유방임주의는 18세기 후반 산업혁명기의 영국에서 등장했다. 시장의 자율성을 강조해 정부의 개입을 최소화한다. 경제활동은 개인의 자유로운 선택과 경쟁을 통해 이뤄져야 하며, 이러한 정책이 자원의 효율적 배분을 이룰 수 있다고 믿는다.

탐구 주제 1 산업혁명은 영국에서 시작된 기계 발명과 기술 변화로 인한 경제적·사회적 대변화를 말한다. 산업혁명으로 인한 자본주의 성장의 이면에는 노동 계층에 영향을 미친 사회적 변화가 있다. 노동자의 삶과 지위의 변화를 사회의 여러 면에서 분석해 보고 현재의 노동 환경과 비교해 보자.

탐구 주제 2 자유방임주의 체제에서 공공 보건의 역할 부재는 각종 전염병의 확산으로 이어졌다. 대표적으로 19세기 콜레라 등이 있다. 현대 전염병 확산의 사례를 수학적 모델(SIR 모델)을 적용해 시나리오를 완성하고, 이를 근거로 전염병 확산 속도와 규모에 대한 정부 개입의 필요성을 논의해 보자.

개념 응용

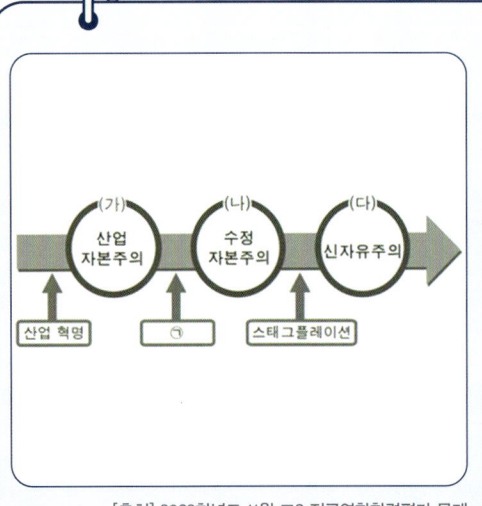

[출처] 2023학년도 11월 고2 전국연합학력평가 문제

자료 설명

자본주의의 전개 과정을 도식화한 2019학년도 11월 고1 학력평가 문제이다.

탐구 주제

냉전 시대의 주요 경제 체제인 자본주의와 사회주의의 이념이 각국의 경제 정책과 발전에 미친 영향을 탐구해 보자. 경제 체제의 구조적 차이로 인한 경제 정책과 글로벌 영향력에 대해 조사하고, 현재의 국제 정세를 판단하고 미래 경제에 대한 영향력을 논리적으로 예측해 보자.

추천 도서

50대 사건으로 보는 돈의 역사(홍춘욱, 로크미디어, 2019)

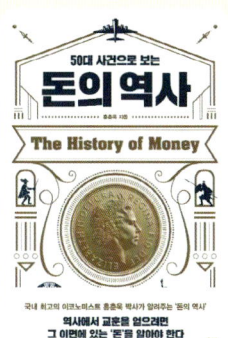

역사의 흐름 속 중요한 경제 사건 50가지를 중심으로 돈이 역사를 어떻게 움직였는지 풀어낸 책이다. 이 책은 르네상스 금융 혁명, 산업혁명과 자본주의, 대공황, 2008년 서브프라임 모기지 사태와 같은 경제 사건들을 통해 경제의 구조와 흐름을 이해하는 데 도움을 준다. 이를 통해 금융, 기술, 국제 무역 등 세계 경제의 발전을 이해하고, 현대 사회의 경제를 바라보는 시야를 넓힐 수 있다. 경제학, 역사, 사회학에 관심 있는 학생들에게 유용하며 돈의 사회적 구조 형성을 파악할 수 있도록 돕는다.

탐구 주제 1   1944년 브레턴우즈 체제의 등장과 붕괴 과정을 중심으로 금융 시스템의 발전 과정을 분석해 보자. 이후 확립된 새로운 국제 금융에 대해 조사하고, 그 과정에서 발생한 문제점과 해결 및 개선 방안을 제안하고 실효성을 판단해 보며 안정적인 글로벌 경제 환경을 구축할 수 있는 방법을 모색해 보자.

탐구 주제 2   금융 시장은 주식, 환율, 채권 등 다양한 자산이 거래되는 공간으로 끊임없이 가격이 변화한다. 이러한 변화를 예측하기 위해 《50대 사건으로 보는 돈의 역사》 중 하나의 사건을 정하고, 시계열 분석을 통해 주식 시장과 환율 변동을 예측해 보며 금융 시스템의 안정성을 유지할 수 있는 방안을 모색해 보자.

죽은 경제학자의 살아 있는 아이디어(토드 부크홀츠, 류현 역, 김영사, 2023)

경제학자들의 주요 이론을 단순히 나열하는 것이 아니라, 역사적 맥락과 현실 경제에 미친 영향을 사례를 통해 설명한다. 애덤 스미스, 데이비드 리카도, 존 메이너스 케인스, 밀턴 프리드먼 등 경제사적으로 위대한 인물로 평가받는 사람들을 중심으로 그들의 경제학적 아이디어를 현대 경제 문제와 연결해 해석한다. 경제적 아이디어를 탐구할 수 있는 기회를 제공하는 도서로 흥미롭게 읽을 수 있다.

탐구 주제 1   애덤 스미스, 케인스, 프리드먼 등 주요 경제학자들의 경제 이론은 당시의 시대상을 반영한다. 현재의 경제 상황을 분석해 당시 경제학자들의 주요 주장을 적용해 보고, 이 경우 발생하게 될 격차와 파생될 문제점을 살펴보고 해결 방안을 제안해 보자.

탐구 주제 2   예술 분야는 단순히 문화적 가치만 가지는 것이 아니라 경제적 효과도 창출할 수 있어 정부 차원에서 지원과 투자가 이루어지고 있다. 케인스의 '승수효과'의 개념을 도입해 예술의 경제적 효과를 진단해 보자. 예술이 경제에 미치는 영향을 분석하고 정부 개입의 정당성에 대해 토론해 보자.

추천 논문

국내 공유 경제 연구 동향과 향후 과제(고정 외 3명, 한국상품학회, 2024)

디지털 기반의 공유 경제(한번 생산된 제품이나 공간, 경험, 재능 등을 다수의 개인이 협업을 통해 빌려주고 나누어 쓰는 경제 방식) 플랫폼이 새로운 경제 요소로 떠오르고 있다. 공유 경제 관련 연구 동향을 분석해 경영학, 법학 등 사회과학 전반에서 공유 경제가 변화를 이끌어내고 있음을 확인하고, 현재까지의 공유 경제 연구 상황과 과제를 제안한다.

> **탐구 주제** 공유 경제의 개념과 유형, 공유 경제의 현실과 법적·제도적 수준, 공유 경제의 사회적 영향, 공유 경제를 통한 공유 가치의 창출 등 공유 경제의 실태를 조사하고, 구체적인 사례를 통해 앞으로의 개선 방안과 '효율성' 측면에서의 경제학적 탐구를 수행한다.

선택 과목 연계 학습 및 전공 가이드

◆ 선택 과목 연계 학습

선택 과목	학습 안내
일반 선택	세계사	신항로 개척 이후의 교역망 확대 및 식민지 건설을 중상주의와 연결해 학습하고, 유럽의 재정·군사 국가의 지리적 확장이 유럽과 식민지에 가져온 변화를 다양한 측면에서 분석한다.
관련 단원	2. 교역망의 확대	

◆ 전공 가이드

유럽의 신항로 개척 등 굵직한 역사적 사건은 당시 경제 현상에 치명적이거나, 경제 성장을 이루는 발판이 되었다. 역사적 사건과 경제를 관련지어 탐구한다.

- ▶ **인문계열** : 역사학과, 사학과, 철학과, 문헌정보학과, 문화인류학과
- ▶ **사회계열** : 경제학과, 경영학과, 국제통상학과, 사회학과
- ▶ **교육계열** : 역사교육과, 사회교육과, 교육학과

◆ 선택 과목 연계 학습

선택 과목	학습 안내
진로 선택	경제	기본적인 경제 문제를 해결하는 방식으로서 전통 경제, 계획경제, 시장경제의 특징과 장점 및 한계점을 비교하고, 시장경제는 자유와 경쟁 속에서 가격 기구를 통해 경제 문제를 해결한다는 점을 학습한다.
관련 단원	1. 경제학과 경제 문제	

◆ 전공 가이드

경제학에서 다루는 세 가지 경제 문제를 학습하고, 경제학의 발전 과정 속에서 경제 문제를 어떻게 해결하고자 했는지 분석해 현실에 적용해 보는 탐구를 수행한다.

- ▶ **사회계열** : 경제학과, 경영학과, 사회학과, 정치외교학과
- ▶ **공학계열** : 산업경영공학과, 시스템공학과, 환경공학과
- ▶ **교육계열** : 사회교육과, 일반사회교육과, 교육학과

◆ 선택 과목 연계 학습

선택 과목	학습 안내	
융합 선택	사회 문제 탐구	사회 문제 탐구 경험을 토대로 학습자가 직접 사회 문제를 선정하고 탐구 계획을 수립해 해결 방안을 도출하는 과정에서 사회 문제에 관심을 갖고 문제 해결을 위해 적극적으로 참여한다.
관련 단원	4. 사회 문제 사례 연구	

◆ 전공 가이드

경제와 관련된 사회 문제를 설정해 학습자가 직접 탐구를 통해 가설을 검증할 수 있다. 그 과정에서 현실의 경제 관련 사회 문제를 인식하고 해결 방안을 도출한다.

- ▶ **사회계열** : 경제학과, 경영학과, 국제통상학과, 국제경영학과, 정치외교학과
- ▶ **공학계열** : 산업경영공학과, 환경공학과, 도시공학과
- ▶ **예체능계열** : 디자인학과, 공연예술학과, 시각디자인학과, 스포츠산업학과, 의류학과

학생부 교과세특 예시

공유 경제의 원리와 사회적·경제적 영향력을 구체적인 공유 경제 플랫폼에 적용해 탐구함. 공유 경제가 기존의 소유 중심 경제에서 사용 가치의 극대화와 자원의 효율성을 강조한다는 점을 인식하고 새로운 경제 형태의 개념이 등장했음을 시사함. 사례 분석을 통해 소비자의 편리성을 증가시키는 동시에 이면에 있는 기존 산업과의 갈등 등을 거론하며 공유 경제의 지속 가능한 발전을 위한 사회적 합의와 법적 뒷받침이 있어야 함을 주장함. 그 과정에서 구체적인 데이터를 통해 사회적 파급 효과를 시각화해 제시하고 탐구 결과를 정리 및 발표하며 혁신적 사고를 바탕으로 한 문제 분석력을 보여줌.

교과서 찾아보기

📖 **천재교육 64~71쪽**
- 경제학자와 가상 인터뷰 하기
- 런던 스모그와 시장경제 체제의 문제
- 농산물 생산 부족과 경제 체제

📖 **아침나라 66~71쪽**
- 신자유주의에 의문을 갖게 한 '서브프라임 모기지' 사태
- 자본주의의 유형과 정부 역할 탐구하기

📖 **동아출판 66~73쪽**
- 경제 위기와 정부 개입
- 계획경제 체제와 시장경제 체제의 특징
- 중국이 시장경제 체제를 도입한 이유
- 우리 헌법으로 보는 일상 속의 경제 체제

2. 합리적 선택과 경제 주체의 역할

학습주제

```
                                            ┌─ 생산 종류와 양
                              ┌─ 희소성 ─ 선택의 문제 ─┼─ 생산 방법
                              │                      └─ 분배 방식
          불공정 거래 행위 규제                       
            공공재 생산 ─ 정부                        ┌─ 명시적 비용
보조금 지급 ─ 외부효과 개선 ─┐                  ├─ 기회비용 ─┤
세금 부과                   ├─ 시장 주체의 ─ 합리적 선택    └─ 암묵적 비용
            사회적 책임    │     역할                  
            기업가 정신 ─ 기업                         ┌─ 독과점
            직업 윤리 ─ 노동자              └─ 시장 실패 ─┼─ 공공재 부족 ─┬─ 비경합성
            윤리적 소비 ─ 소비자                                        └─ 비배제성
                                                       └─ 외부효과 ─┬─ 외부경제
                                                                    └─ 외부불경제
```

성취 기준	**[10통사2-03-02]** 합리적 선택의 의미와 그 한계를 파악하고, 지속가능발전을 위해 요청되는 정부, 기업가, 노동자, 소비자의 바람직한 역할과 책임에 관해 탐구한다.
학습 개요	합리적 선택의 의미와 그 한계를 학습하고, 합리적 선택의 한계로 인해 나타나는 시장 실패의 원인과 결과를 학습한다. 지속가능발전을 위해 요청되는 경제 주체들의 역할 및 책임과 관련해 정부의 역할, 기업가 정신, 기업의 사회적 책임, 노동자 인권, 윤리적 소비 등을 배우고 경제 주체들의 바람직한 역할과 책임에 대해 탐구한다. 2022 개정 교육과정에서 지속가능발전이 경제와 결합되어 개정되었음을 유의해서 살펴봐야 한다.
개념 제시	희소성, 기회비용, 명시적 비용, 암묵적 비용, 독과점, 공공재, 외부효과, 합리적 선택
생각 열기	프리드리히 폰 비저(1851~1926)는 '기회비용(Opportunity Cost)'을 처음으로 명확하게 정의한 오스트리아학파의 경제학자이다. 그의 저서 《자연적 가치》에서 기회비용을 언급했는데, 이는 한 자원(물질적·비물질적 자원 등)을 사용함으로써 포기해야 하는 최선의 대안의 가치를 의미한다. 그는 자원의 희소성과 선택의 중요성을 기반으로, 기회비용이 경제적 결정에서 중요한 역할을 한다고 주장한다.
관련 이슈	**(몽골, 나무 심기)** 2008년 국내의 한 예능 방송 프로그램에서 사막화된 몽골에 나무 심기 프로젝트를 기획했다. 이후 위생용품 제조업체, 국내 항공사, 대형 마트 등의 후원으로 몽골에 많은 나무가 심어졌다. 20년 가까이 지난 현재 몽골의 모습은 어떨까? 사막이었던 곳은 울창한 숲으로 변했고, 황사와 미세먼지 등 사막화 지형에서 나타나는 현상들이 대부분 사라졌다. 이러한 녹색 숲은 단순히 몽골 사람들만을 위한 것이 아니다. 우리나라 역시 황사 피해가 줄어드는 등의 효과를 보고 있다.

개념 이해

(희소성과 희귀성) 경제에서 선택의 문제는 자원의 희소성에서 비롯된다. '희소성'은 자원이 한정되어 있어 인간의 무한한 욕구에 비해 자원이 부족한 상태를 의미한다. 인간의 욕구에 비해 부족하다는 상대적인 의미의 희소성으로 인해 기회비용이 발생한다. 이와 유사한 개념의 '희귀성'은 절대적인 수치가 적은 것을 의미한다. 둘 다 자원 배분의 문제와 관련이 있지만, 가격에 영향을 미치는 것은 희소성이다.

(공공재) 공공재는 모든 사람들이 사용할 수 있고, 한 사람이 사용하더라도 다른 사람의 사용에 영향을 미치지 않는 재화나 서비스를 의미한다. 공공재의 특징은 '비배제성'과 '비경합성'이다. 비배제성이란, 누군가가 해당 재화를 사용한다고 해서 다른 사람이 사용하지 못하게 할 수 없다는 의미이다. 비경합성이란 한 사람이 공공재를 사용하더라도 다른 사람이 그것을 사용하는 데 영향을 미치지 않는 것을 뜻한다. 대표적인 예로 국방과 치안 서비스, 무료 도로가 있으며, 공공재는 '무임승차(경제적 이득을 얻지만 그 대가를 지불하지 않으려는 것)' 문제를 발생시킬 수 있다.

(ESG 경영) ESG 경영은 기업의 환경(Environmental), 사회(Social), 지배구조(Governance) 측면에서 책임을 다하는 경영 방식이다. '환경'은 기업이 환경 보호와 지속 가능한 발전을 고려해 에너지 절약, 자원 재활용, 탄소 배출 감소 등을 실천하는 것을 의미한다. '사회'는 기업이 직원, 고객, 지역 사회 등과의 관계에서 사회적 책임을 다하는 것을 의미한다. '지배구조'는 투명한 경영, 윤리적 기업 문화, 주주 및 이해관계자와의 공정한 관계를 유지하는 것을 의미한다. ESG 경영은 지속 가능한 성장을 추구한다.

탐구 주제 1 10대의 용돈 사용의 경향성을 조사해 선택의 기준을 분석해 보자. 한정된 예산을 가지고 소비의 우선순위를 정하는 과정에서 경제학적으로 희소성이 가진 의미를 살펴보고, 개인의 선택의 과정에서 나타나는 다양성의 기준, 윤리적 소비 등에 대한 탐구 보고서를 작성해 보자.

탐구 주제 2 대기오염, 수질오염 등의 환경오염은 과거 공공재였던 재화를 사적 재화의 성격으로 바꾸는 요인이 될 수 있다. 우리가 살고 있는 지역의 미세먼지 농도와 관련된 데이터를 수집해 이를 줄이기 위한 공공 정책을 조사하고, 그 효과성을 분석해 그래프로 표현해 보자.

개념 응용

[출처] 2023학년도 11월 고2 전국연합학력평가 문제

자료 설명

공공재의 특징(비경합성, 비배제성)을 바탕으로 시장 실패에 관한 문제를 제기할 수 있다.

탐구 주제

현대 사회의 비경합성과 비배제성의 문제는 도로를 사례로 들어 설명할 수 있는데, 도시의 성장은 도로의 혼잡으로 이어졌으며 비경합성의 한계를 드러냈다. 공공재를 효율적으로 이용하기 위한 경제적 유인과 주체의 역할을 탐구해 보자.

추천 도서

한정판의 심리학 (민디 와인스타인, 도지영 역, 미래의창, 2023)

이 책은 최근 우리 사회에서 볼 수 있는 한정판, 품절 대란 등이 나타나는 '희소성'에 초점을 맞춰 인간의 행동을 설명하며, 이를 통한 기업의 수익 창출 영향과 소비자 행동에 대해 소개한다. 저자는 희소한 자원을 두고 경쟁하는 것은 인류의 본능이라고 주장하며, 이를 어떻게 마케팅에 적용할 수 있는지 질문을 던진다. 심리학과 경제학이 융합된 도서로, 실생활에서 쉽게 찾아볼 수 있는 다양한 사례 콘텐츠를 통해 고등학생들도 흥미롭게 읽을 수 있다.

탐구 주제 1 희소성과 관련된 마케팅이 소비자의 구매 의사 결정에 미치는 심리적 효과를 분석해 보자. '한정판', '한정 수량', '할인', '매진 임박' 등을 내세우는 마케팅 전략의 사례를 분석하고, 구체적인 사례 연구를 통해 소비자의 심리와 구매 행동 간의 상관관계를 도출해 희소성 마케팅의 소비자 심리 경향을 탐구해 보자.

탐구 주제 2 희소성에 기반한 소비자 추천 알고리즘을 개발해 보자. 상품(학교 프로그램 중 선착순 신청 등)의 재고 현황을 고려한 웹사이트 추천 시스템을 설계하고 학교 학생들을 대상으로 운영해 본 후, 사용자의 클릭 수를 높일 수 있는 알고리즘을 개발해 보거나 성공 방안을 모색하는 활동을 해보자.

넛지 (리처드 탈러 외 1명, 이경식 역, 리더스북, 2022)

최근 경제학의 새로운 분야로 떠오른 행동경제학을 분석한 책이다. '넛지(nudge)'는 '팔꿈치로 슬쩍 찌르다'라는 뜻으로, 강제적 규제나 명령 없이도, 큰 비용을 들이지 않고도 약간의 부드러운 개입만으로 바람직한 선택을 이끌어낼 수 있다는 '선택 설계'의 개념을 나타낸다. 넛지를 정부 정책(미국 오바마 행정부)이나 기업 경영에 적용하는 것은 이제 일상적인 과정이 되었다. 이 책을 통해 정책, 기업 전략 등 광범위한 분야에 적용할 수 있는 통찰력을 키울 수 있다.

탐구 주제 1 우리나라는 탄소 배출을 줄이기 위한 정책적 방안을 제시하고 있다. 개인이나 기업이 탄소 배출량을 줄이도록 유도하기 위한 정책(금전과 비금전의 측면)을 찾아보고 그로 인한 변화를 조사해 보자. 금전적 인센티브와 비금전적 넛지 전략의 효과성을 비교해 보며, 어떤 정책이 더 효과적일지 분석해 보자.

탐구 주제 2 공공장소(카페, 학교, 공원 등)의 분리수거율을 높이기 위한 넛지 전략(시각적 전략, 흥미로운 문구 등)을 디자인 분야에 적용해 그 효과를 실험해 보자. 학교에 비치된 분리수거함의 넛지 전략 적용 전과 후의 인간 행동 변화를 데이터화해 실험 전후를 비교 및 분석해 보자.

추천 논문

ESG 경영의 이해와 ESG 아카이브의 가능성(임종철, 한국기록학회, 2024)

2006년 UN PRI(책임 투자 원칙)를 계기로 확산된 ESG 경영에 대한 관심이 최근 우리 사회 전반에 걸쳐 확산되고 있다. 소비자는 기업의 ESG 분야에서의 적극성 여부를 소비 행위의 기준으로 삼고 있으며, 국제 사회는 다양한 규제 조치들을 정비해 강화하고 있다. 이 논문은 ESG의 대두 과정과 현재 기업에 적용되는 ESG 관련 규제들을 정리한 자료이다.

> **탐구 주제**
> ESG 경영 전략이 기업에 도입됨에 따라 소비자 및 투자자에게 미치는 평판상의 영향을 분석해 보자. 소비자의 구매 행동이나 브랜드 이미지, 투자자의 투자 결정에 미치는 영향 등을 탐구하며 ESG 경영 전략과 기업 평판의 관계를 분석해 보자.

선택 과목 연계 학습 및 전공 가이드

◆ 선택 과목 연계 학습

선택 과목	학습 안내
일반 선택	세계시민과 지리
관련 단원	3. 네트워크 세계, 세계의 인구와 경제 공간

일반 선택	초국적 기업의 분포, '글로벌 가치 사슬'의 개념을 통해 네트워크화된 현대 사회에서 초국적 기업이 글로벌 경제 체제 형성에 미치는 영향을 탐색하고, 세계화에 따른 경제 공간의 불균등 현상을 학습한다.

◆ 전공 가이드

세계화로 인해 형성된 글로벌 경제 체제는 글로벌 경제 공간에서의 불균등을 초래했다. 이를 해소하기 위한 국제적 협력과 개인적 실천 방안에 대해 탐색한다.

- ▶ **사회계열** : 경제학과, 경영학과, 국제경영학과, 무역학과, 국제통상학과, 지리학과
- ▶ **공학계열** : 산업공학과, 물류 관련 학과, 데이터공학과, 환경공학과, 도시공학과
- ▶ **예체능계열** : 문화예술경영학과, 디자인학과

◆ 선택 과목 연계 학습

선택 과목	학습 안내
진로 선택	경제
관련 단원	1. 경제학과 경제 문제

진로 선택	자원의 희소성으로 인해 발생하는 경제 문제의 중요성을 인식하고, 경제학의 분석 대상과 성격을 학습한다. 이와 함께 경제적 유인과 편익과 비용을 고려한 합리적 선택과 한계 분석을 통한 의사 결정 과정을 학습한다.

◆ 전공 가이드

다양한 경제적 선택 행위를 대상으로 합리적 선택의 의미를 한계 편익과 한계 비용의 개념을 적용해 분석하고, 긍정적 유인과 부정적 유인의 다양한 사례를 탐구한다.

- ▶ **사회계열** : 경제학과, 경영학과, 국제경영학과, 국제통상학과
- ▶ **공학계열** : 산업경영공학과, 시스템공학과, 환경공학과, 인공지능공학과
- ▶ **교육계열** : 사회교육과, 일반사회교육과, 교육학과

◆ 선택 과목 연계 학습

선택 과목	학습 안내
융합 선택	금융과 경제생활
관련 단원	2. 수입과 지출

생애 주기에 따른 기대 수입과 항목별 지출을 예상해 보고 소득, 저축과 투자, 고정 지출과 변동 지출 등을 고려해 예산 관리 계획을 수립하고 우선순위와 현실성을 고려한 예산 관리를 학습한다.

◆ 전공 가이드

모둠 활동을 통해 과소비, 충동 소비, 과시 소비, 중독 소비 등 비합리적인 소비의 경험을 공유할 수 있으며, 이를 바탕으로 자신의 소비 행위를 평가할 수 있다.

- ▶ **인문계열** : 심리학과, 철학과, 문헌정보학과
- ▶ **사회계열** : 경제학과, 경영학과, 사회복지학과, 행정학과
- ▶ **교육계열** : 교육학과, 가정교육과, 사회교육과, 교육공학과, 유아교육과

학생부 교과세특 예시

《한정판의 심리학》(민디 와인스타인)을 읽고 희소성 마케팅 전략이 소비자의 구매 의사 결정에 미치는 효과를 분석함. 홈쇼핑에서 나오는 '매진 임박', '수량 부족'과 같은 메시지의 마케팅 전략을 심리학적 이론과 연결함. 특히 '설득의 심리학(로버트 치알디니)'의 사회적 증거와 희소성의 원칙을 발췌해 희소한 제품에 더 높은 가치를 부여하게 되는 경향성과 연결 지어 설명함. 이를 바탕으로 소비자의 구매 욕구 정도를 설문 조사해 충동구매 비율이 높아지는 점을 지적하고, 이러한 현상이 소비 후 만족도 저하로 이어질 수 있음을 분석해 합리적 의사 결정을 돕는 마케팅의 필요성을 제언함.

교과서 찾아보기

📖 ㈜리베르스쿨 71~79쪽
- 시장 실패를 해결하기 위한 정부의 역할
- 기업의 사회적 책임과 ESG 경영
- 패스트 패션, 왜 문제일까?

📖 창비교육 76~83쪽
- 윤리적 소비는 합리적 선택이 될 수 있을까?
- 지속가능발전을 위한 개별 경제 주체의 노력

📖 지학사 78~85쪽
- 합리적 선택을 위해 고려할 점
- 상품에 붙어 있는 인증 마크의 의미
- 외부효과에 대한 대응 방안 찾아보기

3. 자산 관리와 금융 생활

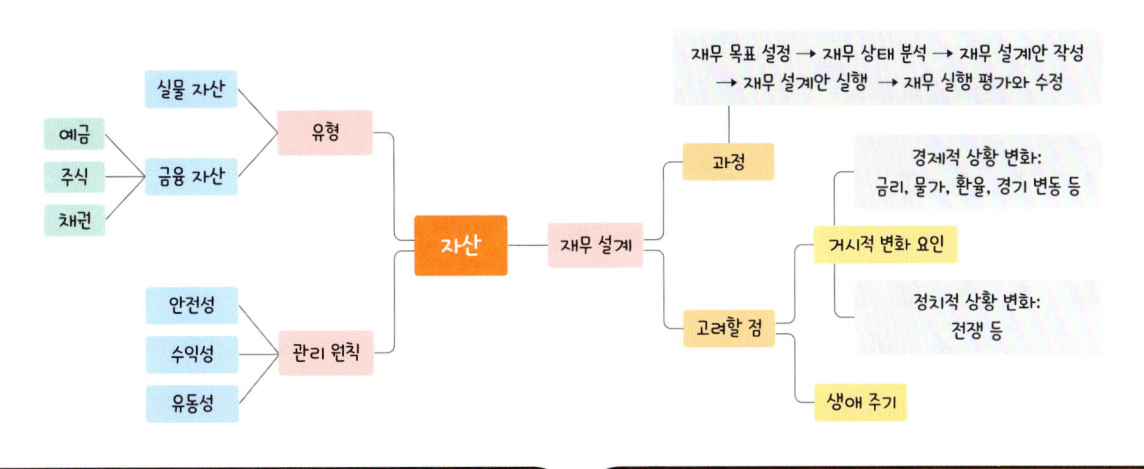

성취 기준
【10통사2-03-03】 금융 자산의 특징과 자산 관리의 원칙을 토대로 금융 생활을 설계하고, 경제적·사회적 환경의 변화가 금융과 관련한 의사 결정에 미치는 영향을 탐구한다.

학습 개요
이 단원에서는 금융 자산의 종류와 특징을 이해하고, 수익성, 안전성, 유동성 원칙에 따라 자산을 관리하는 방법을 학습하고자 한다. 이를 바탕으로 개인의 재무 안정과 삶의 질을 높이는 금융 생활 설계를 경험하며 합리적 금융 의사 결정 능력을 기를 수 있다. 나아가 경제적·사회적 환경 변화가 금융 의사 결정에 큰 영향을 미친다는 것을 이해하고 지속 가능한 금융 생활을 유지할 수 있는 경제적 역량을 함양하고자 한다.

개념 제시
금융 자산, 자산 관리 원칙, 금융 생활 설계, 경제적·사회적 환경의 변화, 금융 의사 결정

생각 열기
벤저민 그레이엄(1894~1976)은 금융 자산 관리에서의 '안전마진(Margin of Safety)' 개념을 제시하며 투자자의 자산 보호를 강조한 투자가 겸 경제학자이다. 그는 저서 《현명한 투자자》에서 저평가된 자산을 장기 투자하는 가치 투자의 원칙을 체계화했다. 또한 안전성을 유지하면서도 수익성을 추구하는 자산 배분 전략을 강조하며, 합리적이고 분석적인 접근법을 통해 위험을 최소화해야 한다고 말했다. 그의 투자 원칙은 오늘날 금융 자산 관리의 기준으로 자리 잡았다.

관련 이슈
(**금융업계의 디지털 혁신 가속화**) 금융업계의 디지털 혁신이 가속화되며 자산 관리와 투자 전략이 자동화·정교화되고 있다. 금융사들은 디지털 채널을 강화해 비대면 맞춤형 서비스를 제공하고, 인공지능을 활용한 투자 분석과 자산 관리 등을 통해 고객의 금융 생활을 개선하고 있다. 이에 대한 대응으로 금융 당국은 인공지능의 신뢰성 및 안전성 검증과 규제의 필요성을 강조하고 있다. 이러한 변화는 고객의 투자 효율성과 서비스 접근성을 높이며, 디지털 기술이 금융 관리의 핵심 도구로 자리 잡고 있음을 보여준다.

개념 이해

(금융 자산의 종류와 특징 및 자산 관리 원칙) 금융 자산은 예금, 채권, 주식, 펀드, 연금, 보험 등으로 나뉘며 각각 고유한 특징이 있다. 예금은 원금 보장이 가능하며 안전성이 높지만 수익성이 낮고, 채권은 수익성과 안전성에서 균형을 이루지만 금리 변동에 따라 가치가 변동될 수 있다. 주식은 높은 수익성을 기대할 수 있지만 가격 변동성이 크며 위험이 크다. 자산 관리 상품을 선택할 때는 수익성, 안전성, 유동성과 경제적 상황을 고려해 적절히 조화를 이룰 수 있도록 해야 한다.

(금융 생활 설계) 금융 생활 설계란 재무 목표를 설정하고 달성하기 위해 금융 자산을 관리하는 과정을 말한다. 이는 구체적인 재무 목표 설정, 재무 상태 파악, 재무 행동 계획 수립 및 실행, 그리고 검토 및 평가로 이루어진다. 장기적인 소득과 지출에 대한 예상을 바탕으로 다양한 금융 자산의 특성을 고려해 자신에게 맞는 자산 배분을 계획해야 한다. 이러한 체계적인 금융 생활 설계는 개인의 재무 안정과 삶의 질 향상에 핵심적인 역할을 한다.

(경제적·사회적 환경 변화와 금융 의사 결정) 경제적·사회적 환경의 변화는 금융 의사 결정에 큰 영향을 미친다. 경제적 상황의 변화는 금리, 물가, 환율의 변동 등으로 인해 나타나는데, 금리 상승 시에는 예금과 채권, 물가 상승 시에는 주식과 실물 자산 선호로 이어질 수 있다. 사회적 변화는 정책, 국제 관계, 규제 등을 통해 금융 시장의 안정성과 투자 환경에 영향을 미친다. 이러한 변화에 유연하게 대처하기 위해서는 경제적·사회적 환경을 분석하고 자산 배분 전략을 수립하는 것이 중요하다. 이는 안정적이고 지속 가능한 금융 생활을 가능하게 한다.

탐구 주제 1 금융 생활은 단순히 돈을 관리하는 것을 넘어 개인의 가치관과도 깊이 연결된다. 금융 자산의 선택이 개인의 삶의 목표와 윤리적 소비에 어떤 영향을 미치는지 살펴보고, 사회와 경제 환경의 변화 속에서 금융 자산 관리가 삶의 질을 높이는 데 어떤 역할을 하는지 탐구해 보자.

탐구 주제 2 기술 발전은 금융 관리 방식에도 큰 변화를 가져왔으며, 현대 금융 생활에 새로운 가능성을 열어주었다. 핀테크와 블록체인 기술이 금융 시장에 어떤 영향을 미치며 자산 관리에 어떤 도움을 주는지 알아보고, 이를 활용해 스마트하고 효율적인 금융 생활을 설계하는 방법을 탐구해 보자.

개념 응용

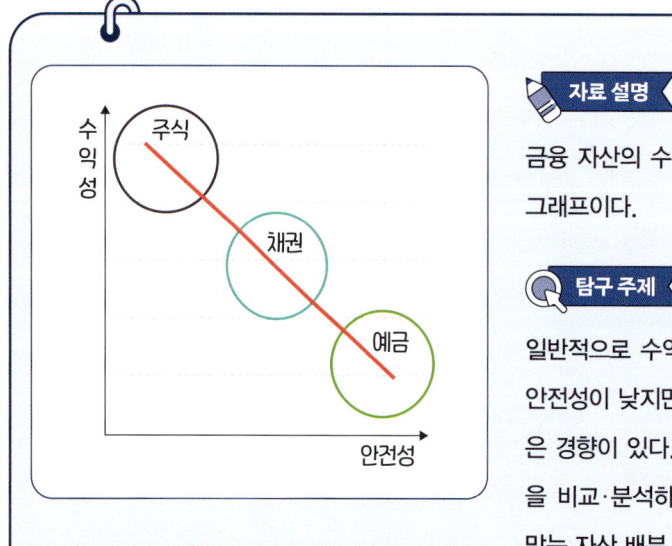

자료 설명

금융 자산의 수익성과 안전성의 상충 관계를 나타낸 그래프이다.

탐구 주제

일반적으로 수익성이 높은 자산은 투자 위험이 커서 안전성이 낮지만, 안전성이 높은 자산은 수익성이 낮은 경향이 있다. 주식, 채권, 예금의 수익성과 안전성을 비교·분석하고 자신의 경제 상황과 투자 성향에 맞는 자산 배분 전략을 수립해 제시해 보자.

추천 도서

부자가 되고 싶은 십 대에게 (토비아스 클로스터만, 전은경 역, 라임, 2024)

불확실성의 시대를 살아가는 청소년들에게 꼭 필요한 경제 감수성을 길러주는 책이다. 주식, 보험, 비트코인, NFT 등 필수 금융 자산과 관련된 지식을 유머러스한 입담으로 쉽게 풀어내며, 청소년이 스스로 자산을 관리하고 부를 쌓을 수 있는 방법을 제시한다. 돈의 가치와 역사부터 투자 전략, 현명한 소비까지 실질적인 재정 계획을 배울 수 있는 실용적 가이드를 담고 있다. 더불어 국민연금, 기본소득, 기후 위기 등 시대적 이슈를 통해 사회와 경제를 연결 짓는 사고력도 키울 수 있다.

탐구 주제 1   금융 생활 설계는 미래의 안정과 목표 달성을 위한 필수적인 과정이다. 먼저 예금, 채권, 주식 등 금융 자산의 특징과 장단점을 분석한 뒤 생애 주기별 재무 목표를 설정해 보자. 이어서 목표 달성에 필요한 자금 및 예상 소득을 분석해 자신의 미래를 위한 연령대별 금융 생활을 설계해 보자.

탐구 주제 2   기후 변화로 인해 보험 상품과 금융 시장의 안정성이 변하고 있다. 재난 발생 시 보험 산업의 대응 방식과 금융 자산 가치의 변동성을 분석해 보자. 또한 자연재해에 대응할 수 있는 안전한 자산 관리 방법과 투자 계획을 생각해 보며 미래를 준비하는 방법을 탐구해 보자.

돈, 뜨겁게 사랑하고 차갑게 다루어라 (앙드레 코스톨라니, 한윤진 역, 미래의창, 2023)

이 책은 투자에 대한 철학과 유머, 지혜를 담은 독특한 금융 입문서이다. 저자는 단번에 돈을 버는 비법을 알려주는 대신, 우량주에 투자하고 인내심을 가지라고 조언하며 투자자의 덕목인 돈, 생각, 인내, 행운을 강조한다. 또한 돈에 얽힌 역사적 사건과 재미있는 투자 일화를 통해 독자를 매료시키며, 주식 시장과 투자의 기본 원칙을 쉽고 명확하게 설명한다. 투자서를 넘어 삶의 통찰과 여유를 담은 이 책은 경제와 금융에 관심 있는 모든 이에게 깊은 영감과 통찰을 줄 것이다.

탐구 주제 1   경제적·사회적 환경의 변화는 금융 의사 결정에 큰 영향을 미친다. 금리, 물가 등 경제적 요인이 금융 자산의 선택에 미치는 영향을 분석하고, 정책 변화와 사회적 환경이 투자 전략에 어떤 변화를 가져오는지 탐구해 보자. 이를 통해 지속 가능한 금융 생활의 가능성을 살펴보자.

탐구 주제 2   고령화와 의료비 증가는 개인의 금융 생활 설계에서 중요한 요소이다. 건강과 관련된 금융 자산인 보험과 연금의 구조를 탐구하고, 장기적 건강 관리와 자산 설계가 개인의 삶에 미치는 영향을 분석해 보자. 이를 통해 건강권 보장을 위한 금융 관리 방안을 찾아보자.

추천 논문 | **청소년 주식 투자 행동의 이해**(정유진 외 1명, 한국경제교육학회, 2024)

청소년들의 주식 투자 경험을 분석한 논문이다. 청소년 28명 대상의 면담 결과를 통해 찾은 핵심 범주는 "불완전하지만, 금융 역량 함양과 부 축적의 기대감에 따른 투자"이다. 필자는 면담 참여자들이 불완전한 투자 행동을 보이지만 완전한 투자자가 되기 위해 역량을 키우고 있음을 밝히고, 청소년 투자의 특징과 교육적 지원 필요성을 제안한다.

탐구 주제 청소년 주식 투자가 소비 습관에 미치는 영향을 탐구하고, 투자 경험을 통해 나타나는 소비와 저축 태도의 변화를 분석해 보자. 이를 통해 주식 투자가 청소년의 금융 생활 설계와 경제적 사고에 미치는 영향을 파악하고, 건전한 금융 습관 형성을 위한 방향을 모색해 보자.

선택 과목 연계 학습 및 전공 가이드

◆ 선택 과목 연계 학습

선택 과목		학습 안내
일반 선택	현대 사회와 윤리	현대 사회의 경제적 문제를 윤리적으로 분석하며, 금융 자산의 역할과 효과적인 자산 관리 방식을 살펴본다. 이를 통해 지속 가능한 금융 생활과 책임 있는 경제활동의 중요성을 인식한다.
관련 단원	5. 문화와 경제생활의 윤리	

◆ 전공 가이드

경제 문제를 윤리적 관점에서 분석하며, 지속 가능한 금융 모델과 책임 있는 경제활동의 방향성을 탐구한다. 이를 통해 금융 윤리와 공정한 경제 환경 구축에 기여한다.

- ▶ **인문계열** : 철학과, 윤리학과, 문화인류학과
- ▶ **사회계열** : 경제학과, 금융학과, 경영학과, 행정학과, 국제학과, 국제관계학과, 사회복지학과, 정치외교학과
- ▶ **교육계열** : 윤리교육과, 사회교육과, 상업교육과, 수학교육과, 과학교육과

◆ 선택 과목 연계 학습

선택 과목		학습 안내
진로 선택	경제	금융 시장의 글로벌화와 국제 경제 환경의 변화를 이해하며, 그러한 변화 과정에서 개인적 차원의 경제적 선택이 달라져야 함을 이해하고 그 결과를 고찰한다.
관련 단원	4. 국제 경제	

◆ 전공 가이드

국제 금융 시장의 변화를 분석하며, 금융 자산 관리와 효율적 의사 결정 방안을 탐구한다. 이를 통해 지속 가능한 금융 시스템 설계와 경제적 선택의 윤리적 기반을 연구한다.

- ▶ **사회계열** : 경제학과, 국제통상학과, 경영학과, 금융학과, 행정학과, 무역학과
- ▶ **자연계열** : 지리학과, 지구환경과학과, 유전공학과, 통계학과, 환경공학과
- ▶ **공학계열** : 금융공학과, 데이터공학과, 정보통신공학과, 산업공학과

◆ 선택 과목 연계 학습

선택 과목	학습 안내	
융합 선택	금융과 경제생활	금융 자산의 개념과 특징을 이해하고 자산 관리의 원칙을 학습하며, 합리적인 금융 의사 결정 과정과 경제적·사회적 환경의 변화에 따른 금융 생활 설계의 중요성을 탐구한다.
관련 단원	1. 행복하고 안전한 금융 생활	

◆ 전공 가이드

금융 자산의 개념과 특징을 바탕으로 합리적인 자산 관리 방법과 금융 의사 결정 과정을 연구한다. 이와 함께 지속 가능한 금융 생활 설계와 책임 있는 경제활동의 중요성을 탐구한다.

- ▶ **사회계열** : 경제학과, 국제학과, 사회학과, 지역개발학과, 정치학과, 행정학과
- ▶ **자연계열** : 농공학과, 바이오생명정보과, 생명공학과, 식량자원학과, 통계학과
- ▶ **공학계열** : IT융합학과, 신재생에너지과, 에너지자원공학과, 물류시스템공학과

학생부 교과세특 예시

금융 자산의 종류와 특징을 학습하고 생애 주기별 재무 목표를 설정하며 금융 생활을 설계함. '부자가 되고 싶은 십 대에게(토비아스 클로스터만)'를 읽고 주식, 보험, 비트코인, NFT 등 시대적 흐름에 맞는 금융 지식을 체계적으로 이해함. 특히 경제적·사회적 환경 변화와 금융 의사 결정의 관계를 탐구하고, 기후 위기 대응 자산 관리 전략을 고민함. 논리적 사고력과 분석력을 바탕으로 금융 지식을 체계화하고 창의적 사고력을 발휘해 자산 관리 아이디어를 제시함. 협업 능력을 통해 모둠 활동을 주도하며 경제학적 사고를 심화하고, 경제학 전공과에 대한 학문적 호기심을 보임.

교과서 찾아보기

📖 동아 82~89쪽
- 주식과 펀드의 장단점 분석하기
- 금융 생활 설계하기
- 노후 대비 자산 관리 계획 적어보기

📖 비상 76~83쪽
- 나의 미래를 위한 금융 생활 설계하기
- 전쟁이 금융 환경에 미치는 영향 탐구하기
- 감염병의 세계적 유행에 따른 금융 환경의 변화 탐구하기

📖 지학사 86~91쪽
- 원금이 두 배가 되는 기간을 단리, 복리로 나누어 계산해 보기
- 나의 투자 원칙 세워보기
- 거시적 변화 요인이 개인의 금융 의사 결정에 미치는 영향 탐구하기

📖 천재교과서 80~87쪽
- 금융 자산 관리 시뮬레이션
- 나의 미래와 금융 생활 설계하기
- 경제적·사회적 변화가 금융 의사 결정에 미치는 영향 예측하기

4. 국제 무역과 지속가능발전

```
생산 요소의 ──→ 생산비 차이
지역적 차이         │
                    ↓
            비교우위 상품의 특화 ──→ ┌ 국제 분업 ⇄ 무역 ┐ ──→ 효과 ─┬ 소비자 선택의 폭 확대
               │        │                                          └ 규모의 경제 실현
               │        │
               │        │                                  문제점 ─┬ 자원 고갈
               │        │                                          ├ 환경 파괴
               │        │                                          ├ 경제적 불평등
               │        │                                          └ 인권 침해
               │        │
               │        │                                 해결 방안 ─┬ 지속 가능한 소비와 생산
               │        │                                            ├ 혜택의 공유
               │        │                                            └ 국제적 협력
               ↓        ↓
  비교우위:           특화:
  생산의 기회비용이    유리한 상품을
  상대적으로 낮은 것   전문적으로 생산하는 것
```

성취 기준 　【10통사2-03-04】 자원, 노동, 자본의 지역 분포에 따른 국제 분업과 무역의 필요성을 이해하고, 지속가능발전에 기여하는 국제 무역의 방안을 탐색한다.

학습 개요 　이 단원에서는 생산 요소의 불균등한 분포가 국제 분업과 무역을 유발하는 원리를 이해하고, 절대우위와 비교우위의 개념을 학습한다. 세계 각국은 이를 바탕으로 특화해 무역을 통해 효율적으로 자원을 활용하게 된다. 공정 무역 등 지속가능발전의 방안을 탐구하며, 환경과 경제를 균형 있게 발전시키는 방법을 학습한다. 이를 통해 국제 무역의 경제적 이익과 지속가능발전의 가치를 체계적으로 이해하게 될 것이다.

개념 제시 　생산 요소의 지역적 분포, 국제 분업, 무역, 비교우위, 특화·교환의 이익, 지속가능발전

생각 열기 　무함마드 유누스(1940~)는 방글라데시 출신의 경제학자로, 빈곤층의 자립을 돕기 위해 그라민 은행을 설립하고 소액 대출의 개념을 도입했다. 담보 없이 소액 대출을 제공해 개발도상국의 빈곤 해결에 기여했으며, 2006년 노벨 평화상과 마더 테레사상을 수상했다. 그의 '빈곤 없는 세상'이라는 비전은 공정 무역과 지속가능발전의 중요한 기반이 되었으며, 전 세계적으로 경제적 약자들의 자립을 돕는 모범 사례로 자리 잡았다.

관련 이슈 　(**그린워싱 국제 규제 강화**) 최근 그린워싱(Greenwashing) 방지를 위한 국제 규제가 강화되고 있다. 미국 연방거래위원회는 '그린 가이드' 개정을 추진 중이며, 유럽연합은 검증되지 않은 친환경 홍보를 금지하는 지침을 통과시켰다. 대기업들이 그린워싱 혐의로 벌금을 부과받는 사례가 늘어나면서 그에 대한 책임이 강조되고 있다. 국제증권관리위원회기구(IOSCO)는 지속가능경영 투자의 신뢰를 높이기 위한 규제 방안을 제시했다. 이러한 움직임은 무역의 투명성 제고와 친환경 시장의 신뢰 구축을 목표로 한다.

개념 이해

(생산 요소의 불균등 분포와 무역) 생산 요소란 경제활동에서 필요한 자원, 노동, 자본을 의미한다. 생산 요소는 지역적으로 불균등하게 분포하는 특징이 있다. 예를 들어 어떤 나라는 천연자원은 풍부하지만 노동력 또는 자본이 부족한 경우가 있다. 반대로 자본은 충분하지만 자원이 부족한 국가도 존재한다. 이러한 생산 요소의 지역적 불균형은 국제 분업과 무역의 필요성을 높인다.

(국제 분업과 무역의 이익) 국제 분업이란 각 나라가 상대적으로 비용이 적게 드는 자국의 생산 요소를 활용해 상품이나 서비스를 전문적으로 생산하고, 이를 다른 국가와 교환하는 경제 협력 방식을 말한다. 이러한 과정에서 무역이 활발히 이루어지게 된다. 예를 들어 석유 자원이 풍부한 중동 국가는 원유를 수출하고, 기술력과 자본이 발달한 국가들은 자동차나 전자 제품을 수출한다. 이처럼 각 국가는 자국의 강점을 바탕으로 생산과 교환을 함으로써 비용 절감과 효율적인 자원 활용을 할 수 있다.

(지속가능발전을 위한 국제 무역) 국제 무역은 단순히 경제적 이익을 넘어 지속 가능한 발전에도 기여할 수 있다. 지속가능발전을 위해서는 무역 과정에서 자원을 과도하게 사용하거나 환경을 훼손하지 않도록 주의해야 한다. 친환경적 생산 방식, 공정 무역과 같은 방안을 통해 경제 성장과 환경 보호를 동시에 이루는 것이 중요하다. 특히 개발도상국과 선진국이 협력해 생산 요소를 공유하고 기술을 전수하는 방식은 전 세계적으로 지속 가능한 발전을 도모하는 데 기여할 수 있다.

탐구 주제 1 생산 요소의 불균형이 국제 무역에 미치는 영향을 고찰하고, 이러한 불균형으로 인해 각 국가 간의 경제적 불평등이 어떻게 심화되는지 분석해 보자. 이와 함께 선진국과 개발도상국이 생산 요소를 효과적으로 공유하고 기술 협력을 강화함으로써 지속 가능한 무역을 실현할 수 있는 방안을 탐구해 보자.

탐구 주제 2 문화 산업을 활용한 국제 분업과 교역의 사례를 분석하고, 이를 통해 각 지역의 문화적 가치를 보존하면서 경제적 이익을 창출하는 방안을 고찰해 보자. 특히 전통예술의 현대적 활용을 통해 지속 가능한 발전과 글로벌 문화 다양성의 확산을 도모하는 방안을 탐구해 보자.

개념 응용

	갑국	을국
X재	1달러	2달러
Y재	2달러	3달러

자료 설명

갑국과 을국에서 X재와 Y재를 각각 한 단위씩 생산하는 데 들어가는 비용을 나타낸 표이다.

탐구 주제

갑국과 을국이 각각 비교우위에 있는 제품을 특화해 생산할 때, 1:1의 교환 조건에서 양국이 모두 이익을 얻을 수 있는지 알아보자. 각국의 생산 비용과 기회비용을 나누어 분석하고, 특화와 교환의 과정에서 발생하는 상호 이익의 원리를 탐구해 보자.

추천 도서

세계시민이 된 실험경제반 아이들(김나영, 리틀에이, 2022)

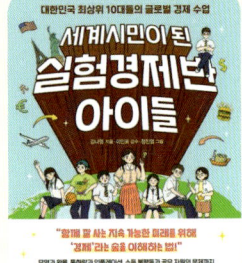

청소년이 세계 경제의 흐름과 상호 의존 관계를 체험하며 배우는 경제 교육서이다. 무역, 통화 정책, 공유 자원 등 15가지 주제를 실험과 토론을 통해 쉽게 이해하도록 구성했다. 다양한 수학 개념과 게임 이론을 접목해 논리적 사고력과 문제 해결 능력을 키워준다. 또한 개인과 사회의 이익이 조화를 이루는 지속 가능한 경제를 고민하게 하며, 경제의 숲을 이해하는 통찰력을 길러준다. 실천적 경제 수업을 통해 글로벌 인재로 성장하고자 하는 청소년과 교사에게 든든한 안내서가 될 것이다.

탐구 주제 1 국제 분업이 우리나라의 경제 성장과 생활 수준에 어떤 영향을 미쳤는지 조사해 보자. 우리나라가 비교우위를 바탕으로 특화한 주요 제품을 찾아보고, 이를 통해 얻은 경제적 이익을 분석해 보자. 이와 함께 국제 분업이 경제 발전에 미친 긍정적 효과를 구체적으로 탐구해 보자.

탐구 주제 2 공정 무역 원칙을 기반으로 친환경 농업이 자원 보존과 생물다양성에 미치는 영향을 구체적으로 탐구해 보자. 특히 공정 무역 농업이 토양의 비옥도와 생물 서식지의 유지에 어떻게 기여하는지 분석해 보고, 지속 가능한 생태계를 유지하는 공정 무역의 중요성을 탐구해 보자.

국제개발협력: 입문 편(KOICA ODA교육원, 아이스크림미디어, 2022)

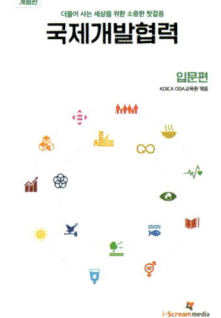

개발도상국의 빈곤 문제 해결과 지속 가능한 발전을 위한 국제 사회의 협력을 다룬 안내서이다. 국제개발협력의 전반적인 개념을 쉽게 설명하고, 물질적 원조를 넘어 상호 협력의 본질과 민간의 역할을 강조하며, 국제연합이 제시한 지속가능경영의 핵심 원칙인 '누구도 소외되지 않는다'를 실현하는 데 초점을 맞추고 있다. 코로나19 팬데믹, 기후 위기 등 새로운 도전 과제를 해결하는 데 필요한 국제 사회의 협력 방안을 모색하며 국제개발협력을 향한 시야를 넓힐 수 있을 것이다.

탐구 주제 1 개발도상국과 선진국은 자원, 노동, 자본의 분포에서 뚜렷한 차이를 보이는데, 이러한 생산 요소의 불균형은 국제 분업과 무역의 필요성을 높인다. 개발도상국과 선진국의 생산 요소 분포 차이를 기반으로 국제 분업과 무역을 통해 빈곤 해결과 지속가능발전에 기여하는 방안을 탐구해 보자.

탐구 주제 2 국제 분업 과정에서 각국은 자원을 효율적으로 활용하기 위해 생산을 특화하지만, 이 과정에서 자원의 과도한 사용과 환경 파괴가 심화되는 문제를 초래할 수 있다. 이러한 환경적 영향을 구체적으로 분석하고, 지속 가능한 자원 활용과 친환경적 생산 방안을 과학적으로 탐구해 보자.

추천 논문

중국의 무역 구조와 국제 분업 구조에 관한 연구(박석강 외 1명, 한국통상정보학회, 2020)

동아시아 국가와 신흥 경제권의 IT 관련 제품의 국제 분업 구조를 분석한 연구 논문이다. 부품과 최종재로 구분된 무역 구조를 분석해 중국과 아세안(ASEAN) 국가 간 부품 산업의 분업과 무역이 지속적으로 증가하고 있음을 보여주며, 앞으로 중국의 최종재 생산과 기술 개발이 아세안 및 신흥 경제권으로 더욱 확산될 것이라는 예측을 제시한다.

 **탐구 주제** IT 분야에서 중국의 국제 경쟁력이 강화되고 있는 요인은 무엇일까? 기술 혁신과 생산 비용 절감, 중국 정부의 정책적 지원이 IT 산업 성장에 미친 영향을 분석해 보자. 또한 글로벌 협력과 인재 양성이 경쟁력 강화에 어떤 역할을 했는지도 탐구해 보자.

선택 과목 연계 학습 및 전공 가이드

◆ 선택 과목 연계 학습

선택 과목		학습 안내
일반 선택	세계시민과 지리	인구의 지역적 분포와 국제 분업의 원리를 이해하고 세계 경제 공간에서의 네트워크 형성과 그 영향력을 분석한다. 이와 함께 국가 간 상호 의존성이 인구와 경제적 활동에 미치는 영향을 학습한다.
관련 단원	3. 네트워크 세계, 세계의 인구와 경제 공간	

◆ 전공 가이드

국민 국가의 형성 과정에서 인간이 가지는 권리에 관한 다양한 사상과 관련 인물 및 사건에 대해 학습하고, 그 과정에서 발전해 온 인권의 역사를 탐구할 수 있다.

- ▶ **인문계열** : 국제문화학과, 인문지리학과, 역사학과, 언어문화학과, 국제지역학과
- ▶ **자연계열** : 환경공학과, 지구과학과, 기후환경과학과, 생태환경학과, 지질학과
- ▶ **교육계열** : 사회교육과, 역사교육과, 지리교육과, 초등교육과, 지구과학교육과

◆ 선택 과목 연계 학습

선택 과목		학습 안내
진로 선택	국제 관계의 이해	세계 경제 체제에서 생산 요소의 효율적 활용과 국제 분업이 경제에 미치는 영향을 분석한다. 또한 비교우위 개념을 통해 특화가 글로벌 협력과 발전으로 이어지는 과정을 탐구한다.
관련 단원	2. 균형 발전과 상생	

◆ 전공 가이드

국제 분업과 상호 의존성을 기반으로 지역 간 균형 발전을 모색하며, 자원·노동·자본의 분포를 고려한 무역 정책 및 환경적 지속가능발전을 위한 세계적 협력 방안을 연구한다.

- ▶ **인문계열** : 철학과, 역사학과, 국제문화학과, 언어문화학과, 인문지리학과
- ▶ **사회계열** : 국제학부, 경제학과, 정치외교학과, 국제통상학과, 행정학과, 지역학과
- ▶ **자연계열** : 생태환경학과, 지구과학과, 기후환경과학과
- ▶ **공학계열** : 에너지자원공학과

◆ 선택 과목 연계 학습

선택 과목	학습 안내	
융합 선택	기후 변화와 지속 가능한 세계	기후 위기 속 국제 경제에서 자원의 효율적 배분과 협력의 필요성을 분석하며, 특화와 교환이 생태시민의 책임 있는 행동과 지속가능발전의 세계적 실현에 기여함을 이해한다.
관련 단원	4. 공존의 세계와 생태시민	

◆ 전공 가이드

기후 변화와 지속가능성을 주제로 자원과 노동의 공간적 분포를 분석하고, 생태적 균형과 환경 디자인의 융합을 통해 지속 가능한 발전 방안을 탐구한다.

▶ **사회계열** : 국제통상학과, 경제학과, 행정학과, 환경정책학과, 지역개발학과
▶ **공학계열** : 환경공학과, 에너지자원공학과, 도시계획공학과, 신재생에너지공학과
▶ **예체능계열** : 환경디자인학과, 공공디자인학과, 생태예술학과, 문화예술기획학과

학생부 교과세특 예시

국제 분업과 무역의 필요성을 이해하며, 생산 요소의 지역적 분포와 절대우위, 비교우위 개념을 탐구함. '세계시민이 된 실험경제반 아이들(김나영)'을 읽고 무역과 통화 정책을 포함한 경제 주제를 실험과 토론 방식으로 체험하며, 상호 의존적 경제 관계와 지속 가능한 경제의 중요성을 깨달음. 나아가 공정 무역 원칙을 기반으로 친환경 농업이 자원 보존과 생물다양성 유지에 미치는 영향을 분석하고, 공정 무역 농업이 생태계 보전에 기여하는 구체적 사례를 탐구하며 학문적 호기심을 보임. 국제 분업과 무역을 통해 경제와 환경이 조화를 이루는 지속 가능한 발전을 고민하는 모습이 인상적임.

교과서 찾아보기

📖 비상교육 84~91쪽
- 비교우위와 교환의 이익 이해하기
- 탄소 국경 조정 제도 도입을 둘러싼 갈등 해결 방안 탐구하기
- 세계 무역 게임을 통해 무역이 일어나는 이유 탐구하기

📖 미래엔 90~98쪽
- 비교우위 제품의 특화·교환의 이익 설명하기
- 지속가능발전을 위한 국제 무역의 방향 탐색하기
- 지속가능발전을 위한 바나나 무역 게임

📖 아침나라 88~95쪽
- 생산 요소의 분포 차이가 국제 무역에 미치는 영향 탐구하기
- 국제 무역의 확대와 경제 불평등 관계에 대한 토론 하기
- 우리나라 무역 역사 신문 만들기

📖 지학사 92~101쪽
- 가상 무역을 통한 무역 원리 탐구하기
- 지속가능발전에 대한 선진국과 개발도상국의 입장 차이 탐구하기
- 공정 무역 홍보 계획 세우기

IV

세계화와 평화

1. 세계화의 양상과 문제

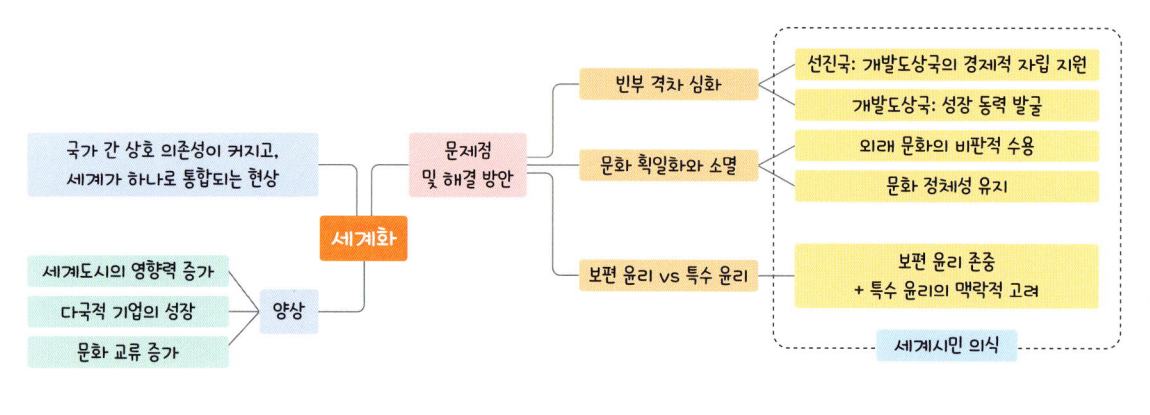

성취 기준 【10통사2-04-01】 세계화의 다양한 양상을 살펴보고, 세계화 시대의 문제점과 그에 대한 해결 방안을 제안한다.

학습 개요 국가 간 교류와 의존이 확대되며 세계가 단일 체계로 연결되고 있다. 이 단원에서는 세계화로 인한 긍정적 변화와 문제점을 탐구한다. 세계도시와 다국적 기업의 사례를 살펴보고 빈부 격차 심화, 문화적 획일화 등의 문제점을 분석한다. 나아가 이러한 문제를 해결하기 위한 지역화 전략 및 세계시민 의식의 중요성을 이해하고, 보편 윤리와 특수 윤리 간의 조화를 통해 지속 가능한 세계화 방안을 모색하고자 한다.

개념 제시 세계화, 지역화, 세계도시, 다국적 기업, 문화 획일화, 빈부 격차, 보편·특수 윤리, 세계시민

생각 열기 사스키아 사센(1947~)은 '세계도시(Global City)'의 개념을 정립한 네덜란드 태생의 미국 사회학자이다. 사센은 세계화가 경제, 정치, 사회의 영역에서 지역과 도시의 구조를 어떻게 재편하는지를 연구했다. 주요 저서 《세계도시의 출현》에서 그는 뉴욕, 런던, 도쿄와 같은 도시들이 세계 경제 네트워크에서 핵심 역할을 한다고 이야기한다. 세계화가 도시 내 불평등과 계급 분화를 심화하는 현상에도 주목한다.

관련 이슈 ("지속 가능한 공정 여행, 관심 있지만 실천 어려워") 전 세계 여행자들은 지속 가능한 공정 여행에 높은 관심을 보이지만 실제 실행률은 절반 수준에 그치는 것으로 나타났다. 주요 요인으로는 지속 가능한 여행에 대한 정보 부족과 비용 부담 등을 꼽았다. 한국은 지속 가능한 여행 실행률과 지역 경제 활성화에 대한 관심이 글로벌 평균보다 높았다. 아시아태평양 지역은 지속 가능한 여행 비용 부담에 비교적 긍정적이며, 선호하는 옵션으로 친환경 교통수단과 지속 가능한 숙소 등이 꼽혔다.

개념 이해

(세계화와 지역화) 국가 간 교류와 의존이 확대되어 세계가 하나의 단일 체계로 연결되는 세계화가 가속화됨에 따라 세계도시, 다국적 기업과 같은 글로벌 구조가 등장했다. 세계도시는 정치·경제·문화의 기능이 전 세계적으로 중요한 영향을 미치는 도시를 뜻하며, 다국적 기업은 여러 나라에 걸쳐 생산과 유통을 운영하며 세계 경제에 큰 영향을 미치는 대기업을 말한다. 그러나 세계화는 문화적 획일화 등 여러 문제를 초래하기도 한다. 이를 해결하기 위해서는 각 지역의 고유한 특성과 가치를 살리는 지역화 전략 등 여러 노력이 필요하다.

(세계화의 문제점) 세계화는 국가 간 경제 교류를 촉진하고 기술과 문화를 공유하게 했지만, 그 과정에서 빈부 격차 심화, 문화의 획일화와 전통문화의 소멸, 보편 윤리와 특수 윤리 간의 갈등과 같은 문제를 초래했다. 빈부 격차는 자본과 기술을 가진 선진국과 그렇지 않은 국가 간의 경제적 불평등을 확대하고, 문화 획일화는 소수 민족과 전통문화의 정체성을 위협한다. 또한 인류 보편적 가치를 중시하는 보편 윤리와 특정 사회의 가치를 우선시하는 특수 윤리가 충돌해 갈등이 발생하기도 한다.

(세계화 문제의 해결 방안) 세계화는 경제적 불평등과 문화적 획일화를 초래할 수 있으므로 이를 극복하기 위한 노력이 필요하다. 이를 위해 국제기구나 선진국은 개발도상국의 경제적 자립을 지원하며 공정 무역과 공정 거래를 통해 경제적 격차를 줄여야 한다. 또한 외래 문화를 비판적으로 수용하고 지역의 문화 다양성을 보존하며, 보편 윤리를 존중하는 동시에 특수 윤리를 맥락적으로 이해하는 태도가 중요하다. 세계시민 의식을 바탕으로 모두가 공존할 수 있는 지속 가능한 세계화를 이룩하기 위한 노력이 필요하다.

탐구 주제 1 글로컬라이제이션(glocalization)은 글로벌 관점에서 지역적 특성을 반영하는 전략으로, 지역 경제 활성화와 문화 다양성 보존에 중요한 역할을 한다. 성공적인 글로컬라이제이션의 사례를 탐구하고, 지역 자원을 활용한 창의적 접근과 글로벌 경쟁력을 조화시킬 수 있는 구체적 방안을 탐구해 보자.

탐구 주제 2 세계화가 진행되면서 다국적 기업이 성장을 거듭하고 있다. 이러한 다국적 기업의 생산 공장 이전과 확장은 지역 경제, 고용, 환경 등에 중대한 영향을 미친다. 생산 공장 이전 과정에서 발생할 수 있는 긍정적 효과와 부작용을 분석하고, 지역 사회에 가져올 변화를 탐구해 보자.

개념 응용

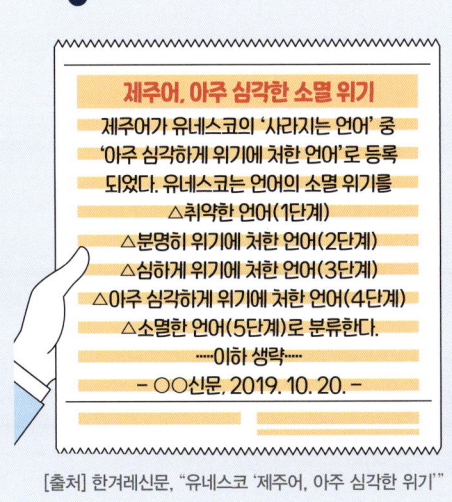

[출처] 한겨레신문, "유네스코 '제주어, 아주 심각한 위기'"

자료 설명

유네스코에서 '제주어'를 '아주 심각하게 위기에 처한 언어'로 등록했음을 알리는 신문 기사이다.

탐구 주제

세계화가 가속화됨에 따라 지역 언어의 소멸 현상이 나타나기도 한다. 이러한 현상이 해당 지역에 미치는 영향 및 세계의 문화적 다양성 측면에서의 영향을 탐구해 보자. 나아가 소멸 위기의 언어를 보존하기 위한 구체적인 방안을 사례 중심으로 탐구해 보자.

추천 도서

세계화, 무엇이 문제일까?(최배근, 동아엠앤비, 2023)

이 책은 세계화의 장단점과 관련된 사회적 이슈들을 체계적으로 설명한다. 저자는 세계화가 가져온 경제적 성장과 함께 소득 불평등, 환경 파괴, 사회 갈등 등의 문제를 분석한다. 또한 공유와 협력 경제 모델을 통해 모두가 공존할 수 있는 지속 가능한 세계를 제시한다. 이와 함께 창의적 사고와 사회적 협력을 중시하는 교육의 중요성을 강조하며, 4차 산업혁명 시대에 필요한 역량을 제안한다. 마지막으로 착한 소비와 협동조합 활동을 통해 다국적 기업의 논리에 대응할 방법을 소개한다.

탐구 주제 1 세계화를 통해 다양한 문화와 가치관의 교류가 심화하는 과정에서 보편 윤리와 특수 윤리 간에 갈등이 나타나기도 한다. 예를 들어 인권과 전통 풍습 간의 충돌은 종종 세계적 논쟁을 유발한다. 이러한 사례를 탐구하며 윤리적 딜레마를 분석하고 그 해결 방안을 모색해 보자.

탐구 주제 2 세계화 과정에서 성장하고 있는 다국적 기업의 이윤 추구 논리는 지역 경제와 환경에 부정적 영향을 미치기도 한다. 이에 대응하는 착한 소비와 협동조합 활동은 지속 가능한 발전의 대안으로 주목받고 있다. 구체적인 사례를 조사하고 윤리적 소비와 공동체 경제의 가능성을 탐구해 보자.

로컬의 미래(헬레나 노르베리-호지, 최요한 역, 남해의봄날, 2018)

이 책은 《오래된 미래》로 유명한 환경운동가인 저자의 신작으로, 세계화가 환경과 인간에게 미친 부정적 영향을 비판하고, 지속 가능한 사회를 위한 실천 방안을 구체적으로 담았다. 지속 가능한 대안으로 지역화를 제안하며 자연 회복과 공동체적 삶의 사례 및 구체적인 실천 방안과 함께 희망적인 메시지를 전한다. 특히 한국 독자들의 질문을 반영한 인터뷰를 수록해 생생한 육성을 전한다. 지구와 인류의 행복을 위한 로컬 중심의 대안을 고민하는 이들에게 강력히 권할 만한 책이다.

탐구 주제 1 빈부 격차 문제의 해결은 세계화 시대의 주요 과제 중 하나이다. 공정 무역과 공정 여행은 생산자와 소비자 간의 공정한 거래를 통해 빈부 격차 해소에 기여하는 대안으로 주목받고 있다. 여러 사례를 탐구해 윤리적 소비와 지속 가능한 발전을 위한 구체적인 실천 방안을 제시해 보자.

탐구 주제 2 지역의 고유한 자원과 문화적 특성을 활용한 지역화 전략은 지역 경제와 공동체 활성화에 중요한 역할을 한다. 우리 지역의 자연환경, 역사적 자원, 지역 산업 등을 분석해 특화된 발전 전략을 수립해 보자. 이를 통해 지속 가능한 발전과 지역 경쟁력 강화 방안을 탐구해 보자.

| 추천 논문 | **주요 글로벌 신문으로 본 세계도시의 특성과 유형화**(손재선, 한국도시지리학회, 2006) |

이 연구는 경제 지표 중심의 세계화 연구를 넘어 신문 기사를 바탕으로 세계도시의 특성을 분석하고 유형화한 것이다. 〈월 스트리트 저널〉 등 3개 신문에서 63개 세계도시의 2004년 기사 빈도를 기준으로 인자 분석과 군집 분석을 통해 4개의 인자와 유형을 도출했다. 이는 세계화를 연구하는 새로운 방법론적 접근을 제시한다.

> **탐구 주제** 세계도시는 경제, 문화, 정치의 중심지로서 글로벌 네트워크에서 중요한 역할을 한다. 뉴욕, 런던, 도쿄와 같은 세계도시의 사례를 분석해 그 성장 배경과 특징을 비교해 보자. 이를 바탕으로 세계도시의 발전 전략과 지속가능성에 대해 탐구해 보자.

◆ 선택 과목 연계 학습

선택 과목	학습 안내	
일반 선택	세계시민과 지리	세계화의 과정에서 등장한 지역화를 이해하며, 세계도시와 다국적 기업이 지역 경제와 문화에 미치는 영향을 탐구한다. 나아가 세계화의 한계를 살피고 세계시민으로서의 해결 방안을 탐구한다.
관련 단원	3. 세계시민, 세계화와 지역 이해	

◆ 전공 가이드

세계화 과정에서 나타나는 문제를 분석하고 지속 가능한 발전 방안을 연구한다. 또한 스마트 기술 등을 포함한 융합적 접근을 통해 세계시민으로서의 실천 방안을 탐구한다.

- ▶ **사회계열** : 국제학과, 사회학과, 행정학과, 지역개발학과, 도시계획학과
- ▶ **공학계열** : 도시공학과, 환경공학과, 건축공학과, 스마트시티학과, 정보통신공학과
- ▶ **의약계열** : 간호학과, 보건행정과, 보건환경학과, 약학부, 응급구조학과

◆ 선택 과목 연계 학습

선택 과목	학습 안내	
진로 선택	국제 관계의 이해	세계화로 인해 나타난 국가 간 불균형 발전이 초래한 문제를 파악하고, 이를 해결하기 위한 개인, 국가, 국제기구 등의 노력으로 공정 무역, 공적 개발 원조 등 구체적인 방법을 탐구한다.
관련 단원	2. 균형 발전과 상생	

◆ 전공 가이드

세계화로 인해 발생하는 국가 간 불균형을 분석하고, 공정 무역과 공적 개발 원조 등의 구체적인 해결 방안을 연구하며 균형 발전과 국제 협력 모델을 탐구한다.

- ▶ **인문계열** : 철학과, 국제문화학과, 글로벌커뮤니케이션학과, 국제지역학과
- ▶ **사회계열** : 국제학부, 행정학과, 경제학과, 지역개발학과, 사회복지학과
- ▶ **자연계열** : 환경학과, 기후환경과학과, 생태환경학과, 지구과학과, 생물학과

◆ 선택 과목 연계 학습

선택 과목		학습 안내
융합 선택	역사로 탐구하는 현대 세계	세계화 이후 자본과 상품의 이동, 교류와 이주가 활발해지면서 나타난 다양한 변화 양상을 파악하고, 문화 획일화 현상 등 문제점을 해결하기 위한 방안을 탐구한다.
관련 단원	5. 도전받는 현대 세계	

◆ 전공 가이드

세계화로 촉진된 자본과 문화의 교류, 이주 현상을 연구하며, 그로 인한 문화 획일화와 지역 정체성 약화의 문제를 분석하고, 세계시민 의식의 함양 방안을 모색한다.

- ▶ **인문계열** : 역사학과, 철학과, 국제지역학과, 문화인류학과, 문화콘텐츠학과, 언어학과
- ▶ **사회계열** : 국제학부, 사회학과, 행정학과, 정치외교학과, 관광학과
- ▶ **예체능계열** : 디자인과, 그래픽디자인과, 만화애니메이션학과, 미디어영상학과

학생부 교과세특 예시

세계화의 다양한 양상과 문제점을 분석하며 지속 가능한 발전을 위한 해결 방안을 제안함. 다국적 기업의 운영이 지역 경제와 환경에 미치는 영향을 분석하며 문제해결력을 발휘함. 글로컬라이제이션 전략을 탐구하는 협업 활동에서 지역 자원을 활용하는 창의적 방안을 제안하고 협업 능력과 리더십을 보여줌. '세계화, 무엇이 문제일까?'(최배근)를 읽고 세계화의 장단점을 이해하고, 공유 경제와 협력의 중요성을 탐구함. 세계시민으로서의 윤리적 역할을 고민하고 실천하고자 하는 학생으로, 행정 분야에서 지속 가능한 정책 수립과 공공 행정에 기여할 수 있는 잠재력을 보임.

교과서 찾아보기

📖 동아출판 104~111쪽
- 글로컬라이제이션(glocalization) 사례 탐구하기
- 다국적 기업의 사례를 통해 세계화의 문제점 및 해결 방안 탐구하기
- 공정 무역 사례 분석 및 필요성 탐구하기

📖 천재교과서 100~107쪽
- 세계도시 사례 분석하기
- 보편 윤리와 특수 윤리의 갈등 사례를 분석하고 해결 방안 탐구하기
- 우리 지역을 세계에 알릴 수 있는 지역화 전략 구상하기

📖 지학사 108~113쪽
- 일상 속에서 세계화와 지역화 사례 찾아보기
- 언어 소멸의 문제점 및 해결 방안 탐구하기
- 세계화와 감염병 확산의 관계 탐구하기

📖 아침나라 98~105쪽
- 다국적 기업의 공간적 분업에 따른 영향 조사하기
- 공정 무역, 공정 여행 등 윤리적 소비 경험 공유하기
- 세계화에 따른 문제 해결 방안 탐구하기

2. 평화를 위한 국제 사회의 노력

```
                                              갈등, 분쟁 증가
                                                   ↑
  소극적 평화:                                      해
  폭력, 위협이 없는 상태    → 평화 ─ 상호 의존성 증가  결
  적극적 평화:                 │                   노
  사회적, 경제적, 문화적 폭력도 없는 상태  국제 사회   력
                                │         ┌ 국가
  현실주의                      │   행위 주체 ─ 국제기구
  자유주의      → 관점          │         └ 국제 비정부 기구
```

성취 기준 【10통사2-04-02】 평화의 관점에서 국제 사회의 갈등과 협력의 사례를 조사하고, 세계 평화를 위한 행위 주체의 바람직한 역할을 탐색한다.

학습 개요 이 단원에서는 전쟁과 폭력의 부재에 머무는 소극적 평화를 넘어 경제적 평등, 차별 해소, 정치적 참여와 같은 사회적 정의를 포함하는 적극적 평화를 탐구한다. 또한 국제 사회의 행위 주체로서 정부, 국제기구, 비정부 기구가 갈등을 해결하고 세계 평화를 유지하는 데 어떤 역할을 하는지 살펴본다. 아울러 국제 관계를 바라보는 이상주의와 현실주의의 입장을 분석하고 각 관점에서 국제 평화 방안을 탐구하고자 한다.

개념 제시 소극적 평화, 적극적 평화, 국제기구, 비정부 기구, 공적 개발 원조, 이상주의, 현실주의

생각 열기 노르웨이의 저명한 사회학자인 요한 갈퉁(1930~2024)은 평화학의 창시자로도 알려져 있다. 그는 평화의 개념을 '소극적 평화(전쟁·폭력의 부재)'와 '적극적 평화(사회적 정의와 평등이 실현된 상태)'로 나누어 설명했다. 또한 '구조적 폭력'이라는 개념을 제시하며 불평등과 억압 같은 간접적 폭력도 평화의 장애물로 간주했다. 갈퉁의 연구는 평화 구축과 갈등 해결을 위한 이론적 토대를 제공하며 국제적으로 큰 영향을 미쳤다.

관련 이슈 (**KOICA의 분쟁국 지원 강화**) 한국국제협력단(KOICA)은 분쟁국 및 취약국 지원을 위해 8개 국제기구와 업무 협약을 체결했다. KOICA는 물 관리 체계 강화, 수자원 생태계 복원 등 지속가능발전목표(SDGs)를 달성하기 위한 프로젝트를 확대하고 있다. 협력 대상국은 아프리카와 아시아의 분쟁국이 주를 이루며, 이러한 노력은 지역 내 갈등 완화, 빈곤 감소, 생태계 복원을 목표로 한다. 또한 이는 기후 변화 대응과 지역 사회의 안정화를 촉진하며 글로벌 평화 구축에도 기여하고 있다.

개념 이해

(소극적 평화와 적극적 평화) '소극적 평화'는 전쟁이나 폭력과 같은 직접적 갈등이 없는 상태를 의미하며, 구조적 불평등이나 차별은 해결되지 않은 경우가 많다. 반면 '적극적 평화'는 단순히 갈등이 없는 것을 넘어 사회적 정의와 인간의 존엄성이 실현된 상태를 말한다. 이는 경제적 평등, 차별 해소, 정치적 참여 보장 등 긍정적 변화를 포함하며, 갈등을 근본적으로 해결하고 협력과 화합을 추구한다.

(국제 사회 행위 주체: 정부, 국제기구, 국제 비정부 기구) 국제 사회의 행위 주체는 크게 정부, 국제기구, 국제 비정부 기구(NGO)로 나뉜다. 정부는 국가를 대표해 외교와 협정을 통해 국제 문제를 해결한다. 국제기구는 유엔(UN)과 같은 다자간 협력체로 평화 유지와 인권 보호에 기여한다. NGO는 국경을 초월해 인도주의적 지원과 환경 보호 같은 다양한 분야에서 활동하며, 정부나 국제기구의 한계를 보완한다. 이러한 행위 주체들은 협력과 조정을 통해 국제 갈등을 해결하고 세계 평화를 유지하는 데 중요한 역할을 한다.

(국제 관계에 대한 입장: 이상주의와 현실주의) 국제 관계에서 이상주의는 국제 사회가 협력과 도덕적 원칙을 통해 평화를 실현할 수 있다고 보는 입장이다. 이는 국제기구와 조약을 통한 갈등 해결과 인권 및 정의를 강조한다. 반면 현실주의는 국가 간 힘의 균형과 자국의 이익을 최우선으로 고려하며, 국제 사회의 갈등은 불가피하다고 본다. 두 입장은 국제 문제를 이해하고 해결하는 데 서로 보완적이며, 국제 사회의 복잡성을 반영한다.

탐구 주제 1 소극적 평화와 적극적 평화의 차이를 철학적 관점에서 분석하고, 인류가 평화를 이루기 위해서는 어떤 가치와 원칙을 지켜야 하는지 깊이 탐구해 보자. 이를 통해 단순히 갈등과 폭력이 없는 상태를 넘어, 정의와 협력이 실현되는 사회를 만들어가기 위한 철학적 사유와 실천적 방안을 모색해 보자.

탐구 주제 2 평화 실현을 위한 공공 보건 분야의 역할을 탐구해 보자. 분쟁 지역에서는 기본적인 의료 서비스가 부족해 많은 이들이 질병과 부상으로 고통받고 있다. 평화 구축 기구의 의료 지원 활동을 조사하고, 건강권이 인간의 존엄성과 평화 유지에 어떻게 기여하는지 살펴보자.

개념 응용

	현실주의	자유주의
국가	이기적, 합리적 행위자	이성적, 도덕적 행위자
국제 관계	개별 국가의 자국 이익 극대화	이성과 도덕이 작동하는 사회
국제 사회 협력	국가 간 상호 불신으로 어려움	국가 간 상호 의존을 통해 가능

자료 설명

국제 관계를 바라보는 현실주의적 관점과 자유주의적 관점을 분석한 표이다.

탐구 주제

현실주의와 자유주의는 국가에 대한 시각과 국제 관계를 바라보는 입장이 다른 만큼 국제 평화를 유지하는 방안도 서로 다른데, 그 구체적 사례를 조사해 각 관점에서 국제 평화를 유지하는 방안을 탐구해 보자.

추천 도서

세계는 왜 싸우는가(김영미, 김영사, 2019)

20년간 전쟁을 취재해 온 국제 분쟁 전문 PD인 저자가 전쟁의 참상과 평화의 중요성을 학생들에게 들려주는 책이다. 아프가니스탄 여성, 팔레스타인 학생, 시에라리온 소년병 등 분쟁 지역의 실상을 생생히 담았으며, 불신과 증오를 멈추고 평화를 이루기 위한 방법을 탐구한다. 최신 개정판에서는 이라크 철군, 로힝야 사태 등 변화된 국제 정세를 반영하고 각 분쟁 지역의 사진을 추가했다. 저자는 폭력 속에서도 이해와 인정으로 분쟁을 종식할 수 있는 희망의 가능성을 제시한다.

탐구 주제 1 국제연합(UN)과 같은 국제기구와 국제 비정부 기구(NGO)가 국제 분쟁 해결에 어떻게 기여했는지 사례를 중심으로 조사해 보자. 특히 국제 협약과 중재 과정에서 나타난 성공과 한계를 분석해, 국제기구와 국제 비정부 기구 간의 협력적 관계가 평화 구축에 어떤 영향을 미쳤는지 탐구해 보자.

탐구 주제 2 국제 분쟁 해결과 국제 평화 구축의 과정에서 스포츠와 예술이 어떤 역할을 했는지 사례를 중심으로 탐구해 보자. 예를 들어 올림픽의 평화 정신과 다양한 국가의 갈등을 해소하기 위한 스포츠 외교 사례, 전쟁 후 예술이 제공한 치유의 역할과 화합의 의미 등을 분석해 보자.

다자외교의 재발견(윤여철, 박영스토리, 2022)

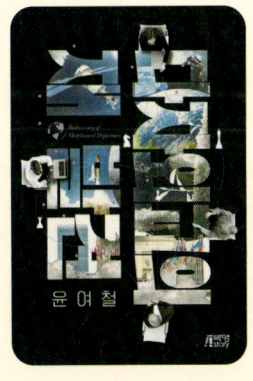

38년간 외교관으로 활동한 저자가 국제 평화에서 다자외교의 중요성을 강조한 책이다. 유엔과 국제 사회의 무대에서 한국이 다자외교를 통해 국제 평화와 협력에 기여할 수 있는 잠재력과 역할을 다루며, 한반도의 평화와 국제적 위상을 높이는 방안을 모색한다. 저자는 다자외교가 글로벌 문제 해결과 평화 구축에 필수적임을 대중에게 알리고, 정부 외교 활동에 대한 국민적 지지를 호소한다. 이와 함께 한국이 글로벌 무대에서 평화와 협력의 스마트한 미들 파워(국제적 영향력을 가진 국가)로 자리 잡기 위한 방향성을 제시한다.

탐구 주제 1 다자외교의 철학적 의미를 탐구하고, 국제 분쟁 해결 과정에서 인류애와 도덕적 책임이 어떻게 구체적으로 구현되는지 분석해 보자. 이를 위해 국제연합의 평화 사절단 활동의 사례를 조사하며, 이러한 활동이 국제 사회의 신뢰 형성과 평화 구축에 어떤 긍정적 영향을 미쳤는지 살펴보자.

탐구 주제 2 국제기구에서 위성 기술을 활용해 분쟁 지역 난민 캠프를 모니터링하며 식량과 의약품 등 인도적 지원을 신속하게 제공한 사례를 분석해 보자. 이를 통해 첨단 기술이 국제 사회의 협력과 조정을 어떻게 강화하고, 평화 구축을 위한 효과적인 도구로 활용될 수 있는지 탐구해 보자.

추천 논문

국제법상 NGO의 역할 확대와 책임성(accountability)에 대한 검토(이춘선, 서울국제법연구원, 2021)

이 논문은 국제 비정부 기구(NGO)의 글로벌 네트워크 활동과 책임성을 다룬다. 일부 NGO의 폭력적 시위로 인해 법적 책임 추궁의 한계와 규범적 통제의 필요성이 대두되었다. 책임성 개념을 통해 NGO 활동의 신뢰성을 높이는 방안을 논의하고, 책임성 제고를 위한 국제기구의 객관적 활동 지침 마련과 NGO의 자율 규제 노력의 중요성을 제안한다.

탐구 주제   국제 비정부 기구(NGO)가 환경 보존과 생태계 복원을 위해 수행한 활동으로 'WWF(World Wide Fund for Nature)의 프로젝트 사례' 등을 조사해 보자. 이를 통해 NGO의 책임성 있는 활동이 환경 문제의 해결에 미치는 영향을 탐구해 보자.

선택 과목 연계 학습 및 전공 가이드

◆ 선택 과목 연계 학습

선택 과목		학습 안내
일반 선택	현대 사회와 윤리	국제 사회에서 발생하는 분쟁, 난민, 빈곤 등의 문제에 국제 정의의 관점을 적용해 비판적으로 이해한다. 특히 국제 사회에 대한 문제를 탐구하고 윤리적인 실천 방안을 제시한다.
관련 단원	6. 평화와 공존의 윤리	

◆ 전공 가이드

국제 정의와 윤리적 실천의 관점에서 현대 사회의 복잡한 갈등과 협력 사례를 종합적으로 이해한다. 각 학문 분야의 전공으로 국제 문제 해결에 기여할 수 있는 방안을 탐구한다.

- ▶ **인문계열**: 비교문학과, 인류학과, 국제문화학과, 철학과, 종교학과, 문헌정보학과
- ▶ **사회계열**: 국제관계학과, 국제통상학과, 사회복지학과, 정치경제학과, 언론정보학과
- ▶ **의약계열**: 간호학과, 보건환경과, 약학부, 응급구조과, 의료정보공학과, 재활학과

◆ 선택 과목 연계 학습

선택 과목		학습 안내
진로 선택	국제 관계의 이해	개인과 국가, 국제 사회의 평화와 안전을 위협하는 폭력에 대해 토론하고, 이러한 폭력을 제거해 적극적 평화를 달성하기 위한 세계시민으로서의 역할을 모색한다.
관련 단원	3. 평화와 안전의 보장	

◆ 전공 가이드

국제 평화를 위협하는 폭력과 갈등을 분석하며, 다양한 전공에서의 융합적 관점과 창의적 해결책을 통해 평화 유지와 갈등 예방에 기여할 수 있는 방안을 모색한다.

- ▶ **사회계열**: 국제학과, 정치외교학과, 국제개발협력학과, 사회학과, 경제학과
- ▶ **공학계열**: 국제물류공학과, 에너지공학과, 환경관리공학과, 정보시스템공학과
- ▶ **의약계열**: 보건약학과, 생명약학과, 백신학과, 환경약학과, 감염병연구학과

◆ 선택 과목 연계 학습

선택 과목	학습 안내	
융합 선택	역사로 탐구하는 현대 세계	다양한 차이에서 비롯되는 차별과 혐오의 사회적 배경과 과정을 탐구한다. 특히 국제 사회의 갈등 속에서 시민사회와 국제기구의 역할 및 국제 규범의 가치와 갈등을 분석한다.
관련 단원	4. 분쟁과 갈등, 화해의 역사	

◆ 전공 가이드

역사적으로 나타난 분쟁과 갈등의 사례를 통해 그 구조적 원인을 분석하며, 이를 해결하기 위한 방안으로 국제 협력의 가능성과 윤리적 실천의 중요성을 모색한다.

- ▶ **인문계열** : 문화콘텐츠학과
- ▶ **사회계열** : 경제학과, 국제학과, 사회학과, 지역개발학과, 정치학과, 행정학과
- ▶ **공학계열** : IT융합학과, 신재생에너지과, 에너지자원공학과, 물류시스템공학과
- ▶ **예체능계열** : 국제예술경영학과, 미디어아트학과, 공공예술학과

학생부 교과세특 예시

'세계는 왜 싸우는가(김영미)'를 읽고 소극적 평화와 적극적 평화의 차이를 이해하며, 정의와 협력이 실현되는 평화의 가치를 탐구함. 국제기구와 국제 비정부 기구(NGO)의 국제 분쟁 해결 사례를 조사하며, 중재 과정의 성공과 한계를 분석하고 이상주의적 접근에 대한 학문적 호기심을 보임. 수업 중 논리적 사고력과 문제 해결 능력을 발휘해 이상주의적 입장에서 국제 평화 구축 방안을 제시하고 발표와 토론을 주도함. 그 과정에서 국제 분쟁 해결 및 평화 구축에 기여할 수 있는 잠재력을 보임. 이러한 학문적 호기심과 문제 해결 능력은 국제 정치와 외교 분야에서 중요한 자산이 될 것임.

교과서 찾아보기

📖 미래엔 110~115쪽
- 영화를 통해 평화 보장의 중요성 탐구하기
- 평화 사상가의 주장 탐구하기
- 평화 실현을 위한 다양한 행위 주체의 노력 탐구하기

📖 ㈜리베르스쿨 108~113쪽
- 전쟁으로 생존을 위협받은 사람에게 위로의 편지 작성하기
- 세계 평화를 위한 국제 사회 조약 만들어보기
- 평화를 위한 국제 사회 행위 주체가 해야 할 노력 작성하기

📖 동아출판 112~117쪽
- 전쟁 지역의 사례를 바탕으로 평화의 중요성 고찰해 보기
- 분쟁 지역의 분쟁 원인 분석하기
- 세계 평화를 위한 세계시민의 방안 탐구하기

📖 천재교육 108~115쪽
- 국제 사회 갈등 사례 분석하기
- 코트디부아르 내전 원인 및 해결 방안 탐구하기
- 미얀마 내전 사례를 통해 국제 사회 행위 주체의 역할 탐구하기

3. 남북 분단 및 동아시아 역사 갈등과 세계 평화

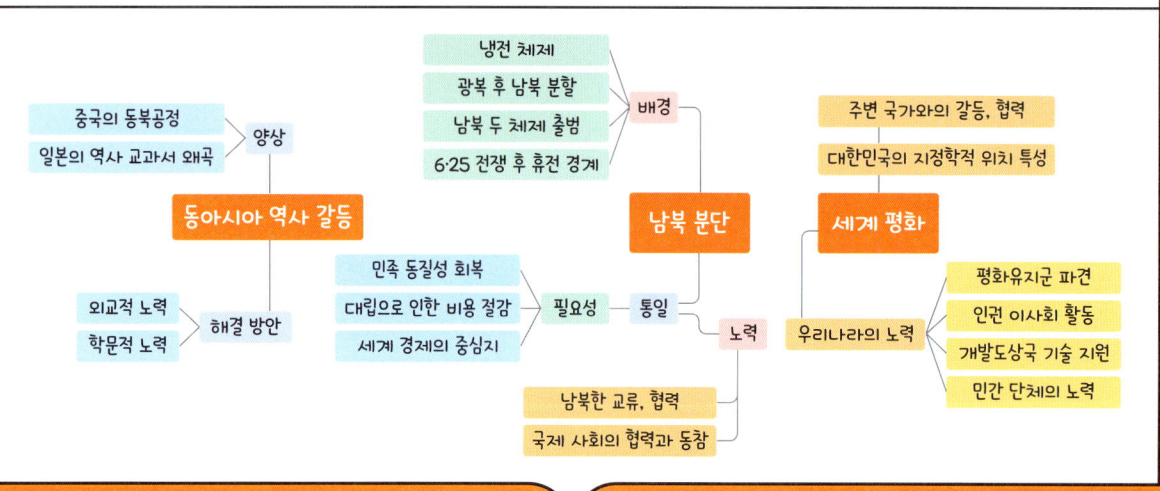

성취 기준 【10통사2-04-03】 남북 분단과 동아시아의 역사 갈등 상황을 분석하고, 이를 토대로 우리나라가 세계 평화에 기여할 수 있는 방안을 제안한다.

학습 개요 이 단원에서는 남북 분단의 배경과 현 상태를 살펴보고, 평화 통일의 필요성과 효과를 학습한다. 이와 함께 중국과 일본의 역사 왜곡이 동아시아 역사 갈등에 미치는 영향을 분석하며, 이를 해결하기 위한 협력 방안을 모색한다. 나아가 우리나라가 세계 평화에 기여할 수 있는 역할과 책임을 고찰하며, 국제 사회에서의 남북 협력 모델의 가능성을 논의한다. 이를 통해 한반도 평화와 세계 평화의 연관성을 통합적으로 이해한다.

개념 제시 남북 분단, 평화 통일, 동아시아, 동북공정, 역사 왜곡, 지정학적 위치, 국제적 위상, 세계 평화

생각 열기 서경덕(1974~)은 성신여자대학교 교양학부 교수이자 한국 홍보 전문가로, 2005년 〈뉴욕 타임스〉에 독도 광고를 게재하는 등 한국의 역사와 문화를 세계에 알리는 데 주력해 왔다. 그는 일본의 역사 왜곡과 중국의 동북공정에 적극 대응하며, 국제 사회에서 한국의 올바른 역사 인식을 확산시키기 위해 다양한 캠페인과 홍보 활동을 펼치고 있다. 이러한 활동을 통해 한국의 역사와 문화를 보호하며 세계 평화에도 기여하고 있다.

관련 이슈 (**중국의 동북공정, 한국사 전체로 확대**) 중국은 지난 20년간 동북공정을 통해 고구려와 발해의 역사를 자국사로 편입하려는 시도를 해왔다. 중국은 공식적인 동북공정이 종료되었다고 주장하지만, 최근까지도 중국의 패권적 역사 인식은 지속되어 한국사 전체를 왜곡하는 방향으로 확대되고 있다. 이러한 역사 왜곡은 한·중 간의 역사·문화 갈등을 심화하며, 동북아 평화와 공존을 위협하는 요인으로 작용하고 있다. 한국 학계는 이에 대응하기 위해 고유한 역사 체계 구축과 논리 개발의 필요성을 강조하고 있다.

개념 이해

(남북 분단과 평화 통일) 남북 분단은 1945년 광복 이후 냉전의 영향으로 형성된 한반도의 정치적·군사적 대립 상태를 말한다. 이는 대한민국과 북한의 체제 경쟁과 긴장 관계를 초래했으며, 한반도의 평화를 위협하는 주요 요인으로 작용해 왔다. 평화 통일은 남북이 체제의 차이를 극복하고 정치·경제·사회적으로 통합되는 것을 의미한다. 이를 위해서는 군사적 긴장 완화, 경제 교류 확대, 주민 간의 소통 증진이 필요하다. 평화 통일은 한반도뿐 아니라 동북아 평화와 번영에도 중요한 영향을 미친다.

(동아시아 역사 갈등: 중국·일본의 역사 왜곡) 동아시아 역사 갈등은 중국과 일본을 포함한 여러 나라의 역사적 사건이나 인물에 대한 해석 차이와 왜곡으로 인해 발생하는 문제를 말한다. 예를 들어 일본의 역사 교과서는 과거 식민 지배와 침략의 역사를 축소하거나 미화하는 내용을 담고 있어 주변국의 반발을 사고 있다. 중국 또한 동북공정을 통해 고대 한국사의 일부를 자국 역사로 편입하려는 시도를 보여 역사 갈등의 중심에 있다. 이러한 역사 왜곡은 국가 간의 불신을 심화하고, 갈등을 증폭하며, 평화를 저해하는 요인으로 작용한다.

(우리나라와 세계 평화) 우리나라는 남북 분단의 상황에서 세계 평화에 기여할 독특한 역할을 맡고 있다. 이념적·지정학적으로 한반도 평화는 동북아 지역의 안정을 넘어 세계 평화와도 밀접하게 연결되어 있기 때문이다. 그렇기에 우리나라는 평화유지군 참여, 개발도상국 지원, 국제 분쟁 중재 등을 통해 평화 구축에 기여하고 있다. 특히 통일을 위한 노력과 함께 세계 평화에 기여하기 위해 남북 간 협력 모델을 국제 사회에 제시하고, 이를 통해 갈등 해결과 협력 증진의 모범을 보이는 것이 중요하다.

탐구 주제 1 중국의 동아시아 역사 왜곡과 일본의 역사 교과서 왜곡 등은 과거를 왜곡해 동아시아 국가 간의 신뢰를 떨어뜨린 주요 사례이다. 이러한 역사 왜곡의 구체적인 내용을 조사해 동아시아 국가들의 관계에 미친 영향을 분석하고, 이를 해결하기 위한 실질적인 방안을 탐구해 보자.

탐구 주제 2 남북한의 전통예술과 문화는 한민족의 공통된 정체성을 반영하며, 분단으로 인한 갈등을 완화할 수 있는 강력한 매개체이다. 예술은 공감과 이해를 증진하며 문화 협력의 기반이 될 수 있다. 남북한 문화 협력의 구체적인 사례를 조사해 평화 통일과 동아시아 협력을 촉진하기 위한 방안을 탐구해 보자.

개념 응용

[출처] 안보뉴스, 통일부 〈2023년도 학교 통일교육 실태조사〉 결과 토대로 제작

자료 설명

남북 통일에 대한 학생들의 생각을 조사해 정리한 그래프이다.

탐구 주제

통일 이후 한반도는 지정학적 중심지로서 동북아와 세계의 평화에 중대한 역할을 수행할 수 있는 잠재력을 지니고 있다. 이러한 관점에서 남북 통일의 필요성을 분석하고, 평화와 공존의 철학적 가치를 기반으로 한반도가 세계 평화에 기여할 수 있는 방안을 탐구해 보자.

추천 도서

한반도를 달리다(게러스 모건 외 1명, 이은별 외 1명 역, 넥서스BOOKS, 2018)

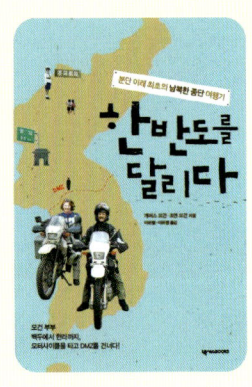

이 책은 뉴질랜드 모터사이클 모험가인 모건 부부가 남북한을 횡단하며 기록한 최초의 모험 여행기이다. 북한의 농촌과 자연환경, 비무장지대(DMZ)를 넘는 여정을 통해 남북한의 긴장과 애틋함이 공존하는 모습을 생생히 담아냈다. 베테랑 여행자들에게도 북한은 금기의 땅이었으며, 이들은 다양한 도전 속에서 새로운 관점과 감정을 경험한다. 이 책을 통해 한반도의 복잡한 역사와 현실을 몸소 체험하며 통일과 화해의 가능성을 깊이 탐구한 특별한 여정을 경험할 수 있다.

탐구 주제 1 남북한 주민 간의 문화적 차이와 공통점은 분단 이후 서로 다른 환경에서 형성된 독특한 정체성과 한민족으로서의 유산을 반영한다. 분단 상황 속에서 형성된 남북한의 문화적 차이와 공통점을 분석하고, 이를 바탕으로 한반도 평화 통일을 위한 문화 교류와 협력의 방안을 탐구해 보자.

탐구 주제 2 비무장지대(DMZ)는 남북한의 대립 속에서 인간의 발길이 닿지 않아 독특한 생태계를 형성한 지역이다. 이곳은 멸종 위기종의 서식지이자 생물 다양성의 보고이지만, 군사적 긴장과 환경 변화로 보존이 위협받고 있다. DMZ의 생태적 가치와 가치 보존을 위한 국제적 협력 방안을 탐구해 보자.

함께 읽는 동아시아 근현대사(유용태 외 2명, 창비, 2016)

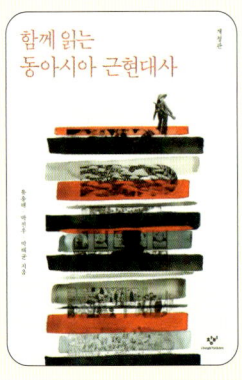

이 책은 한·중·일 및 동아시아 지역의 역사를 통합적 지역사 관점에서 조망한 획기적인 학술 성과이다. 중화주의와 식민지주의가 동아시아 갈등의 뿌리임을 밝히고, 이를 극복하기 위해 자국과 타국의 역사에 대한 성찰과 공감을 강조한다. 한국은 제국의 경험이 없기에 동아시아 지역사 서술에서 유리한 위치에 있지만, 여전히 풀어야 할 역사적 과제도 남아 있다. 저자는 역사 화해를 위해 자국 내부의 평화와 성찰이 필요함을 역설하며, 동아시아의 화해와 협력을 위한 역사 서술을 제안한다.

탐구 주제 1 일본의 식민지 정책은 동아시아에서 많은 갈등과 역사적 상처를 남겼다. 일본의 식민지 동화 정책과 아시아태평양 전쟁의 영향을 분석하고, 동아시아 역사 인식의 공유를 방해하는 요인들을 살펴보자. 이를 바탕으로 역사적 갈등을 해결하고 화해를 이루기 위한 실질적인 방안을 제시해 보자.

탐구 주제 2 동아시아 지역 내 국가 간의 갈등은 교통 인프라의 연결과 확장을 어렵게 만드는 주요 요인 중 하나이다. 동아시아 국가 간의 교통망 연결 사례와 그 제한 요소를 분석하고, 이를 극복해 동아시아 협력을 증진할 수 있는 효율적이고 지속 가능한 교통 인프라 구축 방안을 탐구해 보자.

추천 논문

한반도 통일과 통일 교육에서 평화의 의미(김용신, 한국외국어대 국제지역연구센터, 2023)

이 논문은 한반도의 평화와 통일을 강대국의 이해관계 조정과 남북한 교류·협력의 관점에서 분석한다. 한반도 평화는 구조적 폭력의 제거를 기반으로 한 적극적 평화로 나아가야 하며, 이를 위한 통일 교육은 지속 가능한 평화를 실현하는 핵심임을 밝힌다. 나아가 통합형 평화 거버넌스를 통한 한반도 평화 체제 구축의 가능성을 논의한다.

 **탐구 주제** 통일은 한반도의 경제적 여건과 산업 구조에 큰 변화를 불러올 것이다. 특히 새로운 직업군과 기회가 등장할 가능성이 크다. 통일 이후 예상되는 직업 변화와 경제적 환경 변화를 분석하고, 통일이 청년층의 경제활동에 미칠 영향을 탐구해 보자.

선택 과목 연계 학습 및 전공 가이드

◆ 선택 과목 연계 학습

선택 과목	학습 안내
일반 선택	세계시민과 지리	지속 가능한 세계를 위한 국제 협력의 중요성을 살펴보고, 동아시아 역사 갈등, 세계의 환경 문제와 갈등 해결 방안을 통해 평화로운 지구 공동체를 만드는 데 필요한 역할을 모색한다.
관련 단원	4. 지속 가능한 세계, 세계의 환경 문제와 평화	

◆ 전공 가이드

동아시아의 역사 갈등을 심도 있게 분석하며, 세계의 환경 문제를 해결하기 위한 방안을 연구한다. 이를 통해 평화로운 지구 공동체를 만들기 위한 국제 협력 방안을 탐구한다.

▶ **인문계열** : 역사학과, 철학과, 동아시아학과, 문헌정보학과, 국제문화학과
▶ **자연계열** : 환경과학과, 생태학과, 지리학과, 지구환경공학과, 해양학과
▶ **교육계열** : 사회교육과, 지리교육과, 역사교육과, 윤리교육과

◆ 선택 과목 연계 학습

선택 과목	학습 안내
진로 선택	동아시아 역사 기행	동아시아의 다양한 역사 현장에서 평화와 공존의 가치를 이해하며, 각국 간의 상호작용이 지역의 발전과 갈등 해결, 나아가 세계 평화와 국제적 협력에 어떤 영향을 미쳤는지 탐구한다.
관련 단원	4. 평화와 공존의 현장에서 만난 역사	

◆ 전공 가이드

동아시아의 역사 갈등을 분석하며, 평화의 가치를 기반으로 국제적 협력 방안을 탐구한다. 아울러 다양한 학문적 관점에서 갈등 해결과 세계 평화 증진을 위한 전략을 연구한다.

▶ **인문계열** : 역사학과, 철학과, 문화인류학과, 동아시아학과, 국제문화학과
▶ **사회계열** : 국제학부, 정치외교학과, 사회학과, 행정학과, 지역학과, 국제관계학과
▶ **자연계열** : 지리학과, 생태학과, 환경과학과, 지구환경공학과, 생명공학과

◆ 선택 과목 연계 학습

선택 과목	학습 안내
융합 선택	사회 문제 탐구	동북공정과 같은 역사 왜곡의 사례를 사회 문제의 관점에서 살펴보고, 이를 해결하기 위한 올바른 역사 인식과 국제 사회의 협력, 평화적 대화, 공존의 가치, 지속 가능한 발전 방안을 모색한다.
관련 단원	4. 사회 문제 사례 연구	

◆ 전공 가이드

역사 왜곡의 사례를 사회적 문제로 분석하며, 이를 해결하기 위한 협력 방안을 연구한다. 또한 동아시아의 갈등이 세계 평화에 미치는 영향을 탐구해 평화적 공존을 모색한다.

- ▶ **사회계열** : 국제학부, 사회학과, 정치외교학과, 지역학과, 행정학과, 국제관계학과
- ▶ **자연계열** : 생태학과, 지리학과, 지구환경공학과, 해양학과, 기후변화학과
- ▶ **공학계열** : 도시계획학과, 건축공학과, 환경공학과, 교통공학과, 재난안전공학과
- ▶ **예체능계열** : 만화창작과, 방송영상미디어과, 영상제작과, 커뮤니케이션디자인학과

학생부 교과세특 예시

'한반도를 달리다(게러스 모건 외 1명)'를 통해 통일의 필요성과 문화 교류 방안을 고찰함. 특히 남북한 주민 간의 문화적 차이와 공통점을 분석하며 논리적 사고력과 종합적 이해력을 보임. 일본의 식민지 정책과 동북공정의 역사 왜곡 문제를 비판적으로 분석하며, 역사적 갈등 해결과 국제적 협력 방안을 제안함. 모둠원과 함께 동아시아 역사 인식의 공유를 방해하는 요인들을 시각 자료로 구성하고 발표함. 그 과정에서 학문적 호기심과 비판적 사고력을 기반으로 문제를 심도 있게 탐구하는 태도가 돋보임. 통찰력과 협업 능력을 바탕으로 역사와 국제 관계 분야에서의 발전 가능성을 보여줌.

교과서 찾아보기

📖 비상교육 112~119쪽
- 평화를 위해 체결한 남북 합의 내용 탐구하기
- 독도의 가치 및 역사 탐구하기
- 우리나라가 세계 평화에 기여할 수 있는 방안 토의하기

📖 지학사 120~131쪽
- 평화 문화 확산을 위한 국가의 역할 탐구하기
- 세계 평화 실현하는 비정부 기구 만들기
- 독도 보전을 위한 방안 탐구하기

📖 동아출판 118~127쪽
- 통일의 필요성 토의하기
- 역사 왜곡 사례 분석하여 다시 적기
- 세계 평화를 위해 활동하는 국제기구 분석하기

📖 아침나라 112~123쪽
- 통일의 경제적 효과 탐구하기
- 독도 홍보 자료 만들기
- 통일 한국 뉴스 제작하기

V

미래와 지속 가능한 삶

1. 인구 문제

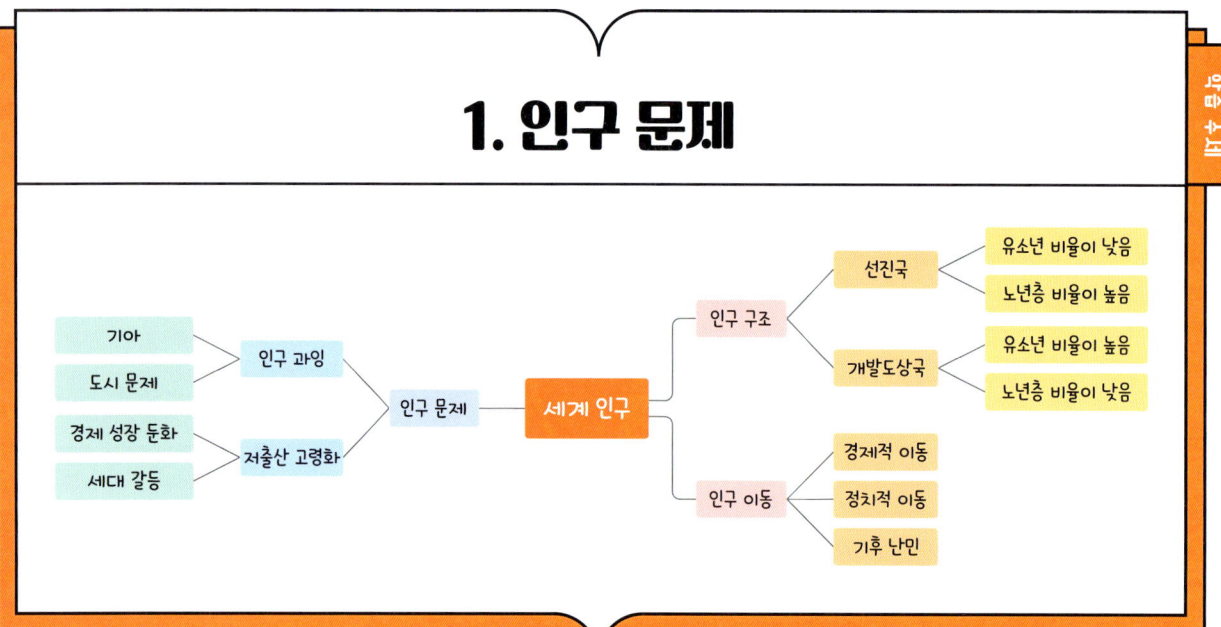

성취 기준 【10통사2-05-01】 세계의 인구 분포와 구조 등에 대한 이해를 토대로 현재와 미래의 인구 문제 양상을 파악하고, 그 해결 방안을 제안한다.

학습 개요 세계의 인구 분포와 구조, 인구 이동에 대한 자료를 분석하고, 저출생과 고령화, 인구 과잉 등 지역별로 다양한 인구 문제가 나타나게 된 배경과 현황 및 문제점을 학습한다. 우리 사회 또는 지역이 당면한 인구 문제를 통해 미래 세대의 지속 가능한 삶을 위한 해결 방안을 도출함으로써 미래 사회의 바람직한 변화를 위한 참여와 연대의 필요성을 인식하고, 자신의 미래 삶의 방향을 설계할 수 있음에 의의를 둔다.

개념 제시 인구 변천 모형, 기대수명, 성비, 인구 구조, 기후 난민, 인구 이동, 저출생 고령화, 인구 부양

생각 열기 토머스 로버트 맬서스(1766~1834)는 인구학적 논의를 처음으로 제기한 영국의 인구학자이다. 그는 저서 《인구론》에서 인구는 기하급수적으로 증가하는 반면 식량 생산은 산술급수적으로 증가한다는 점을 지적하고, 인구 과잉으로 인한 기아, 질병, 전쟁 등의 현상이 나타날 것임을 경고했다. 그의 이론은 현대 인구학과 경제학에 영향을 미쳤으며, 이로 인해 20세기 초에 가족계획이나 출산 억제 정책 등과 같은 해결책이 시행되었다.

관련 이슈 ("2050년엔 국민 5명 중 1명이 80대", 한국 고령 인구 세계 최고) 우리나라 전체 인구 중 고령 인구가 차지하는 비중이 2045년에 37.3%에 이르러 세계 최고 수준이 될 것이라는 전망이 나왔다. 대통령 직속 '저출산고령사회위원회'에서는 이보다 더 큰 문제로, 의료·돌봄 부담이 큰 80세 이상 인구 비중이 지난 25년 사이 4배 이상 폭증하면서 2040년 우리나라 기대수명이 87.2세가 되면 총 323조 원의 추가 지출이 요구되는 상황임을 발표했다. 이에 따라 고비용·저효율 복지 시스템을 혁신하는 방향으로 사회보장 개혁이 이뤄져야 한다는 주장이 대두되고 있다.

개념 이해

(고령화 사회, 고령 사회, 초고령 사회) 고령화 사회, 고령 사회, 초고령 사회는 인구 고령화의 단계와 관련된 개념으로, 주로 65세 이상 인구가 전체 인구에서 차지하는 비율을 기준으로 구분된다. '고령화 사회'는 전체 인구 중 65세 이상 노인 인구가 7% 이상인 사회를 의미하며, 고령화가 시작되는 초기 단계이다. '고령 사회'는 노인 인구 비율이 14% 이상인 사회를 말하며, 고령화가 더 심화된 상태이다. '초고령 사회'는 노인 인구 비율이 20% 이상인 사회를 의미하며, 인구 중 상당 부분이 고령층으로 구성된 사회를 뜻한다.

(인구 정책) 인구 정책이란 국가나 정부가 인구의 성장, 분포, 구조를 조절하기 위해 시행하는 다양한 정책과 계획을 의미한다. 이는 출산율, 고령화, 인구 이동, 노동력 문제 등을 해결하기 위한 중요한 수단으로 활용된다. 예를 들어 프랑스는 저출산 문제를 해결하기 위해 출산 장려 정책을 시행해, 자녀 수에 따라 세금 감면, 보육비 지원, 유급 육아휴직 등을 제공한다. 중국은 과거에 인구 증가를 억제하기 위해 '한 자녀 정책'을 시행했지만, 이후 저출산·고령화 문제가 심각해지자 '세 자녀 정책'으로 전환했다.

(인구부양력) '인구부양력'이란 한 국가나 지역의 경제활동 인구(15~64세)가 비경제활동 인구(0~14세, 65세 이상)를 얼마나 부양할 수 있는지를 나타내는 개념으로, 일반적으로 부양비로 측정된다. 인구부양력이 높다는 것은 경제적으로 생산적인 인구가 많아 비경제활동 인구를 상대적으로 쉽게 부양할 수 있다는 것을 의미한다. 반대로 인구부양력이 낮아지면 복지 비용 부담 증가, 노동력 감소 등 사회·경제적 문제가 심화됨을 알 수 있다.

탐구 주제 1 인구 고령화는 실버 소비층의 증가를 가져왔다. 실버 소비층의 소비 패턴 변화에 관한 설문 조사를 실시하고, 이러한 현상들이 각 산업 및 기업에 미친 영향에 대해 탐구해 보자. 더불어 고령화 사회에 일찍 진입한 국가들의 현재 모습을 통해 우리나라의 미래를 예측해 보자.

탐구 주제 2 우리나라의 인구 데이터를 분석해 인구 예측 모델을 만들어보자. 인구 피라미드의 형태 변화와 이러한 현상이 과학기술의 발전 방향을 어디로 이끌지 예측해 보자. 또한 저출산 문제를 해결할 수 있는 기술적 방법론을 모색하고 현재 인구 문제를 타개할 방안을 설계해 보자.

개념 응용

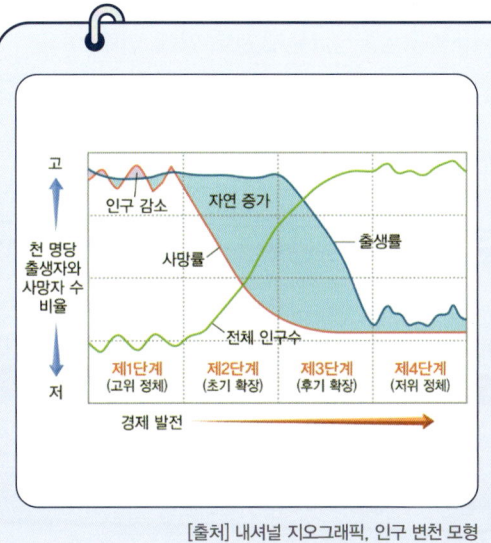

[출처] 내셔널 지오그래픽, 인구 변천 모형

자료 설명

인구 변천 모형으로 인구 구조의 변화를 4단계로 구분해 분석한 자료이다.

탐구 주제

인구 변천 모형은 경제 발전과 특정 인구의 성장 및 정체의 상관관계를 제시한다. 인구 변천 모형이 현대 사회에 적용 가능한지 평가해 보자. 더불어 인구 구조의 4단계와 비서구 사회의 인구 구조 변화를 통해 인구 변천 모형의 한계를 탐구해 보자.

추천 도서

축소사회 대한민국(정선렬 외 1명, 행북, 2024)

2023년도 우리나라 합계출산율은 0.69명으로, 세계 1위의 초저출산국이다. 우리나라 인구 구조는 저출산과 고령화를 비롯한 복합적인 영향으로 빠르게 무너지고 있다. 이 책은 사회 교사인 저자가 '교육', '세대', '사회 구조'라는 세 가지 키워드를 기준으로, 급변하는 인구 구조로 인해 변화할 우리 사회를 '축소사회'로 정의하고, 이로 인한 다문화 문제, 지방 소멸, 세대별 인구 문제, 사회 복지 시스템 등의 사회 문제를 통해 현실을 비판하고 있다. 또한 인구 회복을 위한 대안을 모색하며 불균형한 인구 구조 문제를 해결하고자 한다.

탐구 주제 1 우리나라의 합계출산율은 세계에서 그 유례를 찾아볼 수 없을 정도의 낮은 수치를 보이고 있다. 이에 따라 교육계에서도 학생 수의 감소를 염두에 두고 기존의 교육 정책을 수정하고 있다. 학생 수의 감소가 교육제도와 학교 운영 방식에 미칠 수 있는 영향을 탐구하며, 인터뷰를 통해 현 교육 정책의 실효성을 검증해 보자.

탐구 주제 2 인구 감소는 도시의 모습을 변화시킨다. 유소년층이 주로 사용하던 건물이 노년층 대상의 건물로 바뀌기도 하고, 인구 감소로 인해 빈 건물이 늘어나기도 한다. 건축물의 활용과 관련해 인구 감소에 따른 도시와 공간 디자인의 변화 모습(사회, 환경, 기술 면에서)을 제안해 보자.

이주하는 인류(샘 밀러, 최정숙 역, 미래의창, 2023)

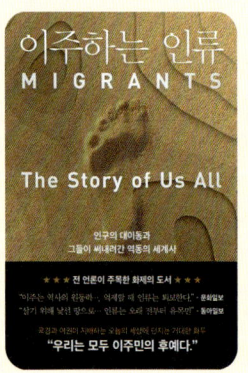

인구의 이동은 현대에 등장한 개념이 아니라 오랜 과거부터 지금까지 지속적으로 일어나고 있는 현상이다. 현대의 인구 이동의 원인을 경제적 이동, 정치적 이동, 환경 난민(교과서 수록) 등에서 찾는다면, 과거(선사시대부터)에는 유목 생활로 인해 인구 이동이 일어났다. 이 책은 복잡한 인류 이주의 역사를 선사시대부터 현대에 이르기까지 정리하며, 이를 바탕으로 민족의 정체성, 종교, 다문화주의, 인종차별주의 등 현대에 문제시되고 있는 현안들을 해결할 수 있는 실마리를 찾도록 도와준다.

탐구 주제 1 고대 실크로드나 대항해 시대의 이주와 현대의 난민 문제를 비교해 보고, 경제적·문화적 측면에서의 영향을 역사 속에서 분석해 보자. 또한 제국주의 시대의 강제 이주와 현대의 자발적 이주의 공통점과 차이점을 비교하고, 이주로 인한 현대 사회의 갈등 양상과 해결 방안을 탐구해 보자.

탐구 주제 2 한 국가의 과학기술 발전 과정에서 이주민의 유입으로 성장이 촉진된 사례(실리콘밸리 형성 과정 등)를 찾아보자. 이주민의 기술 역량이 국가 경쟁력에 미치는 긍정적 효과를 분석하고, 이주민에 대한 정책적 대응과 현지인에 대한 인식 개선 방안을 모색해 보자.

추천 논문 | **청년층 인구 이동이 인구 재분포에 미치는 영향에 관한 연구**(김세창 외 2명, 한국지도학회, 2024)

청년층의 이동이 인구 재분포에 미치는 영향을 분석한 논문이다. 청년층의 이동을 대학 진학과 취업 목적으로 구분해 조사했다. 또한 성별에 따른 편차가 있음을 진단해, 지역의 인구학적 결과와 청년층의 인구 이동의 관련성을 연구했다. 세계 인구 분포의 문제를 우리나라에 국한해 탐구할 수 있다.

탐구 주제: 우리나라의 지역별 인구 문제를 진단하고 대응책을 마련해 보자. 대부분의 교과서에서는 세계 인구 이동의 원인을 세 가지 정도로 제시하고 있다. 우리나라의 인구 이동 원인에 따른 분석을 확인한 후, 우리 지역의 인구 문제는 어디에 해당하는지 탐구해 보자.

◆ 선택 과목 연계 학습

선택 과목	학습 안내	
일반 선택	세계시민과 지리	세계 인구의 지역적 분포를 탐색하고 지역별 인구 구조의 차이를 파악한 후, 이로 인해 발생할 수 있는 인구 문제를 학습한다. 또한 국제 이주의 유형을 통해 인구 유출 지역과 유입 지역의 사회적 영향력을 탐구한다.
관련 단원	3. 네트워크 세계, 세계의 인구와 경제 공간	

◆ 전공 가이드

세계 인구 분포를 통해 인구 과잉 국가, 저출산·고령화로 인한 인구 불균형 국가 등 세계 각국의 현황을 살펴보고 이를 해결할 수 있는 방안을 제안한다.

- ▶ **인문계열**: 역사학과, 문화인류학과
- ▶ **사회계열**: 사회학과, 정치외교학과, 경제학과, 사회복지학과, 지리학과
- ▶ **의약계열**: 보건정책학과, 공공보건학과, 의예과

◆ 선택 과목 연계 학습

선택 과목	학습 안내	
진로 선택	도시의 미래 탐구	국제 이주에 초점을 두고 다문화의 측면에서 도시의 인구 구성과 공간 구조의 변화를 학습한다. 특히 자신이 살고 있는 지역 인근 도시의 인구 구성으로 인한 도시 경관의 변화를 탐구한다.
관련 단원	3. 도시 문제와 공간 정의	

◆ 전공 가이드

주민 이주로 인한 인구 구조의 변화로 나타난 내가 사는 도시의 문제나 갈등을 관심 있게 살펴보고 원인과 해결 방안을 제안한다.

- ▶ **인문계열**: 문화인류학과
- ▶ **사회계열**: 도시행정학과, 사회학과
- ▶ **공학계열**: 도시공학과, 건축학과, 교통공학과
- ▶ **예체능계열**: 문화예술학과, 디자인학과

◆ 선택 과목 연계 학습

선택 과목	학습 안내	
융합 선택	사회 문제 탐구	선진국과 우리나라의 인구 구조에서 나타나고 있는 저출산·고령화 현상을 파악하고, 저출산·고령화로 인해 발생하는 사회 문제의 해결 방안을 다양한 측면에서 모색하는 탐구 활동을 수행한다.
관련 단원	3. 변화하는 세계와 사회 문제	

◆ 전공 가이드

인구 문제에 대한 기본적인 이해를 토대로 다양한 통계 및 시사 자료의 분석에 초점을 맞추어 저출산·고령화의 원인과 문제점을 파악하고 해결 방안을 제시한다.

- ▶ **인문계열** : 철학과, 역사학과
- ▶ **사회계열** : 사회학과, 경제학과, 경영학과, 행정학과, 사회복지학과
- ▶ **자연계열** : 생명과학과, 통계학과, 지리학과
- ▶ **의약계열** : 의예과, 간호학과

학생부 교과세특 예시

인구 과잉 문제의 심각성에 대해 학습하고, 이를 주제로 사회적·경제적·환경적 영향을 체계적으로 탐구함. 전 세계적으로 인구 과잉이 초래하고 있는 빈곤, 자원 고갈, 환경오염 등의 문제를 자료를 통해 분석하고 해결 방안을 구체적으로 제안함. 개발도상국에서의 교육 및 여성의 권리 신장이 인구 증가 억제에 미치는 효과가 있을 수 있음을 주장하고, 역사 속에서 발견할 수 있는 도시 문제 등을 거론하며 구체적인 사례를 근거로 제시해 논리력을 더함. 문제 해결을 위한 다각적 접근 방법을 통해 자료를 수집하고 분석하는 능력과 이를 해결하고자 하는 세계시민적 시각을 갖춘 학생임.

교과서 찾아보기

📖 비상교육 124~133쪽
- 난민 문제는 어떻게 해결해야 할까?
- 개발도상국과 선진국의 인구 문제
- 우리나라 저출생 현상을 해결하기 위한 탐구 활동

📖 미래엔 128~135쪽
- 세계의 인구 이동 분석
- 인구 부양 부담을 줄이기 위한 노력

📖 ㈜리베르스쿨 130~143쪽
- 인문환경의 영향을 받는 인구 분포
- 급증하는 인구로 골머리 앓고 있는 나이지리아

2. 자원의 분포와 실태 및 기후 변화 대응과 지속 가능한 발전

성취 기준
【10통사2-05-02】 지구적 차원에서 에너지 자원의 분포와 소비 실태를 파악하고, 기후 변화에 대한 대응과 지속 가능한 발전을 위한 제도적 방안과 개인적 노력을 탐구한다.

학습 개요
화석 에너지 중심의 자원 소비 실태를 비판적으로 이해하고 이에 대한 문제점 개선 방안을 모색한다. 석유, 석탄, 천연가스 등의 자원 분포 현황과 소비 추세 및 영향력을 도표, 그래프, 지도 등의 데이터를 통해 분석하고, 이로 인한 기후 변화에 적극적인 대응이 필요함을 인식한다. 특히 경제·환경·사회적 측면을 고려해 지속 가능한 발전을 위한 제도적 방안과 개인적 방안을 모색한다.

개념 제시
자원의 의미, 가변성, 유한성, 편재성, 화석 에너지, 원자력 에너지, 신재생 에너지

생각 열기
윌리엄 스탠리 제본스(1835~1882)는 19세기 영국 경제의 핵심 에너지원이었던 석탄의 고갈 가능성에 대해 경고한 경제학자이다. 그는 기술 발전으로 에너지 사용 효율이 높아질수록 석탄 소비량이 줄어드는 것이 아니라 오히려 증가할 것이라고 주장하며, 효율성이 높아지면 석탄을 사용하는 활동이 늘어나고, 결과적으로 자원 고갈이 가속화된다는 '제본스의 역설'을 주장함으로써 효용 이론에 영향을 미쳤다.

관련 이슈
(영화 〈블러드 다이아몬드〉) 2006년 에드워드 즈윅 감독의 작품으로, 아프리카 시에라리온의 내전과 '블러드 다이아몬드'라고 불리는 불법 다이아몬드 채굴을 둘러싼 갈등을 중심 소재로 다루었다. '탐욕과 인간성의 상실'을 주제로, 서구 국가의 소비자들이 아무런 의심 없이 구매하는 다이아몬드가 수많은 사람들의 희생 속에 거래되고 있는, 다이아몬드 산업 이면에 숨겨진 폭력성과 사회적 비극을 고발하는 작품으로, 자원을 소비하는 소비자로서의 윤리적 관심과 태도를 고찰할 수 있다.

개념 이해

(자원의 특성) 자원의 특성은 가변성과 유한성, 편재성이다. 가변성은 자원의 양이나 가치가 기술 발전, 경제 상황, 수요와 공급에 따라 달라지는 것으로, 석유가 대표적인 예이다. 유한성은 자원의 한정된 양을 의미하는 것으로, 화석 연료가 대표적이다. 편재성은 자원이 지구상에 고르게 분포하지 않고 특정 지역에 집중되어 있는 특성으로, 석유 자원의 경우 중동 지역은 풍부하지만 다른 지역은 부족하다. 자원의 편재성은 국가 간 경제적 불균형과 자원 갈등을 초래할 수 있다.

(자원민족주의) 한 국가가 자국의 천연자원을 정치적·경제적 도구로 사용하며 자원의 주권을 강조하는 사상을 말한다. 이는 주로 타국이나 외국 기업에 의존하지 않고 보유한 자원을 바탕으로 자국의 이익을 극대화하려는 정책이나 태도를 의미한다. 1970년대 중동 산유국들의 석유수출국기구(OPEC)를 통한 석유 금수 조치가 자원민족주의의 대표적인 예이다. 자원민족주의는 자원 부국들에게 경제적 주권과 이익을 가져다줄 수 있지만, 국제적으로는 자원 가격의 불안정, 무역 갈등을 초래할 수 있다.

(지속 가능한 발전) 지속 가능한 발전이란 현세대의 필요를 충족하면서도 미래 세대가 그들의 필요를 충족할 수 있는 능력을 저해하지 않는 범위 내에서의 발전을 의미한다. UN의 지속가능발전목표(SDGs)는 빈곤 퇴치, 환경 보호, 경제적 번영을 동시에 달성하기 위한 17가지 목표를 말하며, 이를 통해 기후 변화, 자원 고갈, 불평등과 같은 글로벌 문제에 적극적으로 대응하고자 노력하고 있다.

탐구 주제 1 지속가능발전목표(SDGs)는 UN이 설정한 17가지 글로벌 목표이다. 빈곤, 교육, 평등, 에너지, 기후 변화 대응, 평화 등의 목표 중에서 하나를 선정해 왜 이것이 지속가능발전목표로 선정되었고, 왜 중요한지 조사해 이를 알리는 학급 부스 운영을 계획해 보자.

탐구 주제 2 자원의 편재성은 자원민족주의를 초래하기도 한다. 자원민족주의에 대응하기 위한 국가별 에너지 자립 기술 개발의 실태를 조사하고, 국가 에너지 자립과 안정화를 위한 기술적 해결책을 제안해 보자. 예를 들어 희토류 의존도를 낮추기 위한 대체 소재의 개발 가능성을 탐구해 보자.

개념 응용

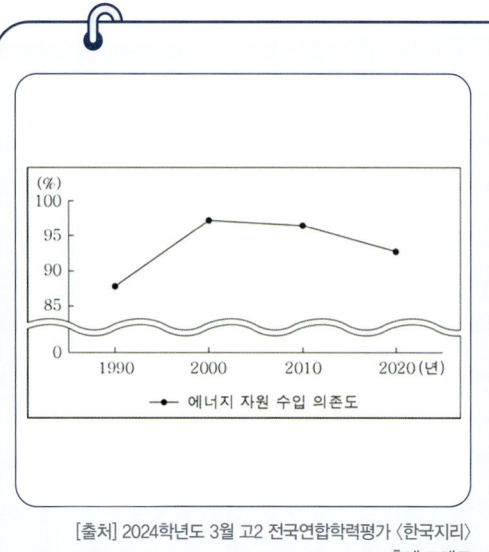

[출처] 2024학년도 3월 고2 전국연합학력평가 〈한국지리〉 출제 그래프

자료 설명

우리나라의 에너지 자원 수입 의존도 변화를 나타낸 그래프이다.

탐구 주제

우리나라의 에너지 자원 문제와 대책을 주제로 탐구해 보자. 우리나라 에너지 자원의 문제점을 제시하고 이를 해결할 수 있는 대책을 개인, 기업, 정부 등 각 주체별로 구분해 제안하고 대책의 실효성에 대해 판단해 보자.

추천 도서

모두의 내일을 위한 기후위기와 탄소중립 수업 이야기(한문정, 우리학교, 2023)

기후 위기로 인한 탄소중립의 중요성은 우리 사회가 공유하는 가치 중 하나이다. 이 책은 과학 교사이자 시민 활동가인 저자가 아이들과 함께한 기후 위기 수업을 책으로 펴낸 것으로, 학교나 지역 사회의 다채로운 활동을 통해 학생들이 기후 위기 문제에 어떻게 접근해야 하는지 방향을 잡을 수 있도록 도와준다. 기후 위기 시대에 무엇을 먹어야 할지, 어떤 옷을 어떻게 입어야 할지, 무엇을 타야 할지, 어떤 태도로 살아가야 할지에 대해 탐구하며, 교사가 제안하는 수업 속에서 우리 학교에 적용할 수 있는 활동을 찾아보고 실천해 볼 수 있다.

탐구 주제 1 기후 위기의 영향을 사회적·경제적 측면에서 분석하고 개인과 공동체가 실천해야 할 윤리적 책임을 탐구해 보자. 사회적 집단(소비자, 기업, 정부 등)이 어떻게 기후 위기 해결에 기여할 수 있는지 분석하고 정책적인 제안을 해보며, 사회적 책임과 윤리적 실천 방법에 대해 탐구해 보자.

탐구 주제 2 기후 변화로 인한 지구 온도 상승, 기후 패턴의 변화, 해수면 상승 등이 생태계에 미치는 영향을 탐구해 보자. 특히 생물 군집의 변화를 통해 멸종 위기종을 추가로 조사하고, 생태계 보전 및 적응 방안을 기술적 측면에서 탐구하며 생물다양성 보호 전략을 구상해 보자.

낡은 서랍에서 지속가능발전을 꺼내다(김은경, 행복한책읽기, 2024)

'기후 위기' 속 우리나라의 환경 정책을 진단하는 도서이다. 과거부터 현재까지의 우리나라 주요 정책 및 환경과 관련된 지역 현안을 구분해 제시하고, 대한민국의 지속 가능한 발전 현장의 목소리를 담았다. 우리나라의 성공한 환경 정책과 실패한 환경 정책의 이유를 각각 제시하며 문제점을 지적한다. 저자는 지속 가능한 발전이 기후 위기 등 인류가 직면한 위기를 극복할 수 있는 새로운 대안이 될 수 있음을 주장하며, 지구적 행동을 촉구함으로써 변화를 이끌어낸다.

탐구 주제 1 내가 살고 있는 지역의 환경 문제 현안과 이를 해결하기 위한 지방자치단체의 주요 정책을 조사해 보자. 《낡은 서랍에서 지속가능발전을 꺼내다》(김은경)에서 설명하고 있는 환경 정책의 성공과 실패의 요인을 우리 지역의 현안에 적용해 보고, 문제점이 있다면 수정해 정책 제안을 해보자.

탐구 주제 2 기후 변화가 농업 생산에 미치는 영향을 분석하고, 지속 가능한 농업 기법을 통해 이러한 영향을 최소화할 수 있는 방법을 탐구해 보자. 예를 들어 기후 변화에 적응하기 위한 스마트 농업 기술이나 기후 변화에 강한 작물 개발 등의 현황과 미래 가능성에 대해 탐구해 보자.

추천 논문

화력발전의 신재생에너지 전환에 따른 경제적 파급효과 분석(임상수, 한국환경경제학회, 2023)

정부의 탄소중립 정책 중 하나인 화력발전의 신재생 에너지 대체에 대한 경제적 파급 효과를 분석한 논문이다. 화력발전을 신재생 에너지로 100% 대체하는 경우(시나리오 A)와 60% 대체하는 경우(시나리오 B)에 각각 발생하는 비용을 분석했다.

 **탐구 주제** 탄소중립 정책은 전 세계의 과제이다. 현재 우리나라의 에너지 자원 분포를 조사하고, 이를 신재생 에너지로 대체했을 때의 경제적·환경적 효과, 비용 등을 분석해 에너지 대체의 타당성을 검증하는 탐구 활동을 수행해 보자.

선택 과목 연계 학습 및 전공 가이드

◆ 선택 과목 연계 학습

선택 과목	학습 안내	
일반 선택	세계시민과 지리	주요 에너지원의 생산과 소비 현황을 조사해 세계의 에너지 공급 및 소비 체계를 학습한다. 이와 함께 지속 가능한 에너지 생산을 위해 친환경 에너지원의 특성을 파악하고 에너지 생산 방안을 제안한다.
관련 단원	4. 지속 가능한 세계, 세계의 환경 문제와 평화	

◆ 전공 가이드

각국의 에너지 생산량과 소비량, 수출입 현황 등의 데이터를 수합해 시각화하고, 선진국과 개발도상국 간의 에너지 격차에 대해 탐구하는 활동을 수행한다.

- ▶ **사회계열**: 경제학과, 정치학과, 사회학과
- ▶ **자연계열**: 물리학과, 통계학과, 환경 관련 학과, 지리학과
- ▶ **공학계열**: 에너지공학과, 환경공학과, 전기공학과, 기계공학과, 재료공학과

◆ 선택 과목 연계 학습

선택 과목	학습 안내	
진로 선택	정치	오늘날 국제 사회에 존재하는 다양한 국제 문제를 인식하고 이를 해결하는 주체들의 활동을 분석한다. 특히 국제기구와 비정부 기구 등을 중심으로 국제 문제의 해결 방안을 탐색하고 비교 학습한다.
관련 단원	4. 국제 사회와 정치	

◆ 전공 가이드

에너지 자원의 불균등한 분포, 자원민족주의, 기후 변화에 대응하는 지속 가능한 발전이라는 세계적 흐름에 따라 등장한 국제기구 및 비정부 기구를 조사하고 영향력을 분석한다.

- ▶ **인문계열**: 철학과, 역사학과, 언어학과
- ▶ **사회계열**: 국제통상학과, 국제법학과, 인권학과, 국제학과, 국제관계학과, 정치외교학과, 사회학과, 경제학과, 법학과
- ▶ **교육계열**: 교육학과, 유아교육과, 지리교육과, 평생교육 관련 학과

◆ 선택 과목 연계 학습

선택 과목	학습 안내	
융합 선택	여행지리	개발과 보전 등 여행지를 둘러싼 가치 갈등과 해결 과정을 파악하고, 이를 통해 책임 있는 여행의 필요성을 학습한다. 아울러 다양한 대안 여행의 출현 맥락과 특성의 이해를 통해 공존을 위한 실천 방안을 모색한다.
관련 단원	3. 성찰과 공존을 위한 여행	

◆ 전공 가이드

개인의 지속 가능한 발전의 실천 방안으로 공정 무역이 등장했다. 공정 무역이 무엇인지, 어떻게 실천할 수 있는지 조사하고 바람직한 여행의 방향에 대해 탐구한다.

- ▶ **인문계열** : 문화인류학과
- ▶ **사회계열** : 관광 관련 학과, 사회학과, 경제학과, 경영학과
- ▶ **자연계열** : 환경 관련 학과, 생물학과, 기후과학과
- ▶ **공학계열** : 도시공학과, 건축학과, 환경공학과, 에너지공학과

학생부 교과세특 예시

자원의 편재성이 초래하는 자원민족주의에 대해 관심을 갖고 이를 해결하기 위한 국가별 에너지 자립 기술 개발 현황을 조사함. 특히 희토류 자원의 편중 문제를 주제로 공급망 리스크를 연구하며 대체 소재 개발 가능성을 중점적으로 탐구함. 독일, 일본 등 기술 선진국에서 진행 중인 희토류 대체 소재 연구와 리사이클링 기술의 발전 사례를 수집함. 또한 한국의 에너지 자립을 위한 신재생에너지 기술 개발 현황과 문제점을 분석해 정책적 제언을 덧붙임. 대체 소재 개발, 에너지 효율 향상 기술, 폐자원 재활용 확대 등 다각적 해결법이 필요하다는 점을 제안하며 논리적으로 설명함.

교과서 찾아보기

📖 아침나라 134~141쪽
- 우리나라의 에너지 자원의 소비 현황 파악하기
- 온실가스 감축을 위한 정부의 노력
- 음식의 탄소발자국 알아보기

📖 창비교육 142~149쪽
- 기후 변화 시나리오
- 기후 변화의 책임과 대응 방안 찾아보기

📖 동아출판 138~145쪽
- 아부무사섬을 두고 분쟁이 발생하는 이유
- 자원민족주의와 자원 무기화
- 'RE100'의 중요성

3. 미래 사회와 세계시민으로서의 삶의 방향

성취 기준 【10통사2-05-03】 미래 사회의 모습을 다양한 측면에서 예측하고, 이를 바탕으로 세계시민으로서 자신의 미래 삶의 방향을 설정한다.

학습 개요 정치적·경제적 문제와 관련한 국가 간의 협력과 갈등, 과학기술 발전에 따른 생활공간과 삶의 변화, 생태환경의 변화 등 다양한 측면에서 미래 사회의 변화 양상을 예측한다. 이를 바탕으로 자신이 지역, 국가, 지구촌과 연결된 세계시민이라는 인식을 통해 자신의 미래 삶의 방향을 결정할 수 있다. 미래 지구촌의 모습을 정치, 경제, 사회, 환경 등 분야별로 전망해 보며 창의적 사고력을 함양할 수 있다.

개념 제시 세계 평화, 경제적 격차, 사물인터넷, 3D 프린터, 인공지능, 세계시민 의식

생각 열기 '인공지능(Artificial Intelligence)'이라는 용어는 컴퓨터과학자 존 매카시(1927~2011)가 1956년 '다트머스 학회'에서 처음 창안했다. 그는 컴퓨터가 인간처럼 학습하고 추론하며 문제를 해결하는 능력을 개발할 수 있는 아이디어를 제시했다. 이후 현대 인공지능은 머신러닝과 딥러닝 기술을 기반으로 엄청난 발전을 이루었다. 초기 연구자들의 목표는 현실화되어 가고 있으며, AI 연구자들은 AI라는 분야가 체계적으로 발전하기까지 중요한 역할을 수행했다.

관련 이슈 (영화 〈아일랜드〉) 영화 〈아일랜드〉는 디스토피아적 미래를 배경으로 한 SF 액션 영화이다. 외부 세계는 오염되었고 자신들은 살아남은 특별한 존재라고 믿는 사람들이 '아일랜드'라는 오염되지 않은 낙원으로 가기 위해 복권 추첨에 당첨되기를 희망하며 격리된 시설에서 함께 살아간다. 이들은 자신들이 실제로는 장기 이식을 위한 복제 인간(클론)이라는 진실을 알게 된 후 인간의 존재를 세상에 폭로하기 위해 싸운다. 인간의 존엄성과 생명 윤리에 대한 메시지를 전하는 영화이다.

개념 이해

(자유무역) 자유무역은 국가 간 상품과 서비스의 이동에서 관세나 수입 규제 같은 무역 장벽을 최소화하고, 시장의 자율적인 경쟁을 통해 경제 성장을 도모하는 무역 제도이다. 이를 통해 기업들은 더 넓은 시장에서 경쟁하고, 소비자들은 다양한 상품을 저렴하게 구매할 수 있다. 이를 위한 대표적인 예로 세계무역기구(WTO), FTA(자유무역협정) 등이 있다. 자유무역은 글로벌 경쟁력과 효율성을 강조하는 반면 보호무역은 국내 산업 보호와 일자리 유지를 우선시하므로, 다수의 국가들은 이 둘을 병행하는 전략을 사용한다.

(자율 주행 자동차) 자율 주행 자동차는 인간의 개입 없이 스스로 주변 환경을 인식해 주행하는 자동차이다. 센서, 카메라, 라이다(LiDAR), 레이더 등 다양한 기술을 활용해 도로 상황과 장애물을 감지하고, 인공지능(AI)이 데이터를 분석해 주행을 제어한다. 현재 미국, 중국 등 많은 국가에서 자율 주행 자동차 시장에 뛰어들고 있으며, 트럼프 2기 행정부에서는 자율 주행 자동차에 대한 전폭적인 지원을 약속하기도 했다. 미래 사회에는 완전 자율 주행 자동차가 보편화될 것이라고 예상할 수 있다.

(세계시민 의식) 세계시민 의식이란 국적, 인종, 문화 등의 경계를 넘어 지구촌 전체를 하나의 공동체로 인식하고 모든 사람이 세계적 문제 해결에 책임을 가지고 있다는 의식이다. 이는 개인이 특정 국가의 국민을 넘어 지구 공동체의 일원으로서 서로 협력하고 공존하려는 태도를 강조한다. 세계시민 의식의 함양을 통해 인권 존중, 환경 보호, 평화 추구, 문화 다양성 존중과 같은 가치를 기반으로 글로벌 이슈에 적극적으로 참여하고 해결책을 모색해 실천하며, 책임감 있는 행동을 통해 더 나은 미래를 만들어갈 수 있다.

탐구 주제 1 미래 사회의 모습을 실현해 보는 프로젝트를 수행해 보자. 과거에는 비대면으로 진료를 받는 것을 상상할 수 없었다. 그러나 코로나19 등으로 인한 급격한 사회 변동은 상상 속 모습을 현실로 바꿔놓았다. 내가 생각하는 미래 사회의 모습을 그려보고 그 가능성을 진단해 보자.

탐구 주제 2 미래 사회의 모습을 그린 영화나 애니메이션을 찾아보자. 영화 〈HER〉(2013), 〈아이, 로봇〉(2004), 〈월-E〉(2008), 〈승리호〉(2021) 등 과학기술의 발전이나 생태환경의 변화로 인한 가상 상황에서의 문제를 다룬 영화를 찾아보고, 미래 사회를 위협하는 요인을 분석해 현대의 방안을 제안해 보자.

개념 응용

[출처] UN SDGs 협회

자료 설명

2015년 UN에서 지속가능발전을 위해 달성하기로 한 인류 공동의 목표 17가지를 나타낸 픽토그램이다.

탐구 주제

지속가능발전목표(SDGs) 17가지 중 하나를 선택해 세부 목표(총 169가지)를 확인해 보자. 이 목표들이 왜 가치가 있는지 따져보고 이를 달성하기 위한 개인, 기업(지속가능발전목표 경영 지수 활용), 국가와 세계의 노력을 탐구해 보자.

추천 도서

십 대를 위한 영화 속 세계시민 교육 이야기(함보름 외 5명, 팜파스, 2023)

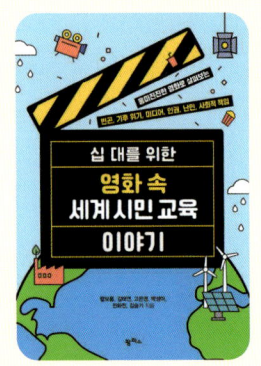

영화라는 매체를 통해 세계시민 의식을 학습할 수 있는 책이다. 다양한 영화 이야기를 바탕으로 서로 다른 문화, 인권, 환경, 평화 등 우리 사회의 주요 이슈를 다루고 있으며, 영화 속 캐릭터들의 선택과 갈등을 통해 공감과 이해의 가치를 자연스럽게 전해준다. 이 책은 각 작품에서 도출된 주요 주제를 심도 있게 탐구하며 세계시민으로 성장하기 위한 시각과 태도에 대해 스스로 생각할 수 있게 해주며, 이를 통해 더 나은 세계에 대한 자신만의 생각을 정립할 수 있다.

탐구 주제 1 영국의 유럽연합(EU) 탈퇴를 일컫는 '브렉시트(Brexit)'는 세계인들에게 세계시민 정체성의 변화를 보여주는 사건이었다. 브렉시트 전후로 영국과 EU 시민들의 세계시민 의식, 글로벌 연대, 그리고 유럽의 정체성이 어떻게 변화했는지 분석하고, 현재와 미래의 글로벌 사회에서의 정체성 문제에 대해 성찰해 보자.

탐구 주제 2 우주의 자원은 한정돼 있고, 우주 탐사에는 막대한 비용과 고도의 첨단 기술이 요구된다. 따라서 개별 국가가 독자적으로 진행하기 어려우며, 때로는 세계 거대 기업이 우주 탐사에 직접 나서기도 한다. 우주 공간에 대해 모두가 같은 생각을 가지고 있지는 않은 현재, 각 주체는 어떻게 협력하고 우주 문제에 대응할 수 있을지 탐구해 보자.

지구를 구하는 우리는 세계시민(백용희 외 3명, 맘에드림, 2022)

지구 환경, 인권, 평화와 같은 글로벌 이슈를 쉽게 풀어내며, 개인적 차원을 넘어 세계시민으로 살아가야 할 이유를 설득력 있게 제시한 책이다. 단순히 문제 제기에서 끝나는 것이 아니라, 실질적으로 참여할 수 있는 행동의 지침과 다양한 세대가 실천할 수 있는 세계시민 의식 행동이 세계에 미칠 영향을 분석하고 있다. 글로벌 위기를 극복해야 하는 현실에서 세계 구성원으로서 가져야 할 의식과 행동 지침, 방향성에 대해 자세히 안내한다.

탐구 주제 1 세계시민으로서 우리 학교와 지역 사회를 변화시킬 수 있는 캠페인을 기획해 보자. 세계적인 문제에 대한 윤리적 책임 아래 더 나은 사회를 향한 긍정적 변화를 이끌어내기 위해 개인의 행동을 촉구하는 구체적인 방안을 기관(학교, 지방자치단체 등)에 건의해 보자.

탐구 주제 2 나노 로봇은 신체 내부에서 질병을 탐지하고 정확한 치료를 제공하는 신의료 기술이다. 나노 로봇 기술이 의료 분야에 미칠 긍정적·부정적 영향을 조사하고, 인간의 삶에 가져올 변화와 윤리적 문제에 대한 자신의 생각을 논리적으로 제시해 보자.

| 추천 논문 | **인공지능 시대의 미디어 리터러시 증진: 지수 개발, 활용, 정책의 필요성** |

(유건식 외 1명, 성균관대 트랜스미디어연구소, 2024)

과거의 미디어 리터러시 개발 과정과 동향을 검토하고, AI 기술이 보편적으로 사용됨에 따라 변화한 미디어 플랫폼의 리터러시 지수의 동향을 바탕으로 미디어 이용 패턴의 변화에 따른 새로운 리터러시 교육의 필요성을 검증하기 위해, 국내에서 개발된 미디어 리터러시 지수를 체계적으로 정리하고 주요 문제점들을 도출한 논문이다.

> **탐구 주제** 어떤 미디어에서 어떤 기사를 접하고 어떤 시각을 갖느냐는 세계시민으로서의 판단에 큰 영향을 미친다. 미디어 리터러시의 필요성과 가짜 뉴스 판별법을 조사하고, 한 편의 기사를 선정해 분석해 보자.

| 선택 과목 연계 학습 및 전공 가이드 |

◆ 선택 과목 연계 학습

선택 과목	학습 안내	
일반 선택	세계사	민주주의, 평화, 경제적 불평등, 생태환경 등 현대 세계의 과제에 대한 인류의 노력을 탐구하고, 세계사에서 학습한 내용을 토대로 현대 문제를 탐색하고 해결 방안을 도출하는 활동을 수행한다.
관련 단원	4. 현대 세계의 과제	

◆ 전공 가이드

현대 세계의 과제로 인식되는 문제를 조사해 탐구 주제를 설정하고, 문제의 역사적 맥락을 이해할 수 있는 국제 사회의 보고서, 신문 및 잡지 등 다양한 자료를 활용해 적극적으로 탐구한다.

- ▶ **인문계열** : 역사학과, 철학과
- ▶ **사회계열** : 정치외교학과, 국제학과, 경제학과, 사회학과
- ▶ **자연계열** : 생태학과, 환경 관련 학과

◆ 선택 과목 연계 학습

선택 과목	학습 안내	
진로 선택	정치	국제 사회의 특징과 변화 과정 및 국제 정치를 바라보는 관점을 통해 다양한 국제 문제의 원인을 분석하고 이를 해결하는 활동을 수행한다. 이를 통해 세계시민으로서 갈등을 해결하고자 하는 태도를 함양한다.
관련 단원	4. 국제 사회와 정치	

◆ 전공 가이드

학생들이 관심 있는 국제 정치 상황을 보여주는 구체적 사례를 수집·분석하고, 직접 참여할 수 있는 국제 문제 관련 캠페인 등의 활동을 수행한다.

- ▶ **사회계열** : 정치외교학과, 국제학과, 사회학과, 법학과
- ▶ **자연계열** : 환경 관련 학과, 지구과학과, 해양학과
- ▶ **교육계열** : 교육학과, 사회교육과, 지리교육과, 역사교육과, 윤리교육과

◆ 선택 과목 연계 학습

선택 과목	학습 안내	
융합 선택	기후 변화와 지속 가능한 세계	지속가능발전목표(SDGs)의 등장 배경 및 주요 내용을 이해하고, 지속가능발전목표 이행과 관련해 지역 사회의 다양한 실천 노력의 사례를 살펴본 후 이를 통합적 관점에서 분석하고 탐구한다.
관련 단원	4. 공존의 세계와 생태시민	

◆ 전공 가이드

지속가능발전목표 이행의 지역 사례와 지속 가능한 생활양식을 다룬 다큐멘터리, 광고, 영화, 문학 및 예술 작품 등을 조사하거나 지역 사회에 적용할 수 있는 방안을 마련할 수 있다.

- ▶ **인문계열**: 국어국문학과, 영어영문학과, 역사 관련 학과
- ▶ **공학계열**: 기계공학과, 도시공학과, 에너지공학과, 환경 관련 공학과
- ▶ **예체능계열**: 영상영화학과, 디자인학과, 예술학과, 공연예술학과

학생부 교과세특 예시

브렉시트가 영국 및 유럽연합 시민의 세계시민 의식에 가져온 변화에 관심을 가지고 브렉시트 전후 시민들의 정체성과 글로벌 연대 의식을 비교 분석함. 학술 논문과 통계 자료를 바탕으로 브렉시트가 유럽 시민들의 정체성에 미친 영향을 구체적으로 탐구함으로써 지역주의 강화라는 경향성을 발견함. 특히 영국 내 반글로벌화 정서와 유럽 연대 강화라는 상반된 흐름을 발견하고, 글로벌 협력의 필요성과 이를 촉진할 수 있는 교육적 방안을 제시하며 글로벌 연대 강화 방안을 구체화함.

교과서 찾아보기

📖 비상교육 142~150쪽
- 현대판 노아의 방주, 스발바르 국제 종자 저장고
- 세계시민으로서 삶의 방향 설정하기

📖 지학사 146~153쪽
- 제4차 산업혁명 사회는 유토피아일까?
- 인공지능의 발달은 인간에게 어떤 영향을 끼칠까?
- 지속 가능한 미래 사회를 위해

📖 천재교과서 142~151쪽
- 지구촌의 미래 모습 예측하기
- 미래 사회를 바꾸는 창업 아이디어

【관련 이슈 참고 자료】

통합사회1

01. 편협한 관점: GLOBAL HAPPINESS 2024, Ipsos (https://www.ipsos.com/sites/default/files/ct/news/documents/2024-03/Ipsos-happinessindex2024.pdf).

02. 미국의 마약과의 전쟁: ─

03. 부모 세대보다 물질적으로 풍요롭지만 덜 행복한 Z세대: GLOBAL HAPPINESS 2024, Ipsos (https://www.ipsos.com/sites/default/files/ct/news/documents/2024-03/Ipsos-happinessindex2024.pdf).

04. 경제적 안정과 행복

① 허원순 수석논설위원(2023. 04. 14), [서평] "팬데믹, 한국 경제 어떻게 변화시켰나", 한국경제신문 (https://www.hankyung.com/article/202304148867i).

② 이동훈, 김예진, 황희훈, 남슬기, 정다송(2021), "코로나19 팬데믹 시기 동안 한국인의 정서적 디스트레스에 영향을 미치는 심리·사회적 요인의 영향력에 대한 종단 두 시점 비교 연구", 한국심리학회지 (https://scienceon.kisti.re.kr/srch/selectPORSrchArticle.do?cn=JAKO202123753964760).

05. 기후플레이션(Climateflation): 신정은 기자(2024. 10. 13), "뜨거워지는 동해안… 수온 상승에 오징어 어획량 '급감'", 강원도민일보 (https://v.daum.net/v/20241013101246995).

06. 숨결 노래: 전시 소개 〈숨결 노래〉, 백남준아트센터 (https://njp.ggcf.kr/exhibitions/215).

07. 해양 산성화: 김미래 기자(2024. 08. 31), "2100년엔 산성화된 바다로 바캉스 떠난다", 동아사이언스 (https://v.daum.net/v/20240831080152474).

08. 지구온난화와 북극 문화권: 김지우 기자(2023. 03. 20), "이누이트족에게 온 억울한 부메랑", 중대신문사 (https://news.cauon.net/news/articleView.html?idxno=37814).

09. 패스트 콘텐츠의 확산과 대중문화의 위기: 서은재 기자(2024. 10. 04), [신문 읽어주는 교수님] "'패스트 콘텐츠'가 불러온 새로운 대중문화… 앞으로의 방향은?", 한양뉴스포털 (https://www.newshyu.com/news/articleView.html?idxno=1016028).

10. 파리 올림픽, 운동선수 히잡 착용 금지한 프랑스: 강우석 기자(2024. 07. 25), "자국 선수는 히잡 금지?… 프랑스 올림픽위원회 '해결책 검토 중'", 조선일보 (https://v.daum.net/v/20240725174203189).

11. 축구선수의 인종차별

① 정승우 기자(2024. 06. 20), "한국인이 주장인데 '인종차별'에 손 놓고 있는 토트넘… '인권단체'까지 행동 → '인종차별 구단' 낙인 찍히나", OSEN (https://www.osen.co.kr/article/G1112360885).

② 노정동 기자(2024. 11.18), "'손흥민에 인종차별' 발언 대가는… 7경기 출전 정지에 벌금 1.7억 원", 한국경제신문 (https://www.hankyung.com/article/2024111896227).

12. 인기 지역의 그림자, 젠트리피케이션

① 김웅 하나은행 부동산팀장(2024. 02. 11), "뜨는 동네의 빛과 그림자, 젠트리피케이션" [한경부동산밸류업센터], 한국경제신문 (https://www.hankyung.com/article/2024020709220).

② 장세은 인턴기자(2024. 06. 08), "팝업 성지 성수동 '젠트리피케이션' 꿈틀… 일주일 운영비 5000만 원 훌쩍", 뉴스

웍스 (https://www.newsworks.co.kr/news/articleView.html?idxno=755184).

③ 윤희진 기자(2024. 07. 09), "강승규 의원, '젠트리피케이션' 방지법 대표 발의", 중도일보 (https://www.joongdo.co.kr/web/view.php?key=20240709010002793).

13. 기술의 발달 속 소외되는 노인들: 손윤서 대학생 기자(2024. 07. 11), "더 벌어진 '디지털 격차'… 더 커진 '노인 소외감'", 한림미디어랩 The H (http://www.hallymmedialab.com/news/articleView.html?idxno=2069).

14. 도시 재생 뉴딜 사업: 도시 재생 소개, 도시재생종합정보체계 (https://www.city.go.kr/portal/policyInfo/urban/contents01/link.do).

통합사회2

15. 서울의 높은 주택 가격, 주거권 보장의 걸림돌: 최은영(2022. 09), "안전을 위한 모든 사람의 주거권", 국가인권위원회 (https://www.humanrights.go.kr/site/program/webzine/subview?menuid=003001&boardtypeid=1016&boardid=7608494&searchissue=7608490).

16. 대통령 관저 앞 100미터 이내 시위 금지 위헌: 김중권 중앙대 로스쿨 교수(2024. 03. 25), [판례평석] "집회금지구역제에 관한 헌법재판소 결정의 함의(含意)", 법조신문 (https://news.koreanbar.or.kr/news/articleView.html?idxno=30460).

17. 이주노동자 최저임금 차등 적용 제안

① 성도현 기자(2024. 03. 06), "이주단체들, '이주노동자 최저임금 차등' 제안한 한국은행 비판", 연합뉴스 (https://www.yna.co.kr/view/AKR20240306132700371?utm_source=chatgpt.com).

② 김지환 기자(2024. 08. 25), "김문수, '이주노동자 최저임금 차등 적용 헌법 위배'", 경향신문 (https://www.khan.co.kr/article/202408252050005).

18. 영화 〈변호인〉: ―

19. 부동산 세제 전면 개편: 김승환 기자(2024. 05. 28), "與 '종부세 野 입장 변화 환영… 부동산 세제 전면 개편하자'", 세계일보 (https://v.daum.net/v/20240528191745983).

20. 대입, 적극적 평등 조치: 한상만 성균관대 대학원장(2024. 09. 30), [매경이코노미스트] "한국도 대입 '적극적 우대 조치' 도입을", 매일경제 (https://v.daum.net/v/20240930173910981).

21. 영화 〈빅 쇼트〉: –

22. 몽골, 나무 심기: 최기창 기자(2023. 08. 28), [르포] "몽골에 '사람' 심는 한국인들… 사막화 막는 '상생의 숲'", 전자신문 (https://www.etnews.com/20230828000079).

23. 금융업계의 디지털 혁신 가속화: 청년일보(2024. 02. 02), [은행권 AI 전쟁(下)] "'자동화된 의사결정' 책임 소재 분분… AI 활용 '윤리 이슈' 점증", 청년일보 네이버 블로그 (https://post.naver.com/viewer/postView.naver?vType=VERTICAL&volumeNo=37279615&utm_source=chatgpt.com).

24. 그린워싱 국제 규제 강화

① 유미지 에디터(2023. 12. 06), "IOSCO, 그린워싱 법적 규제 필요성 강조… 자발적 탄소 시장 규제도 제시", 임팩트온 (https://www.impacton.net/news/articleView.html?idxno=10440&utm_source=chatgpt.com).

② 김현경 기자(2024. 01. 22), "EU, 친환경 표시 제품 '그린워싱' 규제 지침 의회 통과", 이에스지경제 (https://www.esgeconomy.com/news/articleView.html?idxno=5672&utm_source=chatgpt.com).

③ 김동규 기자(2024. 02. 10), "美 수출 기업에 '친환경 마케팅' 주의보… 그린워싱 규제 강화", 연합뉴스 (https://www.yna.co.kr/view/AKR20240209025700003?utm_source=chatgpt.com).

25. 지속 가능한 공정 여행, 관심 있지만 실천 어려워: 손고은 기자(2024. 10. 25), "지속 가능한 여행, 관심 있지

만… 실천하지 않는 이유는?", 여행신문 (https://www.traveltimes.co.kr/news/articleView.html?idxno=409866).

26. 한국국제협력단(KOICA)의 분쟁국 지원 강화: 김지선 기자(2024. 05. 10), "'분쟁·취약국 지원 강화'… 코이카, 올해 국제기구 8곳과 협약", 연합뉴스 (https://www.yna.co.kr/view/AKR20240509161600371?utm_source=chatgpt.com).

27. 중국의 동북공정, 한국사 전체로 확대: 고현석 기자(2022. 06. 26), "中. 동북공정 이후 역사 왜곡 고대서 한국사 전체로 확대… 한·중 간 역사·문화 갈등 심화될 것", 대학지성 (https://www.unipress.co.kr/news/articleView.html?idxno=6408).

28. "2025년엔 국민 5명 중 1명이 80대", 한국 고령 인구 세계 최고: 신다미 기자(2024. 12. 11), "'2050년엔 국민 5명 중 1명 80대'… 韓 고령 인구 세계 최고", SBS BIZ (https://v.daum.net/v/20241211172409222).

29. 영화 〈블러드 다이아몬드〉: ―

30. 영화 〈아일랜드〉: ―

통합사회로 세상 열기

1판 1쇄 찍음   2025년 5월 9일

출판	㈜캠토
저자	이미선·이선희·한승배·배정숙·최정애·공명호
총괄기획	이사라(lsr@camtor.co.kr)
디자인	Gem
R&D	오승훈·민하늘·박민아·최미화·강덕우·송지원·국희진·양채림·윤혜원·송나래·황건주
미디어사업	김동욱·이동준·이수민·조현국
교육사업	문태준·박흥수·정훈모·송정민·변민혜
브랜드사업	윤영재·박선경·신숙진·이동훈·김지수·김연정·서태욱
경영지원	지재우·임철규·최영혜·이석기·노경희
발행인	안광배
주소	서울시 서초구 강남대로 557(잠원동, 성한빌딩) 9F
출판등록	제2012-000207
구입문의	(02) 333-5966
팩스	(02) 3785-0901
홈페이지	www.campusmentor.co.kr (교구몰)

ISBN 979-11-92382-51-7(43300)

ⓒ 이미선·이선희·한승배·배정숙·최정애·공명호 2025

- 이 책은 ㈜캠토가 저작권자와의 계약에 따라 발행한 것이므로 본사의 서면 허락 없이는 이 책의 일부 또는 전부를 무단 복제·전재·발췌할 수 없습니다.
- 잘못된 책은 구입하신 곳에서 바꾸어 드립니다.